反腐·法治系列丛书

不敢腐 不能腐 不想腐

贪官忏悔警示录

全国法制与廉政文化教育中心 ○ 编

清华大学出版社
北京

本书封面贴有清华大学出版社防伪标签，无标签者不得销售。

版权所有，侵权必究。举报：010-62782989，beiqinquan@tup.tsinghua.edu.cn。

图书在版编目（CIP）数据

不敢腐　不能腐　不想腐：贪官忏悔警示录 / 全国法制与廉政文化教育中心编. —北京：清华大学出版社，2022.5（2024.11重印）

（反腐·法治系列丛书）

ISBN 978-7-302-60716-8

Ⅰ.①不… Ⅱ.①全… Ⅲ.①职务犯罪－案例－中国 Ⅳ.①D924.305

中国版本图书馆CIP数据核字(2022)第068039号

责任编辑：刘　晶
封面设计：汉风唐韵
版式设计：方加青
责任校对：宋玉莲
责任印制：刘海龙

出版发行：清华大学出版社
　　　　网　　址：https://www.tup.com.cn，https://www.wqxuetang.com
　　　　地　　址：北京清华大学学研大厦A座　邮　　编：100084
　　　　社 总 机：010-83470000　　　　　　　邮　　购：010-62786544
　　　　投稿与读者服务：010-62776969，c-service@tup.tsinghua.edu.cn
　　　　质 量 反 馈：010-62772015，zhiliang@tup.tsinghua.edu.cn
印 装 者：三河市少明印务有限公司
经　　销：全国新华书店
开　　本：170 mm×240 mm　　印　张：16.25　　字　数：223千字
版　　次：2022年5月第1版　　　印　次：2024年11月第5次印刷
定　　价：69.80元

产品编号：096494-01

编辑委员会名单

主　编：方　铭　徐苏林

副主编：王荣芳　杨同柱

撰　稿：海　剑　王荣芳　杨同柱　李雪娟

蒋　丹　林　颖　向琳玉　汪竹静

杜一男　金文妍　卢延龄

统　筹：杨同柱

前 言

"夺取反腐败斗争压倒性胜利",在党的十九届中央纪委三次全会上,习近平总书记再次郑重向全党、全社会宣布这一重大成果,并提出"取得全面从严治党更大战略性成果,巩固发展反腐败斗争压倒性胜利"的新要求。

随着反腐败工作的深入开展,尤其是党的十九大以来,积极构建"一体推进不敢腐、不能腐、不想腐"的"三不腐"机制已经初见成效,"干部清正、政府清廉、政治清明"的"三清"建设目标离我们越来越近。这些成绩的取得,离不开党中央的正确领导,离不开全社会每一位成员的共同参与。

在历史性、开创性成就面前,我们仍然需要保持冷静,"必须清醒认识到,腐败和反腐败较量还在激烈进行,并呈现出一些新的阶段性特征,防范形形色色的利益集团成伙作势、'围猎'腐蚀还任重道远,有效应对腐败手段隐形变异、翻新升级还任重道远,彻底铲除腐败滋生土壤、实现海晏河清还任重道远,清理系统性腐败、化解风险隐患还任重道远"。

在这样的背景下,我们认为,突出反面典型的警示作用尤为重要,通过一个个鲜活的案例,分析贪腐成因、查找预防盲点,以点带面,梳理各环节的监管漏洞,进而织密制度的笼子。同时,通过反面典型案例教育警示各级领导干部这个"关键少数",始终保持其政治判断力、政治领悟力和政治执行力,始终保持"赶考"的清醒,保持对腐蚀、"围猎"的警觉,切实负起责任，知责于心、担责于身、履责于行，加强正风肃纪反腐意识。

本书也想通过这些反面教材，教育和影响广大党员和公职人员，进一步强化廉洁意识，发挥表率作用，筑牢思想防线，时刻自重、自省、自警、自励，慎独、慎微、慎始、慎终。坚定政治方向，保持政治定力，做政治信念坚定、遵规守纪的明白人，以理论上的清醒，保持政治上的坚定。

本书还想通过这些反面典型案例，为决策者提供一份参考，使其从中发现规律性问题，进而开展源头性治理，健全监督制约机制。

为此，我们精心挑选了经《人民日报》、中央纪委国家监委网站、中央电视台等媒体公开报道过的贪腐案例，结合落马官员的忏悔，对不同的贪腐心理进行深刻剖析，并提出犯罪预防的对策建议，力争让这些案例发挥更大的警示、教育意义。在此基础上，我们增加了"鉴往昭来——一体推进'三不腐'的思考"一章，从尽早干预、有效介入的视角，提出进一步完善不敢腐、不能腐、不想腐"三不腐"机制的思路。

希望本书的出版，能够为"三清"目标的实现尽绵薄之力。

编者

2022 年 4 月

目录

第一章

跌落深渊的锥心之痛 / 001

  我在思想上成了脱缰的野马 / 004

  主宰生的是自己，主宰死的也是自己 / 011

第二章

落马之后的泣血之悔 / 025

  当上台长后，我的虚荣心强了 / 026

  获小利不能改变人的一生，却可以毁掉人的一生 / 034

  我要给自己的心灵进行一次"清创引流"术 / 044

  组织找我谈话后，我仍麻木不仁 / 051

  我对权力有一种贪婪的追求 / 056

  我是民政的罪人，是福利彩票的罪人 / 065

  是我毁了原本幸福的家庭 / 074

  随着企业一天天发展，官越做越大，我放松了对世界观的改造 / 080

  失去了监督和约束，变得肆无忌惮 / 090

  "总开关"出了问题 必然会"栽跟头" / 100

  对钱的贪婪使我越陷越深，直至不能自拔 / 109

对家庭管教不严格，放纵家人也是我走向犯罪的另一客观原因 / 119

这都是我自作自受、咎由自取 / 129

权力平时感觉不出，办私事谋私利时还真"管用" / 136

混淆"亲""清"关系，既想当官又想发财 / 144

我给组织部这个单位抹了黑 / 153

当我手中有了一定的权力以后，就忘乎所以了，没有慎用权、用好权 / 161

在位的时间不多了，该为今后多考虑一下了 / 170

我就是倒在"贪"字脚下的中枪人 / 179

交友不慎，使我滑入犯罪的深渊 / 187

第三章
辩证地看待落马官员的忏悔 / 195

一、辩证地看待贪官的忏悔 / 196

二、贪官落马细算人生账 / 199

三、"算账教育"的方式是靠得住的 / 206

四、从腐败心理角度浅议廉政心理建设 / 212

（一）腐败心理的常见表现形式 / 212

（二）产生腐败心理的原因 / 216

（三）廉政心理建设的方式方法 / 219

第四章
鉴往昭来——一体推进"三不腐"的思考 / 225

把"不敢腐"的利剑高悬 / 226

把"不能腐"的笼子扎紧 / 233

把"不想腐"的堤坝筑牢 / 240

后记 / 250

第一章 跌落深渊的锥心之痛

2011年7月19日上午，浙江省杭州市原副市长许迈永、江苏省苏州市原副市长姜人杰被执行死刑。许迈永落马前敛财超两亿元，以"钱多、房多、女人多"被称为"许三多"；姜人杰落马前非法收受他人贿赂上亿元。

两位"腐败市长"在同一天被执行死刑，这种同时处决一定级别以上腐败官员的做法释放出强烈的反腐信号，对今后的反腐工作具有重要且深远的意义。

死刑是最严厉的刑罚。国家不断加大反腐力度，处决了一批腐败官员，令人拍手称快。在"少杀慎杀"的刑事政策指导下，2011年5月24日，最高人民法院发布的2010年度工作报告指出，将统一死刑适用标准，不是必须判处死刑立即执行的，均依法判处死刑缓期二年执行，尽量依法不判处死刑立即执行，确保死刑只适用于极少数罪行极其严重的犯罪分子。在刑罚整体日趋宽缓的司法氛围中，法院果断对两位曾居高位的"败腐市长"处以最严厉的刑罚，彰显了国家反腐败的决心。

腐败猛于虎，腐败是啃噬国家肌体的恶性病毒，也为人民群众所深恶痛绝。对于反腐败工作取得的成效，人民群众看在眼里，喜在心上。当前的反腐形势依然严峻，反腐工作任重道远，国家在这样一个反腐的关键时期祭出重拳，一并处决两名"市长"，让人民群众看到了反腐的希望，坚定了反腐的信心。

两百多年前，和珅被收监后，在狱中写下了《上元夜狱中对月两首》：

夜色明如许，嗟令困不伸。百年原是梦，廿载枉劳神。室暗难挨晓，墙高不见春。星辰环冷月，缧绁泣孤臣。对景伤前事，怀才误此身。余生料无几，空负九重仁。

今夕是何夕，元宵又一春。可怜此月夜，分外照愁人。思与更俱永，恩随节共新。圣明幽隐烛，缧绁有孤臣。

从"百年原是梦，廿载枉劳神"的句子看，这时的和珅的确有所悔不当初，但是一切都来不及了。

落马的官员可以列出一张不短的名单：胡长清、成克杰、段义和、李真、许迈永、姜人杰……

　　难道这些官员不知道生命的可贵？难道他们不知道贪腐的下场？难道他们没有从以往的贪官身上汲取教训？

　　……

我在思想上成了脱缰的野马

基本案情

胡长清，男，1948年8月生，湖南常德人，大专文化。1968年3月参加工作。江西省原副省长、省政府党组成员，江西省第九届人大代表。

1999年8月17日，时任江西省副省长的胡长清率江西团参加昆明"世博会"期间，违反组织纪律，不与任何人打招呼，一人出走到广州，并以"陈风齐"的假身份证入住中国大酒店。有关部门遍寻无着后，出动警力，才在中国大酒店的一间客房里，找到换了姓名的胡长清。在他的皮包里，还有一沓刚收受尚未启封的2万元人民币。

除了假身份证之外，胡长清的身上还有一枚白金领带夹。据此，调查组又牵出了一个关键的行贿人——周雪华。一桩大案，初露端倪。事后中纪委调查表明：从1995年5月至1999年8月间，胡长清先后收受、索取他人钱物折合人民币544万元，多次为行贿人谋取利益，还对明显超过其合法收入的价值人民币161万余元财产不能说明合法来源。

胡长清的反常举动，引起了中纪委、中组部的注意。于是，胡长清被带往北京接受审查。审查期间，他的妻子和情妇均被纳入审查组的视线。在其后的调查中，审查组发现他的妻子仓皇转移银行存款，扣押后经调查，被转移的存款多达300多万元。

一起震惊全国的腐败大案浮出水面！

1999年9月27日，最高人民检察院对胡长清以受贿罪立案侦查，经江西省人民代表大会常务委员会批准，9月29日、10月10日依法对其刑事拘留和逮捕。1999年12月3日，江西省新余市人民代表大会常务委员会罢免胡长清江西省第九届人民代表大会代表资格。2000年2月1日，江西省南昌市人民检察院向南昌市中级人民法院提起公诉。2000年2月13日、2月14日，南昌市中级人民法院公开开庭审理此案。

根据检察机关指控，法庭经审理查明，自1995年5月至1999年8月，胡长清在担任国务院宗教事务局副局长、江西省人民政府省长助理、江西省副省长期间，先后90次收受、索取江西奥特汽车租赁有限公司总裁周雪华（另案处理）、江西金阳光企业集团有限公司董事长李卫东（另案处理）等18人及江西省商业储运公司的钱物，折合人民币共计544万余元。其中包括人民币280万余元、美元8万元、港币94万元以及价值97万余元人民币的贵重物品。胡长清还利用职务之便，多次为有关行贿人谋取利益，造成国家巨额财产损失。法庭审理还查明，胡长清为自己职务提升及工作调动拉关系，从1997年初至1999年6月，先后5次向他人行贿共计人民币8万元。此外，胡长清还对明显超过其合法收入的价值人民币161万余元财产，不能说明合法来源。

2000年2月15日，南昌市中级人民法院作出一审判决：胡长清犯受贿罪，判处死刑，剥夺政治权利终身，并处没收个人全部财产；犯行贿罪，判处有期徒刑2年；犯巨额财产来源不明罪，判处有期徒刑4年，超出其合法收入的161万余元，予以追缴；数罪并罚决定执行死刑，剥夺政治权利终身，并处没收全部财产，追缴非法所得161.77万元。一审宣判后，胡长清不服，上诉至江西省高级人民法院。2000年3月1日，江西省高级人民法院裁定驳回上诉，维持原判。

2000年3月8日，胡长清被执行死刑。

忏悔录

几天来，我日夜思考，夜不能寐。我认真坦白、交代自己所犯下的一系列严重罪行。这些罪行所涉问题相当严重，性质十分恶劣。思想上的堕落，经济上的犯罪，生活上的腐败，使我变成了另外一个人。我越反省深思，越感到对不起组织上多年的培养教育，对不起党的教导，对不起群众，也对不起父老乡亲，对不起我的妻子和儿女。我泪流不止，泪水模糊了眼睛。

我为什么堕入今天这个地步？！为什么对中央一系列重要指示和中纪委三令五申的各项规定置之不顾？！为什么辜负了党多年的培养教育？！为什么辜负了人民群众的重托？！这一连串的问题需要我自己来回答，需要我自己来忏悔。

第一，不学习，迷失了政治方向。我过去讲学习，也积极参加各种教育培训，那都是为了应付一下工作，装饰一下自己。实际上我是抱着学不学无所谓的态度，没有把学习放在应有的重要位置。以前，我根本没有认真研读邓小平著作，没有认真学习、领会邓小平理论和江泽民总书记等中央领导同志的重要指示。看文件一目十行，听传达一听了之，讨论发言夸夸其谈，教育管理别人头头是道。这次"三讲"教育，我虽然按规定学了，但学得很肤浅，没有学进去，更谈不上钻研。由于学得少，学不进，头脑就空虚，思想就贫乏，正确的观念没有站稳脚跟，错误消极的观念就乘虚而入。

我曾错误地以为，谁不吃喝？吃一点、喝一点算不了啥，根本没有思考吃喝之中大有文章：今天在一起吃喝一顿，明天就有可能给你拉上关系，很快就会有事找你。他们跟你拉上关系,再千方百计找到你的住处,送上些钱和物品,说是关心你,给你零花钱,自己的钱,没关系,其实背后藏匿着要你办事的企图。即使他们今天不找你,也总有一天要找你。找你办事,你办不办?事情不大,但他要达到自己的目的,就要你出出面,说说话,帮帮忙。俗话说,吃人家的嘴软,拿人家的手短。这个教训在我这里体现得极为深刻和惨痛。给我拉上关系的、送钱的人大多都是请我出来吃顿饭而联系上的。时间一长,接触的次数就多了,也就无所拘束了,违法乱纪的事也就干起来了。明知送的钱不能要,但又觉得是"朋友"相送,收下了也就不感觉烫手了。拿了人家的钱,人家请你打个电话,出面办个事情,也就是自然而然的了。这次找你,下次还可能找你;这次办的事情不多也不大,下次很有可能变多变大。这样下去,怎么可能不犯错误,甚至严重错误?吃了、喝了、拿了,你就必然被他们牵着鼻子走,陷入泥潭而不能自拔。

第二,忘了本,丢掉了艰苦朴素的优良传统。毛泽东同志早在党的七届二中全会上就谆谆告诫全党:革命胜利后,全国进入大规模经济建设时期,仍然需要继续保持和发扬艰苦奋斗的优良传统,继续保持和发扬谦虚谨慎的优良作风。提醒党内一些同志,在硝烟弥漫的战场不曾被敌人的枪炮子弹打倒,新中国成立后,可能被资产阶级的糖衣炮弹击中。我没有按照这些教导去做,忘了本,丢掉了好传统,忘乎所以,在糖衣炮弹面前打了败仗。

我家祖祖辈辈在农村靠种田维生,我小时候放过牛、种过田,上山砍过柴,每天早上要跑七八里路上学。还要经常挑20斤萝卜到小镇集上去叫卖,挣点钱好买个本子读书上学,也能交点学费。至今,我的后背、脖子上还有小时挑萝卜、挑柴时被担子磨起来的大包。一双破旧球鞋,我穿了整整五年,我妈给我补了又补,下雨天鞋湿了,我爹晚上便在火坑边给我烤干。为了支持我读中学,家里让两个姐姐中途辍学,确保我一人奔前途有出息。我父亲在60年代因水肿病不能治愈而去世了,那时,我才不到 12 岁，就靠我小脚的母亲养育我。我母亲现在 94 岁了，还健在。写到这里，我痛哭流泪了，心里十分难受。家乡的山和水养育了我，父老乡亲帮助了我，党组织和各级领导培养了我。我由一个农民的儿子成长为一名副省级干部，是多么不容易啊！我悔恨莫及，过去的日子那么难我都熬过来了，如今生活好了，进入大城市，当了高级干部，却把过去忘记了。"忘记过去，意味着背叛。"现在我犯了严重的错误，真正体会到了保持艰苦奋斗优良传统和艰苦朴素的作风是多么重要！它是一剂十分难得的良药，可以教育挽救人们的性命！痛定思痛，我要永远牢记这一惨痛的教训。

　　第三，放松改造，个人主义、享乐主义的私欲恶性膨胀。我追求个人的东西太多，总想地位更高一点，工作单位再好一点，名望更大一点，家庭还要圆满一点。一句话，我追逐个人的享受和安逸，因而，私欲恶性膨胀。俗话说：天高不算高，个人欲望第一高。这正是对我思想一针见血的批判。想当初，我和爱人结婚，是借钱办的旅行结婚，她在纺织厂工作十分辛苦，三班倒，起早贪黑，还要带孩子，每月就几十元钱的工资，还要归还欠款。生活那样艰苦，我们也挺过来了。可是到了今天，我反而还嫌不足。我有时给别人写书法，也常写"知足常乐"，可我自己教育了别人却没有自我觉悟。之前，我和爱人上街，连一根冰棒都舍不得买来吃，到自由市场去买菜还要砍价。过去，我连黑白电视机都买不起，而今有了彩电还要追求宽屏幕的，有了不少钱，还要囤积。也不知要那些钱是为了什么？！现在，我才真正认识到，钱财是身外之物，害人太狠。钱少一点，但可以催人向上，可以打掉头脑里许多私心杂念；钱多了，就容易走歪门邪道，让你葬身其中。这种个人主义、享受主义的东西给我及一家带来了极大的灾难。我由此反思，改革开放越深入，经济越发展，个人世界观的改造越要抓紧，须臾不可放松。否则，非要被时代淘汰不可，也会成为历史的罪人。近些年来，由于一些极端错误的意识在头脑里作怪，我在思想上成了脱缰的野马，丧失了应有的警觉；

在交往上成了江湖来客,丧失了应有的原则;在行动上天马行空,丧失了应有的约束。种种因素共同作用,导致了今天的恶果,其中的教训是极为惨痛的!

案件警示

胡长清从一个高级干部堕落为一个腐败分子、人民的罪人,根本原因在于他背弃了为人民服务的宗旨和共产党人的理想信念,对党怀异志,贪权、贪财、贪色,私欲极度膨胀。他把党和人民赋予的权力作为谋取私利的手段,大肆索贿受贿,疯狂敛财,达到利令智昏、胆大包天的地步。他赤裸裸地对人说:"现在我花你们几个钱,今后等我当了大官,只要写个字条,打个电话,你们就会几百万、几千万地赚回来。"事实上,他也正是这样干的,真真正正堕落成了地地道道的贪官污吏。由此可见,权力一旦掌握在腐败分子的手中,就会变成他们祸国殃民的"资本"。越是位高权重的腐败分子,越容易造成严重的后果。

1969年,胡长清抱着升官发财的目的入了党,如他自己所言,"我对入党的动机和目的没有真正搞明白,带着入了党就有了个人政治资本的想法"钻了党组织的空子。入党后,这种错误的动机丝毫没有得到遏制,他根本没有很好地进行思想改造。

胡长清在案发后的自我检查里说:"我完全放松了学习,平时学习一点,也是应付工作之需,装潢门面。"在任江西省省长助理前,他就开始想尽各种办法搞钱、捞名。他参与倒卖钢材、柏油,利用关系为银行揽储得回扣,参与企业入股分红等,在捞取钱财方面可谓不遗余力。他通过自己在某大学行政管理学院的关系,办了一套函授本科学历和法学学士学位证书,并把这些假材料装入个人档案。借此,胡长清被几所大学聘为教授,满足了要"名"的欲望。到江西任省长助理,尤其是当了副省长以后,胡长清地位更高,权力更大,其私欲更是恶性膨胀,党性荡然无存。正如他在悔过书中所说的,"党员的观念淡化,入党誓言几乎忘得精光";"除了每月形式上缴纳一次党费,头脑里再也没有'共产党'这个概念"。

胡长清案件再次警示我们:理想、信念不是空洞、抽象的,它具体、实在、普遍地存在并深刻地影响着党员干部的思想。在新的历史时期,更要重视党员干部的理想信念教育。

在市场经济条件下,要做到不为各种诱惑所动,根本的办法还是要坚定政治信念,坚定立党为公。广大党员干部,特别是中高级领导干部要从胡长清这个反面教材中汲取教训,牢固树立正确的权力观,为人民掌好权、用好权。职务越高、权力越大,越要严于律己。不仅严格要求自己,还要严格教育和管好自己的配偶、子女和身边工作人员。

加强党风廉政建设和反腐败斗争,不仅领导干部要自重、自省、自警、自律、自励,切实树立正确的世界观、人生观和价值观,同时要进一步加强监督机制的建设。从这些年揭露出来的涉及领导干部的大案要案看,一些领导干部的权钱交易之所以能够得逞,一个重要原因是对干部的监督和管理机制还不够健全。在这方面,已有的制度要坚决执行,需要完善的要继续完善,没有制度依据的要抓紧建立。

胡长清被依法严惩,对于广大领导干部是警示,对于执迷不悟者是警告,对于广大人民群众是鼓舞和激励。它告诉人们,在社会主义中国,法律面前没有特殊公民,党纪面前没有特殊党员,不管地位多高、权力多大,只要犯法,谁都不能逃脱法律的制裁。

主宰生的是自己，主宰死的也是自己

基本案情

李真，1962年5月29日生，祖籍山西省大同市。曾任河北省政府办公厅秘书；1994年12月任河北省委办公厅副主任；1995年9月被任命为河北省国税局副局长、党组副书记；1997年5月任河北省国税局局长；1998年任河北省国税局党组书记。被捕前曾被列为国家税务总局和河北省人民政府双料后备领导干部。

2002年8月30日，河北省唐山市中级人民法院作出一审判决，判决认定：李真在担任河北省政府办公厅秘书、河北省委办公厅秘书和副主任、河北省国税局副局长和局长期间，非法收受或索取他人财物，共计折合人民币814万余元；伙同他人侵吞中国东方租赁公司河北办事处、中兴电子公司和尼瓦利斯有限公司股份，折合人民币共计2967万余元，李真从中分得财物折合人民币共计270余万元。唐山市中级人民法院以受贿罪判处李真死刑,剥夺政治权利终身,并处没收个人全部财产;以贪污罪判处李真死刑,缓期两年执行,剥夺政治权利终身,并处没收个人全部财产。决定执行死刑,剥夺政治权利终身,并处没收个人全部财产。李真不服,提出上诉。

河北省高级人民法院经核实后认为,原判决认定事实清楚,证据确凿,定罪准确,量刑适当,审判程序合法,上诉人李真无法定从轻、减轻处罚情节,依照《中华人民共和国刑事诉讼法》有关规定作出裁定:驳回上诉,维持原判。

2003年11月13日,李真被执行死刑。

忏悔录

尊敬的各位领导:

在事业上我曾有过昨日的辉煌,可竟在一夜之间沦为了今天的阶下囚。此时,我深为失去自由、亲人而痛苦,更为对党和人民犯下重罪而悔恨!

接到逮捕通知书,犹如晴天霹雳击落在我心头,锦绣前程顿时坠入了万丈深渊,精神上也陷入了极度的痛苦之中。由于环境、身份的巨变,我冷静、清醒了许多,回顾起往昔生活,从心底油然萌生了无限的悔恨和痛苦。过去,我曾有过辉煌的事业,让人羡慕的未来,有慈祥、善良的老妈妈,聪明可爱的小儿子,我本应万分珍惜,却被权力、荣耀冲昏了头脑,犯下了不可饶恕的罪行。这一切一切使我痛悔不已,我的心在滴血!

我像所有同龄人一样,生在新中国、长在红旗下,从小沐浴着党的阳光雨露,吸吮着人民的乳汁,从小学到大学到最后走上工作岗位,党和人民给予了我很多殊荣。我出生在一个干部家庭,父母均是新中国成立前参加革命的老同志,他们一生都很正直、善良,对党的事业赤胆忠诚。在我成长的道路上他们对我关爱备至,也对我的未来寄予了无限的希望。应该讲，我从小受到了良好的家庭熏陶。我自己也曾是一个热血男儿。青年时代，我常常和朋友、亲人们在一起谈理想、谈未来，忧国忧民，对社会上官僚腐败现象无比愤慨，万分怒视。我曾暗下决心，当我在事业上有所成就时，一定要以维护党和人民的利益为己任，用一腔热血报效祖国。在参加工作后的相当一段时间里，我信心十足，拼命工作，在事业上有着强烈的进取心，渴望在人生道路上能创出一番辉煌的伟业。

在我的成长过程中，党组织付出了极大的心血，给予了我许多关怀和培养，并为我提供了十分难得的机遇和环境。我本应更加谦虚谨慎、戒骄戒躁、珍惜机遇、做好本职工作，可我却未能正确地对待、清醒地把握，使初衷偏离了航向。

由于我缺少党性修养和党性锻炼，对党的组织原则、规章制度理解得不深，领会得不好。对这种不正常的状态，我非但不能清醒、正确地认识，反而养成了骄狂、自以为是的坏作风，并被官场上的阿谀奉承、追逐名利等陋习所迷惑。这些阴暗的消极现象对我产生了极大的影响，也使我逐渐萌生了迫切的功名欲望，还对自己的未来设计了一个所谓的"发展蓝图"，希望将来能成为一任封疆大吏或政府要员。在这种强烈的功名思想驱使下，我利用工作之便，广泛地建立密切关系。凡有求于我的人，只要我认为应该"帮助"，即使会给自己带来不利，也都在所不惜地尽量给予"支持"。我根本没想有些事是党内制度、国家法律所不允许的，而是认为这种所谓的豪情仗义、敢言敢为一定能在政坛上赢得一批坚定的支持者和人格上的"赞誉"，会对未来的仕途发展奠定良好的基础。这种政治上的幼稚，确实也曾使我同有些省、市级领导建立了相互之间"极为信任"的关系，当然也有相互利用的心理。对有可能帮到我的人和事，我都积极地给予"支持"。这种效果，使我错误地认为自己在他们心目中的地位尤其重要，觉得我的作用无人可以替代。再加上这些人的渲染，我居然感觉自己在政坛上成了神乎其神的人物。长时间如此特殊而又不正常的状态，导致我的行为在广大干部、群众中产生了强烈的负面效应，使我们党的形象受到了严重的损伤。这种对己可悲、对党的事业有损的结果,确实是我始料不及的,现在想来,真是追悔莫及。

我事业上的发展,看似也还有自我奋斗、努力工作的一面。但我如此表现也有功利因素在其中。比如,我于1994年底被任命为省委办公厅副主任。1995年底省委换届后,我经过慎重考虑,认为自己没有基层经历,会影响长远发展,特提出离开秘书岗位,到地市锻炼一下,结果未能如愿。最后于1996年初到省国税局任副局长、党组副书记。1997年5月我被任命为省国税局局长。

可悲的是,在权力和荣誉面前,我再次被冲昏了头脑,以致作出了许多无法挽回的、令人悔恨的行为。本来,荣誉的获取、职位的晋升是在同志们的高度信任、大力支持,党组织的亲切关怀和苦心培养下取得的,我理应万分珍惜,更好地履行自己的职责,不辜负党和人民的希望,但我却未能正确地对待、清醒地把握,反将其当成炫耀的资本并精心设计下一步的发展目标。被省委和总局均确定为省、部级后备干部后,我更感到春风得意,并在工作中充分暴露了思想及性格上的弱点,骄狂傲慢、主观臆断。更有甚者,伴随着权力和荣誉,我居然作出了利用职务之便、谋取个人利益、触犯国家法律的事情。直到东窗事发,我方噩梦初醒,但悔之已晚。

入狱后,经过极为痛苦的回顾,我时常反思,为什么自己会从一个年轻有为的领导干部沦为阶下囚?

我认为,首先是我忽视了世界观、人生观的改造,使理想和信念产生了动摇,灵魂受到了腐蚀。本来,人类在改造客观世界的同时必然要改造自己的主观世界,改造主观世界的宗旨是真正树立为党、为民族谋利益的思想,只有树立了正确的人生观、世界观,才能在追求目标、奋斗前行的路上不偏离航向,顺利实现自己的人生价值。当初,我在工作岗位上也确实想通过自己的拼搏使工作更为出色,但干好工作的目的中缺少纯洁高尚的情操,心灵深处还是有一种强烈的功名欲望。这正是铸成我今天大错的主要根源。

其次，秉公无私、两袖清风是所有领导干部都应遵守的准则，在这点上，我是缺失的。虽说我受党培养教育多年，且从小得到父母良好的熏陶，然而随着和一些心术不正的人交往的日益增多，加之自身权位的逐渐显赫，我既被有些阴暗腐败的消极现象所诱惑，又被根深蒂固的"功名道义"思想所左右，更被权力和胜利冲昏了头脑，致使出现了严重的违反法纪、凭借权力和影响贪图享受、奢侈腐化等问题。如：离婚后为了方便生活，我找了一名现役军人到家中长期照顾小孩和我；除在秦皇岛、承德、廊坊建立高档培训中心外，我还在北京建了个极为豪华的小办事处，形式上是为省局整体服务，实质上主要是为自己与有关领导和朋友交往方便。特别是凡有"恩"于我的人，只要有求于我，为了"知恩回报"，我都尽量地给予"帮助"，有时不计后果，甚至违反原则。最终是这种所谓的"豪情仗义"葬送了自己的锦绣前程，毁灭了亲手设计的发展蓝图。

再次是法律意识淡薄。作为当代的领导干部，更应当认真地研究、掌握国家的法律、政策，而我却忽视了其重要性，从没深入地学习过法律知识，对国家的法律、法规只是局限在很一般意义上的了解，致使我在日常生活、工作中发生了许多犯罪行为。多数情况下，我也知道那么做不对，但还是没有意识到那是在严重地践踏法律。如当初我清楚地知道那些行为已触犯刑法，会导致如此严重的后果，无论如何也不会出现今天的局面。

从我的犯罪过程中，就不难看出上述因素的影响。记得当初和个别高干子女、领导秘书交往时，我看到他们吃、穿、用极为豪奢，请客送礼非常大方，还有个别我非常敬重的领导，他们的子女们也居然利用父亲的权力和影响谋取暴利。看到这一些，我心中既有羡慕，又有不平。我也掌握一定的权力，有相当的能力，也需要一定层次的交往，又曾被许多人所"借用"，而今天的收入水准对如此消费却只能望尘莫及。既然他们能以"合法"的形式，通过权力和影响达到谋取私利的目的，我为何不能？这种思想在我脑海中多次闪过，我最终萌生了一定要通过建立"合理"机制，获取经济保障的想法。对于请客送礼等官场陋习就更失去戒备了。

当初收受财物时，我也有过忐忑不安，担心由此而影响前程。记得我任秘书时，有位市领导前来汇报工作，顺便送给我两条名烟等小礼品。我想收，但又怕领导得知后批评，有些为难，对方已面有不悦，而司机进来时却满不在意地收下了。对此，送礼者比较满意，领导也未知此事。还有李某以我在京联系面宽、需要花钱为由，送给我五千元人民币，我虽再三推辞，但在他的一再坚持下还是收下了，可事后又有所顾虑，觉得不大稳妥，于是把此事向上级做了汇报，领导要求我把钱退回去。可退钱时，李某非常生气，流着眼泪说我瞧不起他，并由此产生了某些看法。这两件事对我的思想都产生了一定的影响。我误认为带有明显企图的人送礼，应坚决拒绝，一般层次的人送礼也可以拒绝，但有一定权位或友谊甚深的人送礼则值得考虑。因为回绝后不但有可能影响感情，更重要的是由此可能失去政治上的支持。收了这些人物的礼，通常情况下也不会出什么大事。这种思想逐渐导致我日后在收受金银首饰及巨额资金时都不能清醒地把握。更可怕的是我对共产党的理想、信念发生了动摇。我只想到蚁穴可以溃大堤，殊不知小川还可以汇江海。我深受党恩，非但不能清正廉洁，反而丧失底线，一再犯错。真是愧对祖国，愧对人民。由此可见，党中央一再强调整治党风，并下定决心严惩腐败是非常英明、正确的。尤其是党政机关的领导干部如没有坚定的理想、信念，不树立正确的人生观、世界观，再缺少严格的监督制约机制，行使权力的同时就容易犯这样、那样的错误，给社会造成的危害和损失就更难以弥补。这种状况绝不能任其发展下去。

信仰的动摇、对功名的追逐、对金钱的向往，使我产生了让妻子出国留学、下海经商，建立"一商一政"家庭机制的想法。某领导的前任秘书吴某在事业上曾与我"风雨同舟"，而且对我有知遇之恩。他告别政坛，下海经商，自然得到了我的"大力支持"。在妻子出国前夕，吴某提出给予经济资助，我当时只想到这是他对我一种情义的表达，但听到是笔巨款时，也确有过惶恐的心理。他表明我们友谊甚深，此做法完全是表达感情，让我千万不要介意。听了他的说法，我心想，以往我曾给予过他很大支持，未来我与妻子发展好了也还可以回报他，心中也就坦然了许多。因此，我由衷地对他表达了感激后，就同意接收此款。经历此事后，我的心态发生了很大变化，对金钱的欲望也明显增强了。现在细想，如果当初没有妻子出国的举动，我的犯罪也绝达不到今天的严重程度。接着，陆续出现了李某、张某等人的经济支持。1994年底，我妻子打算出国前夕，李某到石家庄出差，我和妻子前去看他，其间他拿出5万美元说，出国读书，需要花钱，这算我的一点心意。当时我确实不好意思收，再三讲，"您有这份心意，我就非常感激了，不需要给钱。今后如有可能，给她些项目支持"。他听后带有感情地说："别人有困难我还帮助，何况你呢？你若不收就是看不起我。"并又"诚恳"地讲道："你年轻有为，做事一定要谨慎。今后如需花钱，我帮你批烟，千万不要找别人，避免出麻烦。"听后我怀着十分感激的心情收下此款。并陆续找他给河北驻北京办事处批烟，并从中得利。我根本没有意识到会出问题，更没从经济犯罪的角度去考虑此事。在我做秘书时，张某任"东租冀办"主任，我们相识并建立了较为密切的关系。1991年至1992年，我多次进京反映问题。但当时处境艰难，因没有合适理由，连活动经费都难以解决。于是我曾请张某给予帮助。他听后非常积极地提供了经济、物质上的支持。由此我也对他有种既感激，又歉疚的心情。后张某又以我在京活动不便为由，为我购置了一部汽车，并在我妻子出国前送了一万美元。收受此车，我也曾感到有些不妥，担心出事，提出将此车退还他，但由于多种原因未能实现。

应当讲，"家庭机制"的运行已万事俱备，可万没想到在此之际，竟出现了一件使我感到羞辱、痛苦的事情。我的家庭出现变故，我和妻子分手离婚。通过各种不正当手段得来的资金大部分放在她在新加坡的账户上。当时我既担心由此引出麻烦，心中也十分不平，费尽心机建立的"家庭机制"，最终是人财两空。在我心理极不平衡时，正巧孙某找我帮忙，当他提出想承揽一些国税的基建项目并将挣得的利润和我共同分配时，我虽感到不妥，担心会出问题，可为了达到心态上的某种平衡，特别是顾全彼此间的"深厚友谊",还是同意了这种想法。但也明确提出,为了我的长远发展,做工程一定要确保质量,挣合理利润,绝不能出任何问题等。孙某表示非常理解,一定按我说的去做,并安慰我说:"你不要太顾忌,有些人批项目都是公开要钱,我们如此慎重,不会有事。"就这样,我陆续将秦皇岛、承德、衡水国税培训中心的基建工程在形式上通过合法手续后,交给了他们。为了确保万无一失,我又多次严肃地对基建负责人指出:一定要按局长办公会确定的预算,严格控制,合理支出,确保质量。完工后要严格审计,出了问题拿你是问。以后我又数次听取汇报、实地考察,认为工程质量好、比相邻类似的项目还节省了许多资金,不会出任何问题。因此,日后孙某将事先商定的利润送给我时,我只考虑此事如此周全,又绝无他人知晓,要了这些钱还有长远保障。我想当然地认为他们为人诚恳、办事稳妥,而忽视了法律的尊严,这使我贪婪而又糊涂地再一次触犯了刑律。在此前后,还有何某和我"友谊甚深",对我的事业极为关注,我俩可谓"莫逆之交"。我到国税局工作后,进行了征管改革,其中之一是纳税人由手工报税改为电子报税。他与另一个人听到消息后一起找我,希望共同合作,使用他们提供的录入器,并介绍说此产品技术、质量绝对一流,而且价格略低于同类产品,不会因此而使我被动。为了体现"友谊"和"豪情",我爽快地答应了。之后我明确指令项目负责人,"一定要做好此事"。

在我离异后,曾有过进京工作的想法,何某得知后说,不会忘了你过去所做之事,并于1992年底,用所得利润在京为我购买了一套住房,以备将来之用(至今未用,也没办房产证)。当时我只深感何某"豪情仗义",值得深交,确实没有意识到这种行为已构成了经济犯罪。

潘某和我从小一起长大,我俩可以说是"青梅竹马"。她1996年下海经商后,多次利用我的影响谋取利益,起始我真有顾虑,生怕由此而毁坏声誉。我让她多从我的未来、综合利益上去考虑,做事要万分慎重。我也曾回绝过她的数次请求。但我离异后,在听她叙述下海后的艰难经历时有种愧疚感,然后又想到"一商一政"家庭机制已解体,由她替代此位最为理想。因此对她未来的商旅生涯，我有了鼎力相助的想法。后来我帮她在北京开办公司，并将省局廊坊培训中心的基建项目交由她联系的省三建承揽。当然，我也千叮万嘱，做事要切记周全，绝不能为一时之利而带来长远不利。本以为谨慎有余、万无一失，殊不知这已导致触犯刑律的严重后果。最后，当大笔资金存放在家中时，我已不单有愉悦的感觉，还更加感受到沉重的负担，特别是随着党中央反腐败力度的不断加大，在全国各地陆续严惩了一批腐败分子后，我更是惊恐万分，生怕由此而身败名裂。因而，我就有了向境外转移钱财的打算。至于实现这种意图最合适的人，我想到了胡某，之所以有这种考虑，是因为我们既有长久的共同利益，也对他的为人和办事能力确信无疑。果然，他听到我这一想法后，非常爽快地答应了。我们还商定，万一败露，要坚决咬定钱是他给我的。就这样，在他的帮助下，我实现了资金的境外转移。当李某被抓，"三讲"开始，特别是听到中纪委调查我的风声后，我内心深处十分紧张，也曾闪过向组织如实交代的念头。但最终还是被所谓的"道义、名节、前程"所左右，使我丧失了一次极好的机会，直至3月1日被组织隔离审查。

  被审查以来，说实话，在相当一段时间里，我的认罪态度是不好的，在如此特殊的境况下，不能说我没有反思到自己的上述行为是犯罪，而是深知问题的严重。开始，我一度也抱有一种侥幸心理，寄希望于昔日的领导、朋友帮忙、说话，认为只要自己坚持，厄运就能过去。到后来，当感到"营救"无望，特别是专案组已掌握了自己的大量犯罪证据后，又是一种所谓的"名节、道义"感占据了我的心理。我总是想，过去和我有经济往来的这些朋友都友谊甚深、我们之间是善意的相互帮助，如今自己落到了悲惨的状态，实在是不忍牵连和影响他人，宁可以死相抵，也要在世上保全"名节"。更可悲的是我把彻底地坦白、认罪当成是贪生怕死，把目前的境遇当成是对自己意志的磨练，把所谓的"名节、道义"思想当成一种优良的品格。这种极端错误的思想使我失去了许多立功的机会，也给司法机关办案增添了许多不必要的麻烦。现在想来，自己作为一名受党培养教育多年的领导干部，竟是这种思想境界和认识水平，真是羞愧！可幸的是在专案组数位领导耐心、深入、细致的思想工作下，我的认识逐渐发生了转变。应当讲，从 6 月 17 日起，我的思想认识有了质的转变。

专案组领导的提审使我至今难以忘怀，听了这些真诚而恳切、纯朴又高尚的正义良言，我深受感染。我由衷地感受到，对我的感化、拯救绝非是表面的方法和技巧，而是充分体现出了诚挚、善良、美德和对党、对人民高度负责的精神，看到他们工作中严肃认真，不辞辛劳，无私无畏的敬业状态，我深感自己是那么渺小。

重新审视自己，我真切地感受到，此时只有彻底地认罪、悔过、检举、立功才能不辜负他们的善良、苦心，才对得起党和人民。

随着问题交代的深入，我越来越感到负罪沉重。我对不起生我养我，现已风烛残年、体弱多病的老妈妈。她一生向善、正直，含辛茹苦地把我抚养成人，对我的未来寄予了无限的希望。我被捕入狱的消息，对她是无法用语言形容的沉重打击。我对不起年幼无知、聪明可爱的小儿子。他从小没得到母爱，缺少亲情，对我的依赖性很强。在这么需要爸爸关爱的时候，却失去了我。多少次梦中，他在哭喊着找爸爸。我更对不起多年来教育我、培养我的各级党组织。参加工作以来，党和人民给予了我多少殊荣，我如此年龄就走上了正厅级领导岗位，这是多少比我正直、比我有才华的人没能得到的机遇。然而，我在党和人民赋予的权力面前，没能保持清醒的头脑，而是狂傲得意、忘乎所以，把这当成仕途成功的标志，放松了对世界观的改造，使信仰产生了危机，思想受到了腐蚀。不仅自己成了功名、金钱的牺牲品，还给党和国家造成了巨大损失，给亲人们带来了无限的痛苦。我真是痛悔万分！在此，我真切地向党和人民忏悔！向亲人们忏悔！

今天，我通过对自身经历的彻底反思，清醒地认识到问题的严重性。我心中早已备感焦虑，尤其是听到专案组领导坚决而果断地讲道："你的案子无论涉及谁，牵连到什么人，都要坚决地一查到底，这就是党中央的态度"时，一股热血顿时涌上心头。党中央的决心已表明，彻底查清此案绝非单纯为了法律意义上的清算，它还有着更深远、重大的政治意义，它能使全国人民树立信心、增强勇气，看到党和国家反腐的力度和决心。这种意义之深远、重大已远远超过了眼前工作所受的暂时影响。说句掏心窝的话：看到党组织如此坚决地查处此案，我又再次产生了坚定的理想和信念。我深信我们的党是伟大、光荣、正确的党，完全能够带领中国人民战胜任何艰难险阻，无往而不胜。我对党的未来充满了无限的希望和信心。只是，我已错失良机，不能再为党和人民多做贡献。我发自心底地说，是专案组的领导用人性、用对亲人的责任唤醒了早已绝望的我对生命的无限渴望。他们更是用正义感、良心，用对国家、对民族负责的崇高精神，深深地感染了我，使我的心灵深处感受到了强烈的震撼！此时，我不仅对自己的罪过感到痛苦和悔恨，也要对案件中涉及的腐败分子尽己所能进行彻底的检举。同时，我也诚恳地向党请求：将我处以极刑，用我可耻的一滴血，向国人谢罪！这也算是我向党和人民忏悔后的补过吧！这是我的心灵之声！

案件警示

从专案组2000年3月1日对李真实施"双规"，直到对他执行死刑前期，李真经常夜不成眠。他总是唉声叹气地说："生和死原来离得这么近，近得只有一线之隔，这条线就是信念。"

李真利用手中的权力，不择手段地敛财。在检察院起诉他的犯罪事实中，属于索贿受贿的就有19笔。大的捞钱机会他紧紧抓住，小的捞钱机会他也不放过。例如1994年至1995年，卷烟市场名烟紧俏，李真通过给张家口烟厂原厂长李某批条子，从中渔利60余万元。

李真到省国税局担任副局长、局长之后，看到建筑工程"油水"大，又在这方面做起了"文章"。他先后把省国税局承德培训中心工程、衡水培训中心工程、石家庄培训中心工程等6个工程强行"发包"给他的朋友，并且心安理得地从中收受贿赂305万元。

李真不仅给国家造成了巨大经济损失，还败坏了党风，毁掉了一批干部。李真多年来利用手中的权力帮人借款、协调贷款，自己从中收受贿赂，使国家蒙受了几千万元的损失。他还利用自己的特殊地位为个别人谋取官位，助长了"跑官""卖官"风，在查办李真一案中，检察机关共查处包括厅级干部8人、处级干部14人在内的47人。另外，河北省国税系统还有近40名干部职工因涉案受到法纪、政纪的处分。

权力是把"双刃剑"，为民则利，为己则害。权力一旦姓"私"，堕落随之为你开门。

李真是个有着极强的权力欲望的人。为了实现所谓的"政治抱负"，他费尽心机地为自己建立了"红色档案"。在出身上，他移花接木，把自己填写成高干的"养子"。在学历上，他原本是张家口柴沟堡师范学校的毕业生，在填写干部履历表时却写成河北师范大学物理系毕业；到河北省国税局工作后，又让一位教授代写论文，弄到了硕士学位的证书。什么级别也够不上的他从张家口向石家庄调动时，造了个假档案，大笔一挥填上了"正科级秘书"，这奠定了他日后升迁的基础。

李真很善于利用自己的特殊地位和权力为自己的政治发展铺路。已被判处死缓的河北省人民政府办公厅原副主任吴庆五曾说，"李真是一个拿政治当生意做的人"，"他常把省委常委会的用人方案在第一时间透给当事人，然后以此谋取自身利益"。李真多次利用自己的特殊身份，为别人的提拔升迁"说话"。他自己交代说，之所以这样做，是想"靠这种豪侠仗义，在政坛上赢得一批追随者和支持者，从而为自己的仕途发展奠定良好基础"。比如石家庄市原市长张二辰（后因受贿罪被查），李真本来是很看不上他的，说他是"乡下书记"，还认为他太滑，不可交。张二辰为扭转李真对他的看法，想方设法，通过物质、奉承等手段接触李真。后来石家庄市政府换届讨论人选时，李真就极力推荐张二辰，张二辰当上了石家庄市市长，李真的"政治盟友"中又增添了一名成员。

在当前复杂的社会环境中，领导干部面临的诱惑和考验很多。人有七情六欲，但欲望有良莠之分，正邪之别。领导干部要能够控制欲望、节制欲望，防止私欲膨胀。否则，让膨胀的私欲缠身，就像雪球滚到半山腰，刹也刹不住，挡也挡不住了，最终的结局只能是滚至谷底摔成粉末。

第二章 落马之后的泣血之悔

当上台长后,我的虚荣心强了

基本案情

史联文,男,1952年5月出生,在职研究生学历,1968年7月参加工作,1971年5月加入中国共产党。先后任辽宁广播电视台副台长、副总编辑、辽宁广播电视局党组成员、辽宁广播电视台台长。2013年11月5日,因涉嫌严重违纪接受组织审查,后被开除党籍,取消原退休待遇,依纪收缴扣押违纪款物。2014年7月21日,因犯受贿罪、挪用公款罪,被判处无期徒刑,剥夺政治权利终身,并处没收个人全部财产。

16岁参加工作,19岁入党,史联文的起步不可谓不高;先后获得"全国五一劳动奖章"、新闻界最高奖之一的"范长江新闻奖",享受国务院特殊津贴,身为正厅级干部的他仕途不可谓不顺。然而,是什么让他丧失了信仰、迷失了初心,以致身败名裂、深陷囹圄?究其原因,还是理想信念这个"总开关"出了问题。

党性丧失，拒腐防变防线崩塌

新闻媒体是党的喉舌，作为党的舆论宣传战线的领导干部、省广播电视台台长，史联文本应保持高度的政治敏锐性和社会责任感，牢牢把握政治舆论导向。然而，他的思想却在经济利益的诱惑下慢慢"开了小差"。特别是退休之前的那段时间，史联文开始为自己想"后路"，将行业"潜规则"用得淋漓尽致，他不顾国家损失，只顾自己捞钱。拒腐防变的防线一旦松动，理想信念便被抛到脑后。他曾提出"绝不能在我们的经营范畴内丢掉一分钱"，就是把自己等同于企业老板，把电视台当成自己的一亩三分地，完全不顾政治影响和社会效益，慷公权之慨，鼓了个人腰包。1999年至2012年，他收受贿赂仅人民币就达1140余万元，除此之外，还有金条、名表、鸡血石等大量贵重物品。

权力观错位，大搞以权谋私

思想蜕变以后，私欲必然膨胀。作为电视台的"一把手"，史联文无疑拥有"绝对权力"，他也将这种权力充分发挥，无论是电视剧订购、广告决策，还是人员录用、干部任免，都成了他敛财逐利的途径。

史联文利用电视剧的订购决定权收受10名电视剧制作人、发行人人民币571万元，港币20万元；利用和广告公司签订合同的决定权，收受3家广告公司经理295万元；利用人事录用决定权，收受11名请托人54万元；利用干部任免权，收受下属人员420万元。

2008年，电视台将广告资源回收广告部，沈阳某广告公司找到史联文，希望保留原来的广告贴片栏目。在史联文的帮助下，该公司与广告部签订了贴片广告合同，获得巨大经济利益。为了感谢史联文的"帮助"，该公司从2008年至2010年间，分10次共计送给其270万元人民币。

某公司为感谢史联文在电影播映权购销方面提供关照，陆续送给其人民币430万元。史联文假意将存有430万元的银行卡交给该公司经理"保管"，却在随后购买美国别墅时要回200万元。

在欲望的驱使下，史联文彻底失去了对党纪国法的敬畏之心，频踩"雷区"，触碰"底线"。中央多次强调禁止领导干部经商办企业、从事营利活动，史联文对此却置若罔闻。2009年8月，他出资50万元与郭某合作投资成立广告公司，承包辽宁广播电视台公共频道全时段广告业务，两年内收益达500多万元。按照事先约定，史联文从中获得了五成利润。

不讲民主，大搞"一支笔""一言堂"

绝对的权力必然产生绝对的腐败。作为电视台台长，集电视剧订购、广告决策、干部任免等权力于一身，加之缺乏有效监管，时间久了，史联文养成了大权独揽、独断专行的行事作风。在他看来，他就是制度、就是决策，台里大小事情必须按照他的意思办。

节目购销中心推荐一部34集的电视剧在辽宁卫视独家首播时，审片组大多数同志审看后提出不同意购买的意见，但在史联文的"授意"下，节目购销中心仍然以每集60万元的价格购买。

在没有听取审查小组意见的情况下，节目购销中心花费4128万元购置了5部电视剧。其中一部古装剧因为收视不达标等原因，在电视台仅播出3集就停播了。此外，台里以首轮黄金档每集35万元的价格购买了某部电视剧（实际在非黄金档播出），该电视剧同期出售给其他卫视首轮非黄金档播出的价格仅为每集2万元。

在广告经营方面，台里均有严格规范，然而史联文根本不按程序制度执行。个别广告合同约定金额与实际缴纳金额一年之内竟相差千万元以上，仅2011年辽宁广播电视台就少收广告费12823.87万元，造成国有资产严重流失。

任人唯亲，拉帮结派

电视台有着3000余人的干部队伍和几十亿的流动资金，事务繁杂，史联文本应谨慎从事，到底是什么让他如此恣意妄为？其中一个重要原因就是史联文善于搞"山头主义"，拉帮结派，任人唯亲，打造属于自己的利益"小圈子"。

史联文在任期间，人员调动和干部提拔都变成了其平衡利害关系、打造"小圈子"的绝好时机。台长与下属已经不是正常的上下级关系，而是匪夷所思的"哥们儿"关系，彼此称兄道弟，形成了一个紧密的"朋友圈"。在这种氛围下，台里重大事务都是由这个"朋友圈"私下决策后，再拿到会议上走个过场。特别是在干部任免和人员录用提拔上，更是"自己人"说了算，听话的用，不听话的弃。长期以来，他们形成的拉帮结派的裙带、利益集团内上下互通，利益共享。由此，台里跑官要官风气盛行，得到提拔的都是和他关系好的，和他关系一般的，无论怎么努力都无法得到认可。台里工作人员的事业心、进取心严重受挫。

史联文以为自己多年经营搭建起来的"堡垒"十分牢固，然而，靠利益搭建起来的堡垒早晚有一天会出问题。辽宁广播电视广告有限公司原总经理崔军是史联文一手培养和提拔起来的"得力干将"。然而，崔军因对公司管理不力，给国家造成巨大损失而受到法律制裁。省审计厅在对该公司审计时发现巨额国有资产流失问题，继而牵扯出史联文严重违纪违法案件。任人唯亲，惟"财"是用的史联文最终还是栽在了自己一手经营的"小圈子"上。

忏悔录

我一路走来可谓红毯铺道，每一个过程都是光彩的人生写实。当记者，获得新闻界最高荣誉"范长江新闻奖"，还获得"全国五一劳动奖章"；当主任，获得国务院特殊津贴，而且是终身的荣誉；当台长，还是新闻界公认的十大领军人物。可以说各种荣誉披挂满身。这些成果的取得当然是党组织培养的结果，也包含着我自己的辛苦付出和兢兢业业的工作。回顾那时的史联文，真是带着一身正气，以党的利益为最高利益，拼命和忘我地工作着。每当获得荣誉和奖章时，都是激动不已！

我是怎样改变方向的？深思数日，一句话令我感受颇深：一个人的权力太大了，独断专横，他就会将权力为自己所用，党和人民的利益就被放弃了，失去了宗旨就失去了方向。

我是2009年当上辽宁广播电视台台长的。初始，我干事业劲头十足，也实实在在做了很多前人没有做成的大事。几年之间，辽宁广播电视台发生了巨大的变化，在我任职的四年半时间里，辽宁广播电视台的影响力在全国已经形成，排名一直在第一集团行列，收入已达到近百亿元。辽宁广播电视台的改革成为全国同行业的一面旗帜，得到了领导及职工群众的一致好评。

我的人生方向的转变，主要是由于职务高了，学习少了，离群众远了；跟中央在政治上保持一致的自觉性降低了；工作作风、思想作风方面的培养和锻炼不足了，缺乏毅力和耐性了。尤其在商品经济大潮中，全台上下开足马力追求商业价值的取向，一切都向"钱"看。台里评价同志的业绩都是以"钱"为标准，我提出口号"绝不能在我们的经营范畴内丢掉一分钱"。同时，我还热衷于与企业的联系，总觉得一个单位离不开人气，要想建立一流的辽宁广播电视台必须要有一群人支持。所以我专门研究与辽宁广播电视台发展相关的部门及其权益，针对他们的喜好和特点，把准脉，让有用的团体都支持辽宁广播电视台，为辽宁广播电视台服务。虽然辽宁广播电视台有影响力了，但不是坚定地从党的事业出发，而是从各自的利益或集团的利益出发，为小团体服务。

另外，当上台长后，我的虚荣心也强了，脱离了群众的监督。由于自己权力的变化，周边的人也在改变着对我的态度。他们的语气、态度、行为姿态等，把我从一个有权力的自然人，改变成由他们控制的机械人了。"急功近利者""利益追求者"和周边人的奉承、吹捧、虚伪的殷勤，让我身不由己地陷入他们设计的泥潭之中。我倒了！渐渐地迎合了他们，也有了"共同利益"的一致行为。我的头脑中的商业价值倾向加剧之后，自然地也在改变自己的作为，也在寻找伙伴经营自己的事业。搞投资、上项目，研究与市场对应的内容，为退休找后路。自我约束和规则也没有了，任由自己的思想逐步陷入怪圈。我为什么要回避呢？反正他们的钱也不是好来的！该收的也得收！刚开始我为单位做事拉关系找钱，后来变成为自己退休后安排后路筹措钱。几万、几十万，人家送，我就收。手掌张开了，结果，组织这支枪就瞄向了我，伸手必被捉！

想到这些，我真是痛恨不已，早知今日，何必当初！我反思自己走过的歪路，真是感到对不起党几十年来对我的培养，对不起一块块金灿灿的奖章和奖牌，更对不起各界领导对我的关怀和给予的支持。从我严重违纪的教训中应告诫具有类似经历的领导，切记我以下几个方面的教训，避免再犯同类型的错误。

1. 在干部任用上一定严格按照中组部下发的《领导干部提拔任用标准》的通知执行。绝不能任人唯亲，更不能让你所认为的最亲的人担任实权人物。在工作上绝不能有私人关系的亲疏远近之分。

2. 远离居心叵测之人，这些人眼中只有利益。他们为了自己的利益机关算尽，在与你的接触中总是施以小利以换取大利。当你有权时，他们与你弟长兄短；一旦你失去权力，他会加足劲，把你踢得很远很远。

3. 要警惕表面谦和的圆滑人，这种人一旦和你的利益产生关联，马上就会释放出一种假象，以低尊式的状态博得你的好感和同情，然后，他会设计向你讨取利益的路径，像天鹰一样，一点点地啄去你的肉体，让你赤裸裸地挂在十字架上。

案件警示

违反廉洁纪律是落马官员的"标配"，本案亦是如此。与此同时，更应该引起警醒的是史联文拉帮结派的"山头主义"作风对辽宁广播电视系统政治生态的破坏。

习近平总书记多次强调，干部在政治问题上出问题，对党的危害不亚于腐败问题，有的甚至比腐败问题更严重。但仍有许多党员干部认识不到政治问题的严重性，总觉得只要不收钱，就不会出事。实际上，政治这个"根"出了问题，其他问题往往就会接踵而来。

很多时候，政治生态的恶化，都是不讲政治带来的严重后果。王珉担任辽宁省委书记期间，放弃了党的领导，全面从严治党不力，导致选举连续出现问题；沈阳市原副市长祁鸣投机钻营，为谋政治利益打造个人"小圈子"；大连市委原常委、副市长曹爱华一心攀附权贵，苦心铺设政治捷径；辽宁省发展和改革委员会原党组书记、副主任张小普大搞亲亲疏疏，任人唯亲……他们都是在权力和金钱的诱惑下迷失了政治方向，不仅把自己拉下了马，也对本单位、本地区的政治生态造成了严重破坏。

但在现实生活中，总有人觉得"一把手"的权威还不够，必须培育自己的"嫡系部队"，于是在单位内部逐一甄别，结党营私，排除异己，甚至动用职权和影响力，将值得信任的"自己人"安排到重要岗位上，单位内部俨然成了"家天下"。权力的过分集中必然导致监督急剧弱化，民主集中制更是无从讲起。团团伙伙、亲亲疏疏之下，决策权落到了少数人手里，为保利益均沾、利益共享，他们把权力当成牟利工具，把规章制度视为儿戏便不足为奇。在选人用人上，他们信奉利己主义，只看"圈内人"，不看"圈外人"。想要上位的，必须先跟领导搞好关系，尽快"入圈"；不想"入圈"的，无论工作多么努力，都得不到认可和提拔。"圈内人"平步青云，弹冠相庆；"圈外人"心生怨恨，激愤难平。时间久了，那些愿干事、想干事、能干事的干部的工作积极性和进取心被消磨殆尽，甚至迫于形势随波逐流，政治生态乌烟瘴气。这种异化的政治生态，不仅容易滋生不正之风，更为"塌方式腐败"埋下了祸根。

史联文在忏悔书中也认识到，"虽然辽宁广播电视台有影响力了，但不是坚定地从党的事业出发，而是从各自的利益或集团的利益出发，为小团体服务"。在他的忏悔中，他醒悟道："绝不能任人唯亲，更不能让你认为的最亲的人担任实权人物。在工作上绝不能有私人关系的亲疏远近之分。"

史联文的堕落警示我们：政治纪律政治问题任何时候都是根本性的大问题，遵守政治纪律和政治规矩也是提高政治免疫力的根本途径。党员干部要不断提升自身政治觉悟和党性修养，把纪律这个标杆立起来、挺起来，始终在纪律范围内想问题、办事情。让纪律约束自己，更让纪律为党员干部依法履职保驾护航。

获小利不能改变人的一生，却可以毁掉人的一生

基本案情

周连科，男，1955年1月出生于辽宁省朝阳市。1975年6月参加工作，1973年1月加入中国共产党。1997年3月任葫芦岛市连山区委书记；2000年3月任葫芦岛市委常委、宣传部部长；2002年3月任省委宣传部副部长；2010年12月任省文化厅党组书记；2011年1月任省文化厅党组书记、厅长；2015年1月任省政协常委，省文化厅党组书记、厅长；2015年9月任省政协常委、文史委员会副主任。2016年10月8日，因涉嫌严重违纪被立案审查。2017年3月接受组织审查，被开除党籍、开除公职，收缴违纪所得。2018年，周连科因犯受贿罪、贪污罪被辽宁省盘锦市中级人民法院判处有期徒刑17年。

周连科从一名下乡知青、普通工人，一步步成长为葫芦岛市委宣传部部长，辽宁省委宣传部副部长，辽宁省文化厅党组书记、厅长，辽宁省政协常委、文史委员会副主任。案发之前，周连科奋斗了整整40年，官场

之路走得可谓顺风顺水。然而，他从一名正厅级领导干部到被开除党籍、开除公职，不过五六年的时间。"荣"与"辱"之间看似隔着遥远的距离，但从"荣"到"辱"的转换有时却只在一念之间，所谓"廉贪一瞬间，荣辱两世界"，只有系紧廉洁自律的"第一粒纽扣"，才能走得更长更远。悉数周连科在任时，尤其是退休前的所作所为，用"疯狂"二字形容毫不为过。

"争分夺秒"顶风违纪

党的十八大以来，全国纪检监察部门正以雷霆万钧之势，一次次震撼出击，不断刷新人们对党中央反腐决心的认识高度。高压惩治态势下，仍有部分官员顶风作案，"不收敛、不收手"，"饭照吃，钱照收，事照办"，"不知敬畏，不知止"。铿锵有力的反腐宣言一再告诫为官者，反腐利剑绝不仅仅是给贪腐者一个下马威而已，而是要果断挥刀将贪腐行为斩于马下。

退休对为官者来说意味着什么？卸下多年责任重担，向党和人民交上一张满意答卷，善始善终，画上圆满句号。然而，也有一部分人困于"人到码头船到岸"；"权力不用，过期作废"的郁闷心理。周连科也是如此。为了排解这种抑郁，他势必要有所行动。

2015年3月，周连科借父亲去世之机，收受相关单位45人所送礼金25.1万元，造成严重不良影响。在组织调查期间，他竟矢口否认，谎称不知情，经反复批评教育，才承认违纪问题。2015年5月至6月期间，周连科明知自己即将离任，却突击进行干部调整，先后4次主持召开党组会议，违规调整干部25人。他还一直违规配备使用两辆超标准公务用车，其中一辆排气量3.0升、价值37万元的别克商务车一直用到2015年9月。2015年底，在得知审计厅对其爱人进行审计时，为掩饰问题，他四处活动，出具假收条，对抗组织审查。2014年至2015年，他一直与一名女性保持不正当的两性关系。2015年，他严重违反国家法律法规规定，向个体老板索要财物达百万余元。2016年，省文化厅整治"吃空饷"突出问题，周连科违规将亲属从企业调入省文化厅下属单位图书馆的问题浮出水面。经查，从2012年12月至2015年7月，其亲属长时间不上班，还领取薪酬达10余万元。省文化厅对此事严肃处理，给予该亲属记过处分并收缴其违规所得。对此，周连科非常不满，居然"恶人先告状"，接连写了十几封上告信。

正如周连科在忏悔书中所言："我出错主要是在退休前的四年内，由于快到退休年龄了，'船到码头车到站'，我开始考虑自己的退路和后路了，就放松了对自己的纪律约束。"周连科的所作所为不仅是违纪违法，更是在"有腐必惩，有贪必肃"时代背景下顶风而上，变本加厉地疯狂敛财，其行为性质极其恶劣。

"巧立名目，瞒天过海"敛财无边

"公烛之下不展家书。"党的十八届六中全会明确要求，"坚持立党为公、执政为民，坚持公私分明、先公后私、克己奉公"。为改善贫困地区生产生活条件，提高贫困人口生活质量和幸福指数，近些年来，国家对扶贫专项资金的投入力度越来越大，这也给一部分人损公肥私、中饱私囊提供了契机。周连科是从基层起步，一步步走到正厅级领导岗位的，本该对基层困难群众的生活疾苦感同身受，然而，利欲熏心的他已经完全淡漠了群众感情，失去了底线，居然将贪腐黑手伸向了扶贫专项资金。

朝阳润达油脂化工有限公司（下称润达公司）前身系朝阳县油脂化工总厂。2008年企业破产拍卖，时任省委宣传部副部长的周连科提议并介绍"交情笃厚"的企业家张某购买，张某心领神会。二人并非第一次合作，早在1997年，张某就在周连科的"帮助撮合"之下，以低于政府预定价的540万元购买了某转制企业。这次张某又以自己的企业抵押贷款2100万元购买了朝阳县油脂化工总厂并更名为润达公司，周连科姐夫任公司法定代表人，企业及经营活动实则由周连科一手操控。

为了企业运转经营及偿还银行贷款利息，周连科充分利用主管拨付专项资金的职务便利，想方设法巧立名目。2009年9月，周连科以省委宣传部在某市扶贫为由,让另一市委宣传部向某化工公司索要化肥200吨送到润达公司用作生产原料,价值32万余元;2010年底,周连科以"三下乡"活动名义,向某市拨付经费70万元,并授意该市委宣传部将其中的56万元拨给润达公司。此后,除价值14万元的化肥被送到某镇用于"三下乡"活动外,剩余42万元财物均被润达公司占有。2012年1月,周连科以省文化厅扶持"农村自办文化活动"名义,拨付给某市委宣传部120万元,并授意其用此款项购买化肥送到润达公司。500吨化肥连同运费价值共计111.5万元。2012年12月,周连科以扶持"文化广场及村文化建设"名义,向某县扶贫办下拨100万元,并授意其将50万元以购买化肥名义拨付给润达公司。周连科除不择手段为自家企业"输血"外,还想方设法为妻子敛财。2012年7月,周连科以"文化广场建设扶贫资金"名义为张某企业下拨专项资金100万元后,在周连科知情的情况下,张某将现金100万元交给其妻子。

明修栈道,暗度陈仓的敛财方式被周连科自导自演得淋漓尽致。从2010年至2012年,在担任省委宣传部副部长和省文化厅厅长期间,周连科侵吞公款公物折合人民币共计340余万元。其行为不但使党和国家的惠民政策大打折扣,群众利益受到损害,也毁损了党和国家的形象,寒了百姓的心。

"亲亲疏疏,我行我素"违规用人

掌公权者滥用权力最常见的形式就是违规选人用人,它常与行贿受贿、买官卖官的官场乱象相伴而生,也容易形成"小团体",助长"圈子文化"等不良风气的蔓延。周连科在任之时,在选人用人方面向来是独断专行,视组织规定于不顾,公然违反组织纪律,违规提拔捞取好处。2018年8月,他将一名干部调入省文化厅,两年后通过竞聘,担任处长一职。后经组织核查,该人在竞聘前,既没有调研员任职备案,更不具备公务员身份,与竞聘处长的资格条件严重不符。2015年省委组织部认定该干部任职无效。2015年，周连科将厅机关一名干部安排到下属企业任副经理主持工作，从中收取好处费5万元。2015年5月，省委组织部明确规定，主要负责同志在6个月内达到党政领导干部任职年龄界限的省直单位党组（党委），一般不再启动研究干部任免事项。而周连科公然违反规定，明知自己即将离任，从5月13日至6月19日，未请示省委组织部同意，先后4次主持召开党组会议研究干部事宜。后经省委组织部核查认定，此4次任免决定无效。

近年来，"交友不慎"成为贪官落马忏悔中经常提到的词汇。不法之人带着目的与官员接触、交往。他们不用刀枪，而是用糖衣炮弹，或直接"围猎"，或"温水煮青蛙"，把领导干部赶入"围场"。这些把权者，或想逃之夭夭，却发现早已经走投无路；或欣欣然任其驱使，最终沦为其牟利工具。

在周连科的贪腐之路上，有两个他定义成"铁哥们儿"的人——企业家张某和金矿老板梁某，这两人也一直在他走向犯罪深渊的过程中推波助澜。经查，从1998年至2016年近二十年间，周连科先后索取、收受两人财物折合人民币589.24万元，发生在十八大后的有257.25万元。其中包括每年中秋、春节期间74次收受二人财物价值148万元。2001年收受梁某公司开发的别墅一栋，价值120余万元。2012年，张某出资90余万元为其扩建并装修别墅。2015年，借其父亲去世之机，周连科以报销其父住院费用的名义向张某索要60万元，并授意将款项存入其妹妹账户。2016年4月，周连科又以妻子在海南承包山林为由，向张某索要70万元。

周连科自以为与二人的关系坚不可摧，然而建立在不正当利益链条基础上的友谊本身就是不牢固的，稍遇风浪，"友谊的小船"说翻就翻。"不要让虚假代替情谊，不要让金钱成为糖衣"；这些人之间"只有永远的利益，没有永远的朋友"。实践证明，二人给其带去的种种利益只是一时之快，将其拉下马的结局却是毁灭性的打击。

领导干部也是社会群体中的一员，不是说为官者就得孤芳自赏、孑然一身，关键在于他们要搭建什么样的朋友圈，以及遵循什么样的交友之道。如果周连科们能搭建健康的朋友圈，做到公私分明，守住底线，自然也不会是这样的结局了。

忏悔录

我从一个普通的下乡青年，经过努力逐步走上领导岗位。近几年，随着职务的变化，我放松了对世界观的改造，淡化了理想信念，淡忘了党的宗旨。我错误地以为人们都关注实实在在的物质利益；现在是人情社会，人们都关注方方面面的社会关系。

看到别人富裕，我就心理失衡。我觉得一些"大款"素质不高，能力也不大，但都捞到了大钱，而我的素质和能力不比他们差，却还是一个穷光蛋。我认为在工作上先进，生活上也要先进，不能看到别人富裕，自己贫穷。这种错误的观念是自己党性原则丧失的一种表现，也是自己退步的开端。

随着自己的官位越来越高，我同基层群众的距离越来越远了。想群众的事少了，想自己的事多了。我还错误地认为，在工作上和生活上为他人着想没错，但你为他人着想，谁为你着想？特别是有一天你退休了，有困难了，你没有后路，没有朋友，靠谁帮助你？交穷朋友需要你帮他，交富朋友才能他帮你，于是我有选择地交起了大款朋友。实际上，熟人上千多，知心没几个。眼看自己将要退休，觉得自己在官场干了这么多年，没交下几个朋友很吃亏。于是开始巩固自己交的两个朋友，同他们交往多了起来，有些事也愿意找他们办。特别是对自己的亲属找他们办事的情况也睁一只眼，闭一只眼，明知不应当办也装糊涂，结果酿成大错无法挽回。

一般来说，很多不法分子就是靠"吃小亏占大便宜""舍小利而取大利"来征服掌权者获取不正当利益的。对于一个领导干部来说，获小利不能改变人的一生，却可以毁掉人的一生。"吃人家嘴软，拿人家手短"。金钱可以使人幸福，也可以使人痛苦，关键在于千万不要谋取不正当利益。侥幸心理会铸成自己终生的不幸。不要总看到他人胆大不出事，去侥幸攀比。今天不出事，不等于明天不出事；明天不出事，不等于后天不出事。所以，千万不能做违规违纪违法的事，掩人耳目、掩耳盗铃只能是自欺欺人、害人害己。

案件警示

"不受曰廉，不污曰洁"。清廉一词最早出现于屈原的《楚辞·招魂》，意指做人要有清清白白的行为，光明磊落的态度。时至今日，清廉早已由个人的修养发展为对官员的道德要求，成为一种普遍的社会价值取向与追求，亦被看作一种至高无上的境界和内化于心、外化于行的修为。

清廉，如日月经天，江河行地，本是政治生态的应有之义，是为官者的自然之态。可曾几何时，还是不断有官员淡漠了为官的根本，亵渎了使命的神圣，将"一身正气，两袖清风"的气节和洒脱劣变成了小人戚戚、蝇营狗苟。

究竟是什么让入党宣誓时的热血慢慢冷却？是什么让"宁可清贫，不作浊富"的初心渐渐迷失？是什么摇摆了信念，让坚不可摧的防线一再失守？"清廉"，原本触手可及，可又是什么让相傍相依变得渐行渐远？我们认为，为官者想保清廉本色，需在以下两点下功夫。

理想信念须坚定，不忘初心得始终。官场百态，导致违纪违法的原因很多，究其根源还是人的自身因素在起主导作用。有相当一部分贪腐者东窗事发后一味地怨天尤人，发出"身在官场心不由己"的慨叹，好像真是

"我的命运却不由我做主"那般悲催无奈；还有人将其归结于自身时运不济，才会落得如此下场，仿佛其落马并非自掘坟墓，其自己反而成了"不幸者""倒霉蛋"。"万物皆有因，万般皆有果"，今天的结果无非是为昨天的错误行为买单。

贪官落马，最初都是源于思想根基的动摇。"随着职务变化，近几年，我放松了对世界观的改造，淡化了理想信念，淡忘了党的宗旨……"周连科在宣传战线工作多年，有着过硬的思想理论功底。用他自己的话说，"一年365天，几乎天天都在讲"。然而，周连科宣讲理论口若悬河、头头是道，共产主义思想、党的方针政策常挂嘴边，实则却成了纸上谈兵，只是不走心地随便说说而已。尤其是临近退休之时，周连科更是说一套、做一套，成了彻头彻尾的"两面人"。

近些年来，"平安着陆"成了官员面对的一大难题。纵观官场，每年都有一些官员退休前因为贪腐问题被查处。官员落马可能就在于一次贪欲，一次伸手，一次起心动念。谁不曾怀揣五彩斑斓的梦想？相信大多数官员当初选择仕途并非冲着贪腐而来。然而，日复一日，一路走来，究竟是什么动摇了当初的理想信念，使之迷失了美好的初心？纵观落马贪官，他们有很多共同点——他们并非一开始就贪污腐化，相反起初都是通过兢兢业业的工作，在本职工作岗位上作出了一定成绩，得到了组织和人民的认可，才会一步步走到更高的位置。位置高了，权力大了，眼界宽了，圈子广了，私欲来了，胆子大了，初心没了，结局惨了，本就松动的思想根基渐渐变得摇摇欲坠，再到理想信念彻底坍塌，到最后我行我素，罔顾法纪，为达目的，不择手段。

理想信念看似虚无，但它却自始至终主宰着人的内心，指引着人的行动。它决定了在诱惑面前是坚定地把握住自己，还是酿成"一失足成千古恨"的惨剧。所以，广大党员干部要把坚定共产主义理想信念，加强党性政治修养始终作为人生必修的功课。潜心静气练好"内功"，"律己之心"

刻骨铭，"为政之德"勤修炼，"贪欲之害"常思忖，这样才会百毒不侵，善始善终。

知畏知止要牢记，守住底线莫放松。史载，明太祖朱元璋曾问群臣："天下何人最快活？"群臣众说纷纭，有人说"功成名就"，有人说"富甲天下"，有人说"儿孙绕膝"，朱元璋听了一一摇头。这时老臣王纲意味深长地说"畏法度者最快活"，朱元璋大悦，称其见解"甚独"。这句话放在现如今，同样具有哲理性和时代感。畏法度者最快活，守规矩者最自由："畏法度"就是敬畏法律而老实守法，熟知法律而循规蹈矩，畏惧法律而不越雷池。做清廉官员，做守法公民，吃也香甜，睡也香甜。"不做亏心事，不怕鬼敲门"，守法者无需费心费神地忧虑和担心，仰不愧天、俯不愧人、内不愧心，白日里精神焕发，夜晚间踏实睡好每一觉！

一些党员干部之所以一步步由先锋模范"好同志"变成锒铛入狱"阶下囚"，就是"有贼心更有贼胆"，以致胆大包天、无法无天，最终突破了纪法的底线。违法者，快活得了一时，却快活不了一世。"多行不义必自毙"，玩火者又有谁不是下场可悲，晚景凄凉？

电视剧《人民的名义》中高玉良落马后悔不当初："中国改革开放几十年，每个人都身处改革洪流之中，期间，很多人凭借自身努力或者说幸运站在了潮头之上。风光无限，诱惑无限，也风险无限，就看你如何把握。看未来远不如看过去来的清楚，激昂和困惑交织在心头，必须讲定力，讲原则，讲底线，要留一份敬畏在心中，看别的可以模糊，但看底线，一定要清楚。"正所谓"人生不能越界，底线必须坚守"。如果说周连科理想信念动摇是其以权谋私的根源，那么突破底线、对党纪国法失去敬畏之心则是其走向违纪违法道路的必然。作为从政40年的党员领导干部，周连科明知不准经商办企业，明知专项资金不容儿戏，明知选人用人程序规范，明知……然而再多个"明知"也抵不过一个"故犯"，很多时候他不是不懂，只是装傻充愣，掩耳盗铃。人要守住自己的良心，上不负天，下不愧地，时刻检省自己，提点自己，想想当初为何启程，不要忘记初心，不要偏离航向。如果周连科当初能多一份对党纪国法的敬畏之心，擦亮眼睛清清楚楚地看清底线，也许就会悬崖勒马、迷途知返，结局也自然就不是现如今这般模样了。

我要给自己的心灵进行一次"清创引流"术

基本案情

王炜，男，回族，1958年7月生，宁夏吴忠人，中共党员，1983年7月毕业于宁夏医学院临床医学专业，大学学历，主任医师，教授，硕士生导师。曾任宁夏回族自治区人民医院院长（副厅级）。

2016年8月，王炜涉嫌严重违纪，接受组织调查。2016年10月14日，宁夏回族自治区人民检察院依法以涉嫌受贿罪对王炜决定逮捕。2017年12月15日，宁夏回族自治区高级人民法院对王炜受贿案二审宣判。王炜因受贿748万元被判处有期徒刑12年，处以罚金人民币100万元。

翻开王炜的履历，不难发现，他是一名从基层做起的学者型干部。他曾是外科学教授、硕士生导师、中华医学会外科学分会委员，荣获"自治区跨世纪学科带头人"称号，享受国务院特殊津贴，被誉为宁夏肝胆外科"一把刀"。从外科医生，到外科主任，再到医院院长，王炜用20多年的苦干实干为自己铺就了政治坦途，他曾当选自治区第九届政协委员及第十全国人大代表。谈起王炜的落马，不管是曾经的领导还是周围的同事无不为之惋惜。那么，是什么原因让这位本应前途无限的"一把刀"遭遇人生反转？

2004年，王炜被任命为宁夏回族自治区人民医院院长。彼时，虽是大权在握，王炜依然能洁身自好，尽管很多工程承包商和医药代表主动拉拢，他仍然能够保持清醒头脑，对送上门的好处拒之门外。

医院里的工程建设本就利润极高，药品和医疗器械采购更是油水丰厚，一些商人急于拿下王炜这块"肥肉"，却苦无办法。工程承包商马某也曾多次用财物拉拢王炜，均败兴而归。后来，马某听说王炜喜欢钓鱼，便想到一条迂回之计。马某以钓鱼这个共同爱好顺利接近王炜，不仅购买了顶级钓具，还四处寻找钓鱼地点，每逢节假日便接上王炜切磋钓鱼技巧。王炜对这种不提要求、纯粹陪玩的套路很是受用，慢慢放下了对马某的提防，还和他发展成了无话不谈的"挚友"。

然而做好友并不是马某的目的，拿到工程建设项目才是其心头所想。在马某的带领下，王炜慢慢接触高档消费，由开始的艳羡到切身感受，从慢慢模仿到不可自拔。于是，人们渐渐感觉到王炜的"官架子"越来越大：外出开会必须住五星级酒店，办公室更是面积超标、装修超标。案发前几年，王炜对工作基本不闻不问，整日忙于约见商人、洽谈项目、参观访问，期间更是灯红酒绿、推杯换盏。然而，高档消费需要高额收入来支撑。见惯了物欲横流，潜藏在心里的贪欲也在一点点萌发。2006年春节期间，一个从事药品推销的商人找到王炜，并送上5万元。王炜第一次收到这么多钱，心里不免忐忑，经过几天的思量，王炜自以为找到了一条不负组织不负自己的"好办法"：他找到纪委书记，并往廉政账户上上缴3万元，自己则将2万元留下，一旦被查，就说只收了3万元。失去了慎初之心，贪欲已经不满足于"小打小闹"，而是如同潘多拉的魔盒一般，彻底失去控制，收取钱财时他再无畏惧和羞愧。

付出成本是为获得高额回报，马某给了王炜可观的好处，王炜也没有

"亏待"他,将医院里多个工程项目交给马某。几年下来,马某的公司从几个人逐渐壮大为年收益上千万元的大公司。除了马某,王炜也不忘"关照"其他商人,对于他们送上门的财物,王炜也是一一笑纳。"我对他们(商人)的态度从戒备、回避、疏远,一点点变得友善、亲和,感觉在他们面前才有存在感、价值感,我才是他们心中的上帝。"

除了马某,郭某和李某也同样看到了王炜的"价值"。为了拿到人民医院新院工程建设项目,二人以老乡身份接近王炜,不仅多次送钱送物,还主动承包了王炜家人住院、孩子出国等费用。王炜同样"予以回报",利用职务便利帮助二人承揽大量工程项目。在此期间,二人不仅给王炜送上现金、房产及贵重物品,还为王炜的情人以及亲属购置房产。后郭某和李某因工程问题发生矛盾,郭某因王炜在此期间偏向李某,一纸万字举报信将昔日"财神"拉下神坛。王炜怎么也没想到,平日两肋插刀的兄弟在关键时刻插了自己两刀。

忏悔录

今天是我接受组织审查的第四十天,这四十天的心灵洗礼和震荡,仿佛就是对自己这四十年工作历程的心路回访。四十年,奋斗与光荣同行,丑恶与耻辱共存。此时的心情难于言表,此时的伤痛刻骨铭心。颤抖的双手怎么也写不下"悔过书"这三个字,这难道就是我四十年人生奋斗历程的休止符?痛苦、痛心、痛恨、懊悔、失望的情绪奔涌而出,它们伴随着我写完这篇记载着我的光荣与自豪、耻辱与丑恶的悔过书,并渗透至字里行间,这一切仿佛都发生在梦里……

自2004年担任院长以后,医院的大权就掌握在自己手中,各种利益的诱惑接踵而至,起初自己还能保持清醒头脑。至中后期,随着取得各种成绩,获得各种荣誉,自己的思想开始发生蜕变,私欲开始膨胀,交友圈开始出现变化，生活开始奢靡，开始追求享乐，对金钱财物开始产生迷恋，对权力开始更加追求，并且开始用手中的权力去为老板、挚友谋取利益，获得好处。

2006年春节期间，一个从事药品推销的商人到我办公室，并送上了5万元人民币，几番推辞我还是收下了钱。这是我第一次收这么大数额的钱，心里忐忑不安，经过几天的思想斗争，我找到纪委书记，并往廉政账户上上缴了3万元，自己留下了2万元，心想一旦有事，就说只收了3万元，也都上缴了。但随着自己一次次尝到甜头，那种担心、害怕、敬畏之心，早已被金钱所冲淡。随着自己的胆子越来越大，收取钱财时再无畏惧和羞愧之情，而是觉得理所当然，甚至理直气壮。

这样的想法，我自己都觉得不可思议。我回忆起90年代末我当科室主任的一件事。一位来自农村的贫苦农民的妻子身患癌症，住进了外科病房。她家境非常贫困，看病的钱都是村里乡亲给凑的，每天三餐都是在病房煮点白水面条或啃点馒头，没有任何菜吃，看着让人心酸。一天趁着吃饭的时候，我走进病房对她说："这50元钱你收下，马上就要手术了，每天买点菜吃，以免影响伤口愈合。"患者老伴感动地收下了钱。手术前一天，听值班护士说，那个患者老伴在我的办公室门口默默蹲了一整天，不知找我干啥。当我走进办公室，患者的老伴也跟了进来，颤颤巍巍从怀里掏出一个纸包，有三四层厚，他取出了六十元钱，对我说："明天我老伴就要做手术了，这是给你的红包，请你多费心，一定要做好我老伴的手术，我家里穷实在拿不出更多的钱来，你别嫌少。"借着纸包打开的空当，我一眼看到了那张前几天我才给他的五十元钱，其余的十元钱都是壹角、贰角凑起来的。看到这，我除了感到一阵阵的心痛、心酸外，尤其感到的是羞愧，这种感觉非常复杂，说不清、道不明。过去我无数次拒绝患者的红包，除了要守住我的职业操守、维护我的良好声誉外，另一个重要原因就是羞愧，我放不下这张脸，伸不出这双手，丢不起这个人，我觉得医生在患者心目中，不应该是一个爱钱如命、给钱才救命的人！我更不愿让患者说王炜是一个拿到钱才肯做手术、才给治病的人。

如今，我收下这不义之财，怎么一点都没有当初的那种感觉呢？怎么一点都不感到羞愧呢？我变了！我变得自己都不敢相信了，变得自己都看不起自己了。

世界上的事物，一切皆有因果。没有不经奋斗的成功，也没有无缘无故的失败，物必先腐而后虫生。反思自己走过的四十年奋斗之路，分析自己违纪违法的原因，皆因自己的理想信念不坚定、宗旨意识淡化，享乐主义拜金主义思想滋生所致。走到今天，面对党纪国法的惩罚，我完全是咎由自取。这个教训十分惨痛，刻骨铭心。

我是一名外科医生，深谙刮骨疗伤、去除病灶、治病救人的道理。只有痛下决心，咬紧牙关，彻底解剖，仔细探查，才能达到暴露病灶、清除腐肉、引流污物的目的，才能让病人康复。我要给自己的心灵进行一次"清创引流"术，清除灵魂的毒疮，引流心灵的浊水，恢复健康的人生。

案件警示

2015年1月12日，习近平总书记在参加中央党校县委书记研修班学员座谈时曾告诫县委书记们："各种诱惑、算计都冲着你来，各种讨好、捧杀都对着你去，往往会成为'围猎'的对象。"这里的诱惑、算计、讨好和捧杀，都是善于钻营的行贿人最惯用的手段，而"围猎"一词更是将各色人等为了利益"各显神通"的嘴脸刻画得入木三分。

有了权力就有了被"围猎"的可能。有的官员只看到权力这把双刃剑的一面，把权力变成捞钱工具，甚至用钱买官，以期获取更大更多换取钱财的砝码。对于一些不法商人来说，他们自己手中无权，便挖空心思用钱财买通官员，以获取单凭自身无法实现的财富积累。于是双方一拍即合，沆瀣一气。在一些地方，官员和不法商人勾肩搭背、称兄道弟，权钱交易、权色交易等潜规则大行其道。

然而，不是所有落马官员生来就具有劣根性，即使穷凶极恶的"大老虎"也多是从轻微违纪逐步滑到犯罪深渊的。正如王炜这般，上任之初也曾兢兢业业、两袖清风，对于前来示好的工程承包商和医药代表一概拒而远之。然而，人都是有弱点的，弱点一旦被人所知，就很容易成为"围猎"的突破口，王炜的弱点就是自己的爱好。在"投其所好，送其所要"的强烈攻势下，多少像王炜一样的官员纷纷折戟。

所谓"苍蝇不叮无缝的蛋"，马某深知：要想拿下王炜，就要把"无缝的蛋"变成"有缝的蛋"。几次送礼不成，马某打听到了王炜钓鱼这一爱好，于是他以钓鱼为突破口，颇有耐心地开始了他的"围猎"之路。正因为马某没有直接送钱送物，王炜觉得跟马某钓鱼不会打破他一直以来的原则，小小的鱼竿成了二人沟通感情的桥梁，到后来更是称兄道弟，甚至相见恨晚。垂钓、游乐、酒局慢慢麻痹了王炜，高档消费、高级享受逐步成了他追求的品质生活。王炜在忏悔录中写道："我对他们的态度从戒备、回避、疏远变得友善、亲和，感觉在他们面前才有存在感、价值感，我才是他们心中的上帝。"有了一个马某，就会有第二个、第三个，王炜在"马某们"的"围猎"下迅速腐败，直至案发。

回顾本案，我们不免为王炜惋惜：如果他能一直秉持原则、洁身自好，现在的"一把刀"仍能造福百姓；如果收到第一笔贿赂时他能全额上交，没有私自留下那2万元，或许就没有后来的种种……相对于倒在"爱好"下的倪发科、许迈永、杨建农等人，王炜这个非典型的"因爱好而腐败"的案例同样需要我们细细品味和探讨：如何能够在形形色色的隐蔽"围猎"下保持本心，使理想和信念屹立不倒？

一是补足精神之"钙"。理想信念不坚定，精神上就会"缺钙"，贪婪的本性就会乘虚而入。党员干部无论职务高低，也不论掌握多大的权力，如果不能时刻保持清醒和定力，这些信念就会在内外夹击之下逐渐销蚀，以致越了雷池仍不自知，即便事后察觉，也难以回头了。只有在日常工作和生活中不断自我净化、自我完善、自我革新、自我提高，才能守得住清贫、耐得住寂寞、稳得住心神、经得住考验，真正做到"千磨万击还坚劲，任尔东西南北风"。

二是认清风险诱惑。现实生活中，为了达到权钱交易的目的，许多不法商人与党员干部称兄道弟攀老乡，"围猎"手段也更为隐蔽，一些党员干部不知不觉便上了"贼船"。《人民的名义》中不法商人赵瑞龙为了拉拢高育良，煞费苦心为高育良打造了一个完美爱人高小凤，直至最后高育良都不相信高小凤是针对他刻意打造出来的。大家都知道，世界上没有免费的午餐，天上掉馅饼的同时，脚下可能就是要命的陷阱。党员干部更应明白，其个人的魅力未必有多大，吸引围猎者的仅仅是自己手中的权力。因此，领导干部要端正自己的交友观，特别是要守住底线，把好分寸，做到既"亲"且"清"。

三是及时回头止损。有人说，犯罪只能被控制，不能被消灭，因为人人都有弱点。人非圣贤，孰能无过？没人能保证自己一辈子不犯错误，党员干部亦如是。一旦犯错怎么办？最近流行一句话：种一棵树最好的时机是十年前，其次是现在。同理，发现路走错了，不要以走得太远为借口，因为马上回头是最好的止损方法。王炜在忏悔录中提到，第一次有商人送他5万元，经过激烈思想斗争之后他留下了2万元，余下的上缴了。收下贿款的王炜就像得了肿瘤的病人，如果此时他能对自己实施一次"清创引流"术，上缴全部贿款，"去腐生肌"之后，他的人生可能就是另外一番风景。而正是这次私自留下的2万元打开了他贪欲的闸门，从此一发不可收拾。这个昔日的"一把刀"在忏悔录中深刻剖析了自己的症结所在，但因没能及时回头，最后落得个有心治病，无力回天。

组织找我谈话后，我仍麻木不仁

基本案情

朱法锦，男，1954年3月出生，汉族，党校函授本科学历，1972年12月参加工作，1976年6月加入中国共产党。

2010年11月至2011年2月期间，朱法锦利用其担任江苏省盐城市民政局党委委员、助理调研员兼办公室主任，并具体负责拆迁工作的职务便利，采取私自出具虚假证明材料并私盖单位公章等手段，侵吞该局公有住房和公有车库的拆迁补偿款人民币29.82万元。

鉴于朱法锦认罪态度较好、主动坦白犯罪事实、积极退赃，法庭在休庭合议后予以当庭宣判：朱法锦犯贪污罪，判处有期徒刑3年缓刑4年，并处罚金人民币20万元。

"朱法锦担任盐城市民政局助理调研员期间，分管办公室工作，为人较为谦和"，这是盐城市民政系统的一位同志对他的印象。然而就是这样一位为人谦和的副处级干部，为了满足自己的贪欲，不惜出具虚假证明材料、私盖单位公章，以达到侵吞单位拆迁补偿款的目的。

就像他自己在忏悔录中所说的："一旦贪欲占了上风，人就会作出利令智昏的行为。"2010年下半年，盐城市市政设施管理处对市区毓龙路进行西延改造，因改造范围涉及盐城市民政局职工住房，该局局长任某安排朱法锦代表该局全权负责拆迁工作。正是借着这次负责拆迁工作的机会，朱法锦想方设法让自己从中获得拆迁补偿款。

拆迁工作人员在对盐城市民政局职工住房原幸福路4号4幢403室及28.7平方米的车库产权进行调查时，朱法锦提出上述房产为其使用。工作人员要求其提供相关的证件，并通过其要求民政局就相关房产拆迁补偿费的归属进行确定。此时，朱法锦为了满足自己的贪欲，竟然将403室土地使用证复印后在土地使用者一栏的"盐城市民政局"后加写了"朱法锦"三字提供给拆迁部门，又向拆迁部门出具了内容为"幸福路4号4幢403室51平方米居住人为朱法锦，幸福路4号附属用房中28.7平方米使用人是朱法锦，以上房屋此次拆迁费用归现使用人所有"的答复及证明材料，并私自加盖了盐城市民政局公章。向拆迁部门提供完这些证明后，朱法锦又以其个人名义与拆迁部门签订了上述403室及车库的拆迁协议，并于2011年2月22日领取拆迁补偿款29.82万余元。

然而，事实是怎样的呢？盐城市原幸福路4号4幢403室本是1988年盐城市民政局分给朱法锦的福利房，1996年房改后，403室被划出部分面积给他人参加房改，朱法锦以妻子王月兰的名义通过房改购得该楼301室。此时，按照规定，朱法锦就不能再占用403室未参加房改的53.6平方米的住房，可是他不但私自占用，还不再缴纳房租。幸福路4号附属用房中28.7平方米的闲置公有车库，也是属于盐城市民政局所有。2007年前后，朱法锦利用自己担任盐城市民政局办公室主任的职务便利，将该局位于原幸福路4号的闲置公有车库28.7平方米占为己用，且不缴纳房租。朱法锦利用自己的职务便利，私自占用单位的房屋和车库，且不缴纳租金，碰上拆迁，又想方设法伪造证明材料，侵吞本该属于单位的拆迁补偿款。朱法锦于 2011 年 2 月侵吞盐城市民政局公有住房和公有车库的拆迁补偿款后，于 2014 年 1 月退休。

天网恢恢，疏而不漏。退休后的朱法锦，本以为可以安享晚年，但是其违法犯罪行为最终还是败露了。2017 年八九月间，盐城市委巡察组、市纪委派驻纪检组发现朱法锦贪污问题线索。2018 年 3 月 19 日，盐城市监察委决定对朱法锦涉嫌贪污案立案调查。2018 年 3 月 20 日，经江苏省监察委批准留置。2018 年 3 月 22 日，朱法锦归案后如实供述了自己罪行。

忏悔录

我出生在农村，自小生活很苦，直到我应征入伍后家中的困境才有所缓解。部队干部制度改革后，我作为先进典型被破格提干。转业至地方，我负责的"农村养老保险""安置工作改革"这两项工作均在全国领先并受到表彰，我也因此被提拔为副处级干部。

党的十八大后，反腐力度空前加大。平时我也耳闻目睹了一些腐败的人和事，但就是没有自我警醒，甚至在组织上找我谈话后，我仍麻木不仁，全无畏惧之心，拒不退还赃款，错失纠正错误的机会，最终铸成大错！

一旦贪欲占了上风，人就会作出利令智昏的行为。我临近退休，竟觉得自己辛苦了一辈子，却活得不如别人，什么也没捞着。职务虽多次提升，最终达到处级，但不是实职。班子成员除了我，都享受了房改待遇，于是我就想捞一点再退休，好让自己心理平衡，所以贪婪地占有本不属于自己的拆迁补偿款竟然也心安理得，全然忘记了一名党员干部的初心。

在整个犯罪过程中，我一直抱有侥幸心理，从市委巡察组、市纪委派驻纪检组发现我的犯罪线索直到市监察委对我采取留置措施，我都企图侥幸过关。然而侥幸只能是一时的，不能是一世的。侥幸心理的作祟，使得我栽了大跟头，真是悔之莫及！

回顾自己的成长经历，虽有自身的勤奋努力，但都离不开组织的关心厚爱。现在因为一时的贪念，我侵占了拆迁补偿款，成为一名贪污犯，从一名副处级公职人员、有四十多年党龄的老党员变成犯罪分子，我辜负了组织上多年的培养和教诲！我也愧对家人，因为我的犯罪给他们带来了伤害，给他们的生活蒙上了阴影。

我本可以无忧无虑安度晚年，享受天伦之乐，而今60多岁了还要接受法律惩处。我每日都在悔恨中度过，夜夜被噩梦惊醒。现在的我，要深刻地反省自己，从内心深处挖掘犯罪根源，在实际行动上认罪悔罪，积极配合组织查清问题，争取改过自新，早日回归社会。

案件警示

"退休等于安全着陆"，一直以来，许多人心中都存在着这样一个认知误区。仿佛一名领导干部只要能够顺利退休，就算存在"历史问题"，也能够安享晚年。

但是，这种认识并不正确，尤其是党的十八大以来，各级纪检监察机关一直致力于打破这种错误认识，也查办了不少已经退休的大小官员。其中，有官至正国级的"大老虎"周永康，也有徐才厚、郭伯雄等退休高官，而各地的"拍蝇"行动也从未停止。

有的人往往把退休当成逃避责任的"挡箭牌"，认为退休之后就"万事大吉"，"前尘往事"就能一笔勾销了；有的人认为自己辛苦了一辈子，如果不在退休之前"大赚一笔"，怎么对得起自己呢？正是这种思想上的放纵，使得一些领导干部在临近退休之际就开始"大展身手"，赚得"盆满钵满"。本以为退休之后就可以"安享晚年"，没想到的是，到头来，竹篮打水一场空。

回顾朱法锦的成长经历，他从一名转业军人成长为副处级领导干部，本应该牢记党的宗旨，遵纪守法，尽职尽责，用好人民赋予的权力，为群众谋福利。然而，他却辜负了党和人民的期望，沦为人人痛恨的腐败分子。

朱法锦在其忏悔录中说："班子成员除了我，都享受了房改待遇，于是我就想捞一点再退休，好让自己心理平衡，所以贪婪地占有本不属于自己的拆迁补偿款竟然也心安理得，全然忘记了一名党员干部的初心。"可见，此时他已经被自己的贪欲蒙蔽了双眼，忘记了党员干部的初心和使命。正是在这种贪婪思想的支配下，朱法锦放松了对自己的要求，一再突破底线，直至打起了拆迁补偿款的主意，最终使自己跌进了犯罪的深渊。

惨痛的教训再次证明，当一名党员领导干部的理想信念发生动摇，个人的价值观发生改变，不再将人生的价值体现在为社会、为人民做贡献上，而是以捞钱多少决定人生价值大小时，他必然走向腐败和毁灭的道路。

领导干部在任时违纪违法，退休后被查是必然的。因为法律不会放过任何一个违纪违法之人，即使退休也不可能"一了百了"。领导干部的腐败行为损害国家利益，损害党在人民群众心目中的形象，甚至威胁党的执政根基。

有权必有责，用权受监督，失职要问责，违法要追究。退休绝不是领导干部逃避责任的"挡箭牌"，也不是领导干部躲避审查调查的"避风港"。不论是"既往犯"还是"现行犯"，都不可能因为退休就能躲避党纪国法的制裁。对此，广大官员要引以为戒：要想退休时"安享晚年"，必须在任时"两袖清风"。

我对权力有一种贪婪的追求

基本案情

任杰灵,新疆维吾尔自治区司法厅原党委委员、副厅长,曾任新疆维吾尔自治区劳动教养管理局(戒毒管理局)、教育矫治管理局(戒毒管理局)党委书记、局长。因违反政治纪律和政治规矩、中央八项规定精神及涉嫌受贿犯罪,于2017年8月被开除党籍;2017年9月被开除公职;其涉嫌违法犯罪问题移送司法机关处理。

2018年10月,昌吉州中级人民法院对任杰灵受贿一案进行公开宣判,法院认定任杰灵犯受贿罪,判处有期徒刑11年,剥夺政治权利2年,并处罚金人民币120万元;对任杰灵退缴的赃款1299万元依法没收,不足部分继续追缴。

任杰灵从一名复员战士、一名企业工人,一步步走上了副厅级领导岗位;从刚参加工作时一顿饭只吃8分钱的葱花饼,每天坚持工作12至15个小时,到后来的暴殄天物、名牌傍身。从鲜花簇拥、万人艳羡到令人扼腕、锒铛入狱,是什么让他原本绚烂的人生,最终只能在惨淡里落下帷幕?究其根源,是贪婪作祟,心魔作祟。在歧路上愈走愈远的他,再也无法回归本真平淡的生活,初心一旦迷失,又何以得善终?

回顾任杰灵在任时的林林总总,很多情节都令人细思极恐、难以置信。

"有钱能使鬼推磨"。任杰灵在金钱驱使下的所作所为,简直令人咋舌。在"亲""清"的政商关系中,任杰灵在"亲"这方面表现得淋漓尽致,"清"却被抛到九霄云外。在向任杰灵行贿的众多人中,张某由于身份的特殊性,随着案件的侦破,逐渐浮出水面,成了最具典型的代表。也有很多人发出这样的质疑——"一个开食堂的能干得了工程项目这些活吗?"但在欲望的吞噬下,任杰灵却硬是向世人证实了自己手中权力的巨大威力,把不可能变成了可能。就这样,在任杰灵无微不至的关照之下,张某顺利完成了"人民教师"——"食堂承包者"——"商人"的华丽转变,先后承包了自治区劳教局名下的酒店,承揽了自治区劳教局的建筑工程、信息化工程、服装采购等诸多抢手暴利项目,赚得个盆满钵满。在任杰灵的被动收受和主动索取下,张某先后向其行贿 300 余万元。此外,像张某这样讨好他的人不胜枚举,为了让众多讨好者能"雨露均沾",工程项目不够分就拆开来分,即便没有建筑资格那也只是小事一桩。在任灵杰眼中,压根儿就没有钱摆平不了的事,没有钱解决不了的问题。一条金钱架接起来的,用权力攫取非法利益的绿色通道就这样畅通无阻了。

任杰灵对金钱的贪得无厌着实让人匪夷所思。在任期间,他甚至把自己的餐费平摊到其他干警的伙食费中,而将自己饭卡中的 1.35 万元餐费从财务室提现。当然,贪婪之心不止于此,任杰灵还收受管理和服务对象的黄金饰品、玉石、名贵手表、高档手机等物品,装修房屋、职务晋升、儿子考取大学、逢年过节都为其敛财提供了有利契机。就连平时讨好他的人送给他的烟酒以及土特产、食品等,他也全部拿去兑换成了现金。据统计,2011 年至 2014 年,任杰灵利用担任自治区劳教局、教育矫治局一把手的职务便利,为他人在企业经营方面谋取利益,索取、收受 25 名管理和服务对象现金1000余万元,其中近半数是在党的十八大后收受的。2015年8月,任杰灵在得知张某被调查后,便立刻与妻子马某串供,将收受的1公斤黄金和9个金元宝转移至亲戚家中,眼看火烧眉毛,他第一时间想的竟是如何转移财产,保护非法所得,还真是"舍命不舍财"!

"人之贤不肖譬如鼠矣,在所自处耳!"意思是说,人与鼠一样,没有贤德的区别,只有平台的不同。为了到达更高的平台大展拳脚,任杰灵苦苦追寻了二十余年。终于,在2010年10月,当组织上宣布他任自治区劳教局党委书记、局长的那一刻,他有种"多年媳妇熬成婆"的快感欢愉。他望眼欲穿,苦等到这一天的到来。在任自治区教育矫治局党委书记、局长后,任杰灵可谓"如鱼得水",频频违规操作。他不单是在工程项目、物资采购中大吃回扣,在对重大事项的决策中独断专行、提前定调,在选人用人方面更是作风霸道、我行我素。为了让自己中意的人选顺利走上既定位置,为己所用,他置干部考察任免程序原则规定于不顾,如果他中意的人选一次考察未进入考察程序,那就两次,两次不行就三次,总之,不达目的誓不罢休。2012年至2014年期间,自治区教育矫治系统违规提拔使用干部12名,全部被安排在了系统内的重要岗位,该系统当时的风气让人细思极恐。

初出茅庐的任杰灵工作勤勉,生活俭朴,直至后来,"我能数出来的名牌商标比知道的党纪条规还多"——在忏悔书中,任杰灵是这样说的。违反廉洁纪律规定是任杰灵违法违纪行为中比较典型的特征。《中国共产党廉洁自律准则》是党中央根据党的十八大以来全面从严治党新的实践需要制定印发的,对于有着30多年党龄的任杰灵来说,应该是熟练掌握。然而知道归知道,知道不等于遵守和照做。任杰灵恰恰就是将与这些要求和约束背道而驰的事情做得淋漓尽致。

穿戴必讲名牌,为了在别人面前彰显自己的穿着档次,他甚至连商标都舍不得摘下来,虚荣心暴露无遗。

但凡乘飞机出差,必选头等舱,如果没有头等舱,那就改日再行,万万不可"委屈"了自己。

以警戒、勤务需要为借口，指使下属购买价值100余万元的超标准越野车供自己使用。

为方便自己和亲友玩乐，安排局办公室动用公款20余万元，在某酒店七楼装修餐厅包厢、卧室和棋牌室供个人享乐使用。

配备专门厨师，并多次烹饪珍稀保护动物宴请亲朋。

……

任杰灵的奢靡生活着实让人瞠目结舌。

忏悔录

我叫任杰灵，现年57岁，中共党员，新疆维吾尔自治区司法厅原党委委员、副厅长，现在正接受组织审查。在这两个多月的时间里，我对自己的违纪违法事实进行了认真反思和剖析，真切地认识到自己犯下的错误有多么严重、影响有多么恶劣、带来的教训有多么惨痛，为自己走向党和人民的对立面而深感悔恨、痛心疾首，在此深深悔罪。

1985年，我被借调到自治区劳教局工作了4年。当时我没有宿舍，一直住在办公室。因为工资低，为了节省钱，我每天只吃两顿饭，有时一顿饭只吃一张8分钱的葱花饼，而每天却要工作12至15个小时。在这4年里，我把自己在工作和生活中遇到的困难和问题，统统归结自己出身贫寒、没有社会关系、没有钱，错误地把家庭背景、社会关系和金钱的作用无限放大。我把自己吃过的苦、受过的累、熬过的每一个日日夜夜当成我成功的主要原因，认为个人的成长进步全靠自己的努力奋斗，在错误的人生观和价值观的诱导下，我把社会关系、背景、权力看得越来越重，而把党组织的关怀与培养置于脑后，入党时的誓词在我心中开始模糊、淡化，为后来我的思想退化、腐败堕落埋下了祸根。

我当（劳教局）政委的 6 年里，不仅没有静下心来好好提升自己的知识储备、加强党性修养，反而逐渐迷恋上了玩玉石、打牌、唱歌。在生活中开始与一些不法商人勾肩搭背，经常和他们一起吃吃喝喝、打牌娱乐；在思想上与组织渐行渐远；在学习中照本宣科念念文件、上党课临时突击备课应付、开民主生活会时左右逢源，甚至连心得体会和自我剖析材料都让工作人员代笔。由于平日里不注重政治理论的学习，不注重世界观的改造，造成自己信仰退步、道德退步、思想颓废。

在我内心深处，对权力有一种贪婪的追求，因为权力可以满足我的虚荣心，可以让更多人心甘情愿地为我服务、看我脸色办事，还可以给我带来地位、金钱。2010 年 10 月，当组织宣布我任自治区劳教局党委书记、局长时，我兴奋极了，那种"多年媳妇熬成婆"的快感溢于言表。我心里想着，这一天终于来了，我一定要"大干一场"！在这一刻，党组织的教诲、党员干部的责任已被我的狂喜所冲散，我看到的是权力，还有数不尽的赞誉以及金钱。

想要积累财富，我手中的权力就是最快的捷径。从刚开始的半推半就，到后来的不择手段，我毫不犹豫地开启了敛财之路，也踏上了罪恶之路。在贪欲的驱使下，大到直接收受百万元现金，小到把饭卡里的餐费兑换成现金，我都来者不拒。我甚至把一些商人和朋友送给我的烟酒以及土特产、食品，都拿去兑换现金，这时的我在金钱面前已彻底失去理智，走向疯狂。

我收了不法商人的钱，就要想方设法为他们在教育矫治系统承揽工程提供帮助，有的时候送礼的人多，工程项目不够分，我就把大一些的工程拆分开来，让他们分别中标。有的老板没有建筑资质，但只要他能把钱送到位，资质问题也就不再是问题。我收了干部的钱，就想方设法地为他们在职务晋升、工作调动、安排子女就业方面提供便利。

我参加工作近 40 年，在党组织的精心培养下、在各级领导的关怀支持下、在同事们的关心帮助下，我从一名复员战士、一名企业工人走上了副厅级领导岗位。此时的我，本应勤勤恳恳、兢兢业业，加倍努力工作来感恩于党、回报于社会、服务于人民。但是，我却忘记了自己当年面对党旗时的誓言、背离了入党的初心，丧失了党性原则，在权力、名利的诱惑下，渐渐地滑向了犯罪的深渊。

我有罪，我要深刻忏悔。

敬爱的党组织，我今天堕落成一名令人憎恨、令人唾弃、人人喊打的腐败分子，完全是咎由自取，我心甘情愿承担一切责任，接受党和人民对我的审判。

案件警示

错误的金钱观——金钱是万能的

英国著名哲学家斯尔兹曾对犯罪做过深刻的剖析，他说："构成犯罪的东西，并不在于金钱，而在于对金钱的'爱'。"司法实践中，相当一部分官员之所以走上违法犯罪的道路，由最初的犯罪萌动，到一步步地沦陷深渊，都是源于对贪念的放纵，才演绎了最终的疯狂。财富名利是荆棘，抓得越牢，就伤得越重。贪欲太盛，就会因得不到而徒增烦恼；因想得到而不择手段，在义无反顾的追求中，迷失自己，不计代价，哪怕是走向违法犯罪的深渊。"在我内心深处，对权力有一种贪婪的追求，因为权力可以满足我的虚荣心，可以让更多人心甘情愿地为我服务、看我脸色办事，还可以给我带来地位、金钱。"这是任杰灵忏悔录中对自己内心所想最深刻的总结。

"钱不是万能的"，这是我们熟知的，但在任杰灵这里，彻底颠覆了这句话。在他的世界观里，只要有钱，或足够多的钱，就可以无所不做、无所不能。在他的观念里，财富的积累，当然要倚靠自己的"位高权重"，在权力与金钱的置换中，任杰灵处理得越来越得心应手，从刚开始的半推半就、被动接受,到后来的挖空心思、主动索取,二者之间的过渡看起来是那么顺理成章。心态上,他也由最初的战战兢兢、提心吊胆到后来的慢慢适应、享受乃至沉溺于这个过程,最终顾忌变成了期许,形成了可怕的"惯性"。"当官就不要想发财,发财就不要想当官",这是习近平总书记在2014年的五四青年节给所有青年人的警示与告诫,相信这句质朴而又坚定的寄语,不单是针对广大青年而言的,它更是对每一位从政者的深刻警醒。自古以来,对为官者就不乏"多行不义必自毙"这类饱含深意的警戒,又有"当官不为民做主,不如回家卖红薯"这类浅显直白的规劝。只可惜,这些为官的真谛在任杰灵那里被置若罔闻,竟都成了"耳旁风",最终他也只得为自己的不屑买单。

荒谬的权力观——权力是任性的

2015年3月5日,国务院总理李克强在十二届全国人大三次会议上所作《政府工作报告》中指出:"大道至简,有权不可任性。"意在提醒掌公权者要"讲纪律,守规矩"。重拳在握,莫要把权弄术、肆意妄为。但长鸣的警钟敲得再响,也唤不醒一个装睡的人。身居高位的任杰灵利令智昏、掩耳盗铃,把党和人民赋予的权力变成了极其任性的权力。权力一旦任性,势必招致祸端,教育矫治系统成了他暗箱操作的"独立王国",也成了他违法犯罪的"主战场"和葬身之地。

党的十九大报告强调,把党的政治建设摆在首位,明确要求坚决防止和反对"圈子文化"。圈子文化是破坏党内政治生态的顽疾,官场上的圈子文化之所以能够滋生,主要是源于不正常的人身依附和利益输送。人在鬼迷心窍之时,眼睛里看到的只有金山银山,对于诱惑的风险视而不见;耳朵里听到的只有奉承恭维,对电闪雷鸣的预警充耳不闻。尽管组织有各种规定,但任杰灵仍然对圈子文化情有独钟,其上位后前来拉关系、套近乎、主动示好的人趋之若鹜,他们纷纷以加入"小圈子"为荣。为了巩固自己的权力和地位,任杰灵大肆培植自己的势力范围,肆无忌惮地将"圈子文化"做大做强。为了加深彼此间的感情交流,他经常将圈子里的成员召集在一起吃吃喝喝,开展丰富多彩的娱乐活动,一边恣意消遣娱乐,一边合谋如何攫取联盟最大利益。就这样,买官卖官、吃喝玩乐的官场不良风气在任杰灵主政的教育矫治系统内蔓延开来。

随着以任杰灵为首的、以教育矫治系统为中心的"小圈子"辐射面越来越广,任杰灵的追捧者也越来越多,他做起事来更是随心所欲、有恃无恐,几乎在系统内形成了绝对的无可反驳的权力。为了便于他的暗箱操作,干部调整中的重要岗位上都以小圈子成员为主。同时,为笼络人心,让同盟者死心塌地追随自己,无后顾之忧,他还为解决"小圈子"成员的子女就业、亲属调动等事项大开方便之门,可谓"有求必应"。就这样,任杰灵沉迷于"小圈子"中无法自拔,对党纪条规、组织的原则纪律丝毫提不起兴致。他在自己的世界里为所欲为,可谓任性到了极致。

扭曲的人生观——得意是忘形的

人在志得意满之时,往往就会忘了来时的路,任杰灵就是这样。

茫茫官场,任杰灵走在仕途,他觉得自己毫无背景,只是沧海一粟,那么渺小。他常常感到孤冷无助,内心极度恐慌。以至于后来,他把安全感错误地寄托在了关系、背景和权力上,因此,为达目的,他便可以不遗余力、不择手段。回顾任杰灵的成长轨迹,他原本和其他很多官员一样,是苦底子出身,后来在组织的培养与重用下,再加上自己多年来的不懈努力,才一步步走上自治区劳教局一把手的工作岗位。此时的任杰灵却丝毫没有意识到手中的权力越大,肩上的责任也就越大,从而更应该谨言慎行、洁身自好。所谓"高处不胜寒",在更高的岗位上,他并没有继续打磨自己,对自身高标准、严要求,反而将权势、地位变成了奢靡无度的资本。在内心深处,他也觉得自己付出就应该有所回报,升官发财无非是他多年努力的必然结果,得志后的他眼里看到的、心中想到的只有金钱、追捧以及享乐。

古代有位高权重的大臣骄奢淫逸、贪图享乐，最后丢了官爵、晚节不保；现如今也有像任杰灵这样养尊处优、得意忘形的官员，最终也难免走向堕落，酿成人生悲剧。"贪人钱财，春风得意一时欢；东窗事发，牢里洒泪毁终生"。俗话说，"玩火必自焚"。为官者的任何铤而走险、得意放纵，都有可能让他万劫不复。从任杰灵的忏悔书中，我们能看出，他也像其他很多落马官员那样有着深深的悔悟，只可惜人在志得意满之时，沉迷其中，很难反思自己，只有在铸成大错后，才会发出肺腑悔恨之言，希望能给后人足够的警醒借鉴——莫要重蹈覆辙！

"世路无如贪欲险，几人到此误平生！"任杰灵的结局着实让人扼腕痛惜，究其根源，还是利欲熏心惹的祸。所以，我们要再一次敲响警钟："贪如火，不遏则燎原；欲如水，不遏则滔天。"莫让贪魔迷了心智，莫等权力带来的殊荣消散之后，才追悔如果当初能多几分坚守、多几分对礼义廉耻的敬畏，就绝不会是这般模样！

我是民政的罪人，是福利彩票的罪人

基本案情

2015年5月，《经济参考报》发表了署名文章《福彩曝黑幕：中彩在线高管涉数十亿利益输送》，文章称：作为福彩重要票种之一的"中福在线"即开型福利彩票，其独家运营商中彩在线公司，已由名义上的国有控股企业悄然转变为高管掌控的个人"财富帝国"，该公司高管被指利用职权向"关联方"进行利益输送，涉及金额数十亿元。2015年7月，记者王文志以个人名义向财政部公开举报"中福在线"彩票严重违规运营。2016年2月，中央第九巡视组开始对民政部进行专项巡视期间，北京中彩在线科技有限责任公司（简称中彩在线）总经理贺文被带走调查，自此，中国福彩系统腐败案正式浮出水面。

2017年2月，中国福利彩票发行管理中心（以下简称福彩中心）原主任鲍学全被查；

2017年2月，福彩中心原副主任、中彩在线原董事长王云戈被查；

2017年4月,福彩中心原主任陈传书被查;

2018年9月,福彩中心原主任王素英被查;

2018年10月,福彩中心原副主任、中彩在线原董事长冯立志被查。

陈传书曾担任福彩中心主任,鲍学全是陈传书的副手。2006年陈传书离任后,鲍学全出任福彩中心主任。冯立志曾与鲍学全搭班子,历任福彩中心主任助理、福彩中心副主任、中彩在线董事长。2015年1月王素英出任福彩中心主任,同期王云戈任福彩中心副主任、中彩在线董事长。

2002年,经财政部审批,福彩中心、北京银都新天地科技有限责任公司和北京华运中兴数码技术有限公司三家合作成立北京中彩在线科技有限责任公司。其中福彩中心占股40%,总经理贺文通过暗地里的复杂股权操作实际持股60%,中彩公司名义上为国有控股,实际已被贺文个人掌控。中彩公司的主要收入来源于"中福在线"即开型彩票销售资金5%的发行费。按照2009年国务院出台的《彩票管理条例》规定,该资金应上缴财政专户,实行收支两条线管理。多年来,中彩公司不但没有严格执行中福在线即开型彩票5%的发行费"收支两条线"的规定,还把其中一部分作为利润分红。中彩在线总经理贺文等人为了实现个人攫取巨额财富的目的,花重金拉拢腐蚀福彩中心当权者,致使国家利益遭受巨大损失。

《廉政瞭望》杂志曾披露,中彩在线总经理贺文被疑非法获利至少27亿元,被调查人员多与贺文有巨额经济往来。其中据公开报道,2010年至2013年,冯立志利用担任福彩中心副主任和中彩在线公司董事长等职务上的便利,滥用职权,为中彩在线公司、香港华彩控股有限责任公司等单位在企业经营等事项上提供帮助,索取或收受财物折合人民币585.1万元,造成应上缴财政的1.6亿元彩票业务费流失。法院以犯受贿罪、滥用职权罪判处冯立志有期徒刑17年,并处罚金100万元。2015年1月,王素英调任中福彩中心主任后,财政部先后两次对中彩公司进行了核查,2016年还正式发函责令中彩公司限期整改。但王素英在任期间,中彩公司分别于2015年4月、2016年1月进行了两次违规分红,其中2016年较往年分红提前，并提高了分红比例，造成应上缴财政的 7.56 亿元彩票业务费流失。法院以受贿罪、滥用职权罪、巨额财产来源不明罪三罪并罚，判处王素英有期徒刑 11 年，并处罚金 20 万元，责令退赔违法所得 863.8 万余元。

2017 年 8 月 27 日，中央纪委监察部网站发布消息：经中央纪委批准，中央纪委驻民政部纪检组对福彩中心原主任鲍学全，福彩中心原副主任、北京中彩在线科技有限责任公司原董事长王云戈严重违纪问题进行了立案审查，给予鲍学全、王云戈开除党籍、开除公职处分，并将二人涉嫌犯罪问题、线索及所涉款物移送司法机关依法处理。

陈传书担任福彩中心主任期间，工作严重失职失责，监督管理不力，对有关问题的发生负有主要领导责任。经中央纪委常委会会议研究并报中共中央批准，决定给予陈传书留党察看 1 年、行政撤职处分，降为正局级非领导职务。

福彩腐败牵出的另一位高级官员是财政部原副部长王保安。2000 年之后，财政部综合司彩票处承担彩票监管职能，2000 年至 2007 年，王保安分别任财政部政策规划司司长、综合司司长、副部长，出任副部长后又是综合司的分管领导。在此期间，贺文找到王保安。王保安曾为贺文掌控的中彩在线提供审批方面的帮助，贺文则以赠送房产、免除借款等方式予以回报。2017 年 5 月，王保安因巨额受贿获判无期徒刑。

截至 2018 年 11 月，驻民政部纪检组对福彩中心领导班子违反《彩票管理条例》，集体研究同意对策划中彩在线公司年度分红，造成国有资产巨额损失的 14 名责任人员予以严肃问责。

忏悔录

2018 年 11 月 14 日，中央纪委国家监委网站公布了福彩领域 4 名局级领导干部的忏悔视频。福彩中心原主任鲍学全、王素英、福彩中心原副主任冯立志、王云戈进行了深刻反思与忏悔。

王素英："接受组织审查之后，在组织的感召下，我完全克服了长期的恐惧、纠结和侥幸，坚定地选择了相信组织、依靠组织。坦白交代问题虽然让自己撕开了身心最丑陋的那一部分，但也让我自己从心底慢慢轻松下来了。面对我自己的这些问题，组织不但没有放弃我、嫌弃我，反而给了我更多的关怀。特别是中秋节晚上，我和日夜思念的年迈多病的老母亲通了电话，专案组的同志还带了月饼和我共度节日，让我无比感动。我决心余生做一个有益于社会的人，不仅从行为上，还要从思想上、从灵魂上做一个干干净净的人。"

鲍学全："我自己所犯的错误，包括涉嫌违法犯罪，使自己身败名裂，让家人也受到了极大伤害，使我父母、妻子、孩子蒙羞，让他们失望和痛心。我自己犯了错误，也使自己之前几十年的辛勤努力付诸东流。对此，我感到无比的痛悔，这是我终身的耻辱。"

王云戈："在中央巡视组巡视期间，我心里非常的矛盾，我知道自己的问题是比较严重的。一方面，我害怕说出去以后受到严厉的处罚，但更主要的是觉得自己的这些事儿可能也没什么人知道，侥幸的心理占了上风。现在想想，我没有抓住那次机会，没有把自己的问题向组织上坦白地说清楚，最终犯了大错。一步错步步错，最终的结果就是侥幸带来了大不幸。"

冯立志："我辜负了组织，放弃了自己的初心，没有把组织赋予我的权力用在彩票事业的发展上，而是把它当作自己谋取私利的工具，犯下了不可饶恕的错误。彩票系统腐败案件给民政、给福利彩票都造成了不可挽回的负面的影响和巨大损失，这简直是场灾难。在这其中，我不但没有很好地履行我的职责，维护彩票的利益，维护彩票的形象，反而成了不法分子的帮凶，我深深地感到我是民政的罪人，是福利彩票的罪人，是可悲可恨的，我现在特别痛恨自己做了这些不该做的事情。"

案件警示

如果一棵树病了，是这棵树自身出了问题；如果周围的几棵树也病了，是这个区域出了问题；如果一片树林多树发病，一定是这个生态系统出了问题。福彩系统腐败案件从初露端倪，到连续发案，到最后纵横交错的系统查处，印证了党中央对于腐败形势依然严峻复杂的判断和全面强力反腐的决心。

作为党员干部，应慎终如始，自始至终做到不为名利所诱，不为浮华所动，不为物欲所惑，要牢固树立正确的人生观、价值观、权力观。从上述落马官员的忏悔中，我们可以看出他们之所以走上贪渎堕落的道路，是因为松动了理想信念的开关，秉持了错误的心态观念，迷失了前进的方向。

忘记初心。福利彩票是在我国顺应改革开放发展形势、关爱社会困难群体的背景下诞生的，它以筹集公益基金、帮助社会上老幼孤残人士及社会弱势群体为使命。据统计，自1987年至2019年底，我国福利彩票销售收入累计2.2万亿余元，共筹集彩票公益金6768亿余元（中国福彩网，2020-01-13），可以说为国家福利事业、公益事业作出了巨大的贡献。回望落马的福彩官员的人生之路，他们也曾拥有朴素的为民情怀，也曾在民政事业上工作多年、成绩斐然。然而走上领导岗位后，他们却在巨大的利益诱惑面前迷失了本心，将个人利益置于人民利益至上，放任贪婪的魔爪伸向福利彩票公益金，甚至成为贪婪者的帮凶，致使国家和人民利益遭受巨大损失。经查实，福利彩票巨额业务费流失始于2010年冯立志担任福彩中心副主任兼中彩在线董事长时期。冯立志归案后忏悔道："我辜负了组织，放弃了我自己的初心……我深深地感觉到我是民政的罪人，是福利彩票的罪人。"

不知敬畏。"凡善怕者，必身有所正，言有所规，行有所止。"这是明代方孝孺所言，这个为了信仰不怕"诛十族"的大儒，他心中也有"怕"的东西——怕法律、怕规矩、怕人心道德。而时下的贪腐者，他们之所以逆国家强力反腐的潮流而动,在党的十八大甚至十九大后依然不收敛、不收手、顶风违纪违法,就是因为在他们的心中,没有对信仰道德的崇敬,没有对党纪国法的畏惧,没有对个人名声的爱护,没有对家庭幸福的珍惜。为了攫取金钱美色、为了贪图享受,他们不惜作奸犯科,以身试法,最后落得个鸡飞蛋打、人财两空的悲惨境地。或许只有到这个时候,他们才能够从纸醉金迷中清醒,一如鲍学全在他的忏悔录中所言:"我自己所犯的错误,使自己身败名裂,让家人也受到了极大的伤害,使我父母、妻子、孩子蒙羞。"

心存侥幸。心理学研究表明,侥幸心理通常情况下存在于潜意识之中,不足以支配人的行为活动,但是当一个人自控能力不强,这种潜意识得到孕育膨胀以后,就会引发冲动。很多贪官都说自己存在侥幸心理,他们在官场得意之时,只看到利益而看不见陷阱,自以为手段高明便铤而走险;在被审查调查之初,只考虑逃避不考虑后果,幻想自己能浑水摸鱼,甚至对抗组织审查。最终只能是错失真心悔过的时机,以被严肃处理黯然收场。办案组曾先后与王素英谈话14次,但她一开始并不配合,还与有关人员订立攻守同盟,转移赃款赃物,自以为能蒙混过关。王云戈在中央巡视组巡视期间没有抓住机会向组织坦白交代,结果就是"侥幸带来了大不幸"。

主体责任落实不力。反思福彩系统腐败案,不仅是落马官员个人思想道德的滑坡,也暴露出一段时期以来党内监督弱化、管党治党"宽松软"的问题。习近平总书记多次强调,全面从严治党,要抓住落实主体责任这个"牛鼻子",把权力与义务、责任与担当统一起来,党委要认真履行主体责任,党委书记是第一责任人,要管好班子,带好队伍。彩票领域腐败案件频发,福彩中心多名局处级干部接连落马,这些干部大多在民政系统工作多年。作为管理部门,民政部原党组履行管党治党政治责任不够坚强有力,特别是对福彩中心监督管理的缺失,放任党员干部被不法分子"围猎",导致福彩领域发生系统性腐败。时任民政部党组书记、部长,时任民政部党组成员、分管福彩业务副部长严重失职失责，也受到了党纪国法的严惩。

监督责任长期弱化。权力不论大小，只要失去监督就有可能被滥用，就有可能发生腐败。新时期党要管党、从严治党，必须着重解决监督制约领导干部权力行使的难题。党的十八大以来，加强党内监督，在牵住主体责任"牛鼻子"的同时，实现对党和国家机关派驻监督全覆盖，聚焦党风廉政建设和反腐败主业，强化监督执纪问责，切实提高派驻监督实效。2015年1月，习近平同志在十八届中央纪委第五次全会上指出，派驻纪检组组长"对党风廉政方面的问题，该发现没有发现就是失职，发现问题不报告、不处理就是渎职，那就要严肃问责查处。"而自2008年起就担任民政部纪检组组长、民政部党组成员的曲某，落马前一直在民政部工作，下属单位连续多年存在严重腐败问题没有被发现，派驻监督俨然成了"稻草人"。此外，曲某还有干预下属单位相关工程项目并从中谋取私利的违纪行为，最终被给予留党察看2年、行政撤职处分，降为正处级非领导职务。

体制机制存在漏洞。1987年民政部发行我国第一张福利彩票，1994—1999年，国务院指定中国人民银行负责监管彩票，2000年起由财政部负责监管。在彩票发行费、销售收入、公益金管理等方面经历了相关部门权责不清、管理混乱、制度滞后的一段时期，这也是福彩系统腐败案件频发的一个重要原因。据业内人士介绍，财政部作为监管机构，不仅负责审批彩票游戏品种、变更玩法、公益金使用、发行费变更等诸多事项，还对诸多细节执行问题审批、过问；民政部作为管理部门，职能的行使主要集中在中央本级公益金的管理使用方面；福彩中心是彩票发行机构，但实际上又参与涉及了部分销售和中央系统搭建；2009年国务院颁布《彩票管理条例》，3年后《彩票管理实施细则》才出台，期间的一些制度规定没有启动，启动后也没有按规定严格执行，等等。这些体制机制问题，为发生系统性腐败埋下祸根。

在对腐败原因进行反思和梳理的同时，我们也要看到，福彩系统腐败案的查处过程和系统治理，体现了新时期反腐败斗争的新思维、新举措、新战略。

发挥审计及巡视利剑作用。2014年底，国家审计署自福利彩票发行以来首次组织开展了彩票资金状况大规模审计，抽查2012年至2014年10月彩票资金658.15亿元，发现虚报套取、挤占挪用、违规采购、违规购建楼堂馆所和发放津、补贴等违法违规问题涉及金额169亿元，占抽查资金的26%，引发了广大民众的强烈质疑和社会关注。2016年2月底，中央第九巡视组开始对民政部进行专项巡视，并于同年6月进行反馈，巡视组发现民政部管理的福利彩票工作存在重大问题。随即，中央纪委对福利彩票事业背后的违规违纪违法问题展开了长达两年的审查调查，先后任职福彩中心的领导干部"前腐后继"，纷纷落马，相关领导干部受到严肃问责，社会各界关注、行业相对封闭的福利彩票系统腐败案得到了全方位的清查整治。可以说，没有中央巡视工作自上而下的强力推动，这样涉及面广、涉案人员多、牵涉官员级别高的反腐风暴是不可能形成的。党的十八大以来，巡视作为党内监督的战略性制度安排，彰显了中国特色社会主义民主监督的制度优势，在反腐斗争中发挥了重要作用。据统计，中央纪委审查的案件中，超过60%的线索来自巡视，巡视工作已成为全面从严治党的利剑。

实践监督执纪"四种形态"。在查办福彩系统腐败案件中，首先突出执纪审查的政治性，立足教育挽救，用理想信念教育转化被查处的党员干部，通过深入细致的思想政治工作和亲切温暖的人文关怀，促使他们回归党员意识，认识错误，在此基础上体现党组织的自我净化能力。如王素英在忏悔录中说道："在组织的感召下，我完全克服了长期的恐惧、纠结和侥幸心理，坚定地选择了相信组织、依靠组织。"坚持把纪律挺在前面，坚持纪严于法、纪在法前。对于在组织面前老老实实认错悔过的3名涉案同志，组织依规依纪依法作出从轻、减轻处理的决定，对相关人员进行诫勉，免予处分。

开展典型案例警示教育。民政部通过召开案情通报暨警示教育会，播放落马官员忏悔视频，以案明纪、警钟长鸣，让广大党员干部引为镜鉴。受到政策感召，部分局处级干部主动向组织如实讲清了自己的违纪问题，并诚恳表示认错、悔错、改错，强化了查办案件的震慑作用和治本功能，实现了由"惩治极少数"向"管住大多数"拓展，修复和净化了福彩领域以及民政系统的政治生态。

全面完善制度建设。针对福彩腐败窝案，新一届民政部党组公开作出回应，从制度入手，消除隐患，堵塞漏洞，制定完善了福彩发行、销售、公益金分配使用等管理制度。通过改革和制度创新切断利益输送链条，加强了对权力运行的制约和监督，扎牢了不能腐的制度之笼。目前，福彩中心已经实现了对中彩在线公司的有效管控，收回了中福在线视频型彩票发行销售数据管理、开兑奖管理以及资金归集管理等权限，中彩在线公司股权整改工作取得实质性进展，重塑了公众对福彩的信心，推进了福彩事业的健康发展。

是我毁了原本幸福的家庭

基本案情

孙兰雨,男,汉族,1958 年 5 月出生,大学学历,硕士学位,曾任聊城大学党委常委、副校长。2015 年 8 月,孙兰雨接受组织调查,后被开除党籍、开除公职,违纪所得被收缴。2017 年,孙兰雨因犯受贿罪、贪污罪,被判处有期徒刑 12 年,并处罚金人民币 90 万元。

仕途跌宕心路九曲

想要了解一个人的内心,就必须探究一下他的成长经历。

1958 年 5 月,孙兰雨出生在山东省聊城市阳谷县的一个小村子。18 岁时,他在当地的一家无线电元件厂找到第一份工作,这对于一个聪明且勤奋的人来说无疑是不满足的。所以,他紧紧地抓住了随之而来的转机——因"文革"的冲击中断了十年的高考在 1977 年恢复了。不甘于做一个普通工人的他经过两次高考,于 1978 年 10 月以优异的成绩考入了河北地质学院经济管理系，毕业后留校任教两年。1984年10月，孙兰雨回到家乡阳谷，以县政府办公室的一名普通公务员为起点，一步步升至秘书、副主任、计委主任、副县长、县委常委、常务副县长，这些经历一点点地展开了属于他的仕途长卷。对于一个从基层起步的领导干部来说，孙兰雨的仕途可以用按部就班来形容。2001年1月，孙兰雨被调至高唐县，在县政府磨砺4年后，于2004年底被任命为高唐县委书记，46岁便主政高唐。

平顺的上升之路在2007年底迎来了一个小小的意外，一起网络事件对时任高唐县委书记的孙兰雨产生了巨大的影响。当时有媒体报道称，高唐县民政局地名办主任董某、高唐县医院主治医师王某和高唐县一中体育教师扈某，因为在"百度贴吧高唐吧"发表对当地经济社会发展的一些看法被刑事拘留，而采取强制措施的原因居然是涉嫌"侮辱""诽谤"时任高唐县委书记孙兰雨。最终，高唐县公安局以"情节轻微，不认为是犯罪"和"发现不应当追究其刑事责任"为由对董某、王某、扈某撤案了结。这一事件将孙兰雨直接推到了风口浪尖。2008年2月1日，孙兰雨被免去高唐县委书记职务。

如果说此前的孙兰雨只是单纯地追求职务晋升，而且仕途平顺的话，那么这次免职却让他对以往的追求产生了质疑。一面是被免职的沮丧，一面是可以轻松换取的财富，孙兰雨心理的天平逐渐失去了平衡。辗转反侧间，他看到了人生的另一个方向——既然仕途无望，不如转而求财。

疯狂敛财利字当头

孙兰雨在仕途上"山穷水尽"，却迎来了经商路上的"柳暗花明"。头脑灵活的他很快将手伸向建筑领域：违规出资创办建筑公司，让侄子在前台操作以掩人耳目，自己躲在幕后"运筹帷幄"。

正当他把生意做得风生水起之时，汶川发生了地震，灾后重建工作刻不容缓，当时赋闲在家等待安排的孙兰雨转任聊城市援川办副主任、援川前线指挥部总指挥。在旁人看来，重新起复的孙兰雨一定会抓住这次得来不易的机会大展拳脚,为灾后的四川努力做些事情。事实上,他居然利用岗位职责,在灾后废墟之上寻找到了"商机"。工作期间,孙兰雨伺机而动,将手一次又一次伸向援川企业。之前办企业的"经验"让他驾轻就熟,每次出手都能轻松获利,让他更加坚定了自己的选择。贪婪的欲望让他从被动接受到主动索取,直至把手伸向公款公物。

在外人看来,孙兰雨为了救灾工作舍生忘死,实际上,这背后却隐藏着一笔笔龌龊的勾当。在负责援川灾后工作并担任聊城市发改委主任期间,孙兰雨共受贿56次,受贿款共计365.836万元。其中,涉及援川工作的受贿就有16次,涉及金额143万余元。仕途波折后的起复已经完全变成了孙兰雨牟利的战场:2009年后孙兰雨受贿犯罪56次,占全部受贿犯罪次数的96.55%,特别是2011年至2014年,短短3年间,他就受贿48次,在仅占全部犯罪时间1/4的时间内,他就实施了82.76%的受贿犯罪及全部的贪污犯罪,年均犯罪数额达100余万元。

东窗事发对抗审查

2015年,时年57岁的孙兰雨已经是聊城大学副校长,没有了以往的繁忙,加上儿子结婚孙女出生,这显然是颐养天年的好时候。2015年4月,省纪委对其立案调查;同年8月,临沂市检察院反贪局接手孙兰雨案件。

孙兰雨在官场多年,"耳聪目明"的他早在检察机关查办其下属之时就嗅到了危险气息。于是,孙兰雨将家里的字画、首饰、黄金等贵重物品和现金进行了转移,一边向行贿人退回部分赃款赃物,一边与他人订立攻守同盟。孙兰雨自以为做好了准备工作,于是有恃无恐,在接受询问过程中回避关键问题,以为能够逃避审查调查。然而,亏心事做多了,必然会露出马脚。办案人员从孙兰雨用55万元公款给儿子购买奥迪车这一事件着手,揭开了其累累的违纪违法事实。

忏悔录

我从小在农村长大，深知农民生活的艰辛和不易。大学毕业后，我回到家乡，从一名普通公务员做起。在党组织的关怀和培养下，加上自己的辛勤工作和不懈努力，我逐步走上了领导岗位。我曾被评为"全国先进工作者""山东省援川先进个人"。

不知从什么时候起，我忘记了理想信念的主线，思想散漫，贪图安逸。为什么入党，党的干部干什么，为了谁，服务谁，这些问题在我脑海里都成了模糊的概念。

不知什么时候，我忘记了公私之间的分界线，私心杂念在灵魂深处滋生蔓延，对自己标准低、要求低，严于律己成为空谈。我利用职权损公肥私，甚至不以为耻。

不知什么时候，我忘记了廉洁从政的底线。千里之堤溃于蚁穴，从吃吃喝喝开始，糖衣炮弹击溃了我的思想防线，贪欲迷住了我的双眼。我利令智昏，贪得无厌，是私欲把我推入了万丈深渊。

不知什么时候，我忘记了党纪国法的高压线，不学法、不懂法，失去约束、放纵自己，思想上与党的要求、与党规党纪、与党组织渐行渐远……更多的"不知什么时候"，回想起来已是时过境迁。

我对不起党多年的培养，对不起组织多年的信任和嘱托，对不起老领导多年的关心和爱护，对不起我工作过的地方和单位，对不起我过去的同事和干部群众，是我给他们抹了黑，辜负了他们的希望和期盼。

今天，我心如刀割肝肠断，悲痛欲绝万念灰。回首人生60年，我没有报答父母的养育之恩，反让87岁的老母亲牵肠挂肚，经常以泪洗面；我没有给儿女做好榜样，反而让他们失去欢笑，心生自卑；我的小孙女才3岁，我没有给她幸福和欢乐，反而让她随大人的悲痛心惊胆战；我没有给妻子幸福感和安全感，反而让她终生劳碌，遭罪受难。

是我毁了原本幸福的家庭。我对不起我白发苍苍的老母亲，对不起妻子儿女，对不起生我养我的那块土地。

案件警示

愚公移山，凭借的是只要想做就一定可以做到的坚定；大禹三过家门不入，秉持的则是公而忘私的信念。凡此种种，支持我们面对艰险时仍孜孜以求的必是内心深处的坚持。孙兰雨内心也有坚持，只是在不同阶段，他坚持的理想信念不同，得到的结果自然也不同。高考恢复后，孙兰雨坚信自己的能力可以改变现状，经历两次高考终于上了大学；主政地方期间，他有能力、有想法，主持了很多重要项目，有力地推动了当地发展。然而，免职之后的重新启用，却让他彻底改变了初衷——仕途无望，不如求财。理想是对未来美好的想象和希望，信念则决定了一个人的工作和生活态度。坚持正确的理想信念，则知道什么可为、什么不可为。而内心坚定的东西一旦出现偏差，人就会存邪念、走歪道，以致骄奢淫逸，大肆弄权，直到腐化堕落，身陷囹圄。

人生的转折往往会改变一个人，有人从颓然无力变为奋发有为；也有人把转折当成了挫折，在打击中一蹶不振。孙兰雨则因仕途上的转折改变了初衷，"官"念也随之发生变化，随后的重新起复不仅没有将他从偏移的道路上拉回来，反而让他在错误的道路上越走越远。担任聊城市援川办副主任、援川前线指挥部总指挥后，孙兰雨第一时间奔赴北川，舍生忘死的形象让很多人觉得他是感谢组织的信任而"戴罪立功"，然而这背后却是利用职权中饱私囊。自2009年春节到2014年10月，孙兰雨多次接受请托，为他人在项目争取、工程验收和款项拨付方面提供便利，收受财物140余万元。由此可见，孙兰雨是将这次起复当成发财门路，坚定不移追求"财富"的途径了。

孙兰雨是一个坚定的人，敢想敢做的人，更是个"闲不住"的人，不同阶段，他都有自己的"小算盘"。被免职时他没有反思免职原因，而是很快转变了思维——既然努力工作最后却换不来想要的东西，不如干脆抓点有用的东西，可谓"东方不亮西方亮"。于是，在补偿心理的作用下，他利用侄子的名义违规创办了公司，将原来的人脉资源一股脑儿地用到了谋取经济利益上来。调任发改委主任后，他更是将妻子、儿子、亲属拉进泥潭，变成"全家腐"的又一典型。当追求金钱成了毕生信仰，他已经"邪气附身"，但是他只看到了腐败带来的一时的快乐，却没有看到腐败带来的终身恶果。

如果说理想信念是主心骨，那么纪律法律就是顶梁柱。一个人的顶梁柱塌了，他的人生也就塌了。两次高考进入大学校园，又因成绩优异留校任教的孙兰雨，他不可能不懂法，更不可能不知道违法乱纪的后果。促使他一错再错、践踏"红线"、跌破"底线"的原因就是对党纪国法缺乏敬畏之心。知畏才能知止。孙兰雨一边用骄人的"政绩"掩盖违纪违法行为，一边凭借敏感的神经躲避审查调查。他并非不知道自己的所作所为已然触犯法纪，然而高唐事件后的起复让他觉得职位越高越不用害怕；违法违纪多年未曾事发的侥幸，让他渐渐以为暗室可以欺人；赃款赃物的转移、攻守同盟的订立，让他以为可以蒙混过关。然而，天网恢恢，疏而不漏，"伸手必被捉"。

孙兰雨案件告诉我们，人生际遇多有不同，但理想信念绝不能变。无论成长到什么阶段，面临何种考验，都要将理想信念当成贴身铠甲，才能练就金刚不坏之身；只有心存敬畏，知荣辱，明是非，才能躲过灯红酒绿之下的明枪暗箭。以信念为舵，以廉洁为帆，才能平安驶达人生的彼岸。

随着企业一天天发展,官越做越大,我放松了对世界观的改造

基本案情

王志忠,男,汉族,1953年3月生,天津市人,1979年6月加入中国共产党。王志忠1969年8月参加工作,2011年5月,任天津物产集团有限公司党委书记、董事长。2014年11月,因涉嫌严重违纪接受组织调查;2015年1月,天津市河西区人民检察院依法对王志忠涉嫌受贿犯罪立案侦查;2015年4月,王志忠被开除党籍和行政职务;2015年12月10日,天津市第一中级人民法院一审以受贿罪判处王志忠有期徒刑11年,并处没收个人财产100万元。

在波谲云诡的市场经济大潮中,王志忠力挽狂澜,他带领干部职工使8个木材企业扭亏为盈,他更是凭借着血水与汗水从普通的车间工人一步一个脚印成长为天津市首家进入世界500强明星企业的"一把手"。毋庸置疑,王志忠是干部职工心目中的"能人""红人",更是企业的"大功臣"。但是谁也没想到,昔日志得意满的"天之骄子"却一日之间被拉下神坛,

直至坠落万劫不复的深渊……

个人主义冲昏头脑，私心膨胀物欲难平

"面对成绩和荣耀，我没有保持冷静，昏了头脑，认为只有自己才能将集团做大做强，个人英雄主义冒出了头，自己变得骄傲膨胀，人生观、价值观发生了可怕的变化。追逐奢华，安于享乐，逐渐地迷失了方向。"王志忠在忏悔录中如是说到。天津物产集团的做强做大离不开从上至下所有职工的辛勤付出，每一个人都在企业发展的蓝图上留下了不可或缺的一笔，但王志忠却将这所有的功劳都包揽在了自己身上，个人英雄主义抬头。在回想安某某第一次送钱的情形时，王志忠说："心里也害怕，意识到收下就是受贿。后来想到安某某是我发现的经营人才，没有我，他本事再大也难以发挥"，就心安理得地收下了。过度的自信让王志忠迷失了自我。贪似火，无制必燎原，欲如水，不遏必滔天，思想的堤坝一旦开了口，崩溃的速度就是惊人的。其后，王志忠开始"多渠道""多维度"收受他人贿赂款，利用职权为行贿人的职务升迁安上"加速器"；利用职务之便为行贿人获得项目资金支持"抢占先机"；利用集团之名为行贿人提供担保"共同发展"。自2004年开始收受贿赂直至案发，王志忠累计受贿金额近2000万元，每一笔受贿款都"见证"着王志忠灵魂的堕落，他将权力视为"囊中之物"，以自我为中心、以利己为标尺，大搞权钱交易，既是对公权力的亵渎，也是对党纪国法的蔑视。

律己不严多面人格，心术不正自酿苦果

在领导和职工面前，王志忠为人低调，做事扎实勤恳。"能人"形象的塑造为他赢得了良好的口碑。但就是在这副看似完美无缺的躯干之下，却掩藏着一颗粗鄙之心。王志忠违反党规党纪，多次利用出国考察的机会到境外进行赌博，在纪检部门发现并对其进行批评教育后仍然我行我素不知悔改。除赌博之外，王志忠生活腐化堕落，常流连于灯红酒绿，沉湎于声色犬马，暗中包养情妇。2007年，王志忠与于某某（女）相识后，要求于某某辞去工作，并为其租下住房，以方便二人"交往"。后来，王志忠还为于某某支付日常生活费，并为其购买置办房产、轿车等大件财产，至2014年9月共计花费340万元，期间二人一直保持不正当性关系。在"财"与"色"面前王志忠没能抵挡住诱惑，用他自己的话说就是"对党纪国法缺乏敬畏之心"。究其原因，王志忠也进行了深刻的反思："随着职务越来越高，学习却一点点放松了。政治学习不愿参加，参加组织中心的学习也走过场，脑子根本就没有在深入学习、深入理解、深入改造上下功夫。每年集团都组织教育，基本上由别人代答，自己签个名字，根本不去管什么内容。"政治学习是立身之本，百业之魂，万事之基，王志忠却将政治学习视为"走过场""搞形式"，其思想上不重视，行动上恣意妄为，终落得个如此下场，这是必然！

忏悔录

被立案审查以来，我的心情久久不能平静。我深感自己违纪违法问题非常严重，我收受合作企业的巨额贿赂，接受下属单位逢年过节给我的现金、银行卡，包养情妇等行为，在社会上造成了很坏的影响。我深感对不起党组织，对不起我的家人，我愿接受任何处罚，洗刷我的罪过。

这些天来，我仔细回顾自己的成长经历，认真反思蜕化变质的过程，深刻剖析犯罪的根源，我愿意把我灵魂深处丑陋肮脏的一面赤裸裸地揭示出来，希望以我的惨痛教训为其他党员干部敲响警钟。

一是放松世界观的改造，理想信念丧失，导致人生观、价值观严重扭曲。

回首以往，自己曾经勤奋工作、努力学习，在干部职工的共同努力下，带领木材行业8个企业扭亏为盈，并将物产集团逐步做大规模，目前全国销售规模排第一位，进入世界500强，排名第185位。同时，自己也从工人一步步地走上领导岗位。应该说，我的成长经历，每一步都凝聚着党组织对我的帮助培养和关心支持。组织给了我很高的待遇和荣誉，我理应更加勤勉敬业，更加努力工作，用更好的业绩回报组织。

但是，我却没有把握住自己，反而陷入了犯罪的泥潭，给党组织抹了黑，给企业发展带来了恶劣影响，给家庭亲友造成了巨大的压力和痛苦。究其原因，是自己思想上出了问题！随着企业的一天天发展，随着官越做越大，我放松了对世界观的改造。面对成绩和荣耀，自己没有保持冷静，昏了头脑，认为只有我才能将集团做大做强，个人英雄主义冒出了头，变得骄傲膨胀，人生观、价值观发生了可怕的变化。我开始追逐奢华，安于享乐，逐渐地迷失了方向。

回想安某某第一次给我送钱的时候，我心里也害怕，意识到收下就是受贿。后来想到安某某是我发现的经营人才，没有我，他本事再大也难以发挥，再加之接触到某些吃吃喝喝、迎来送往的风气，另外，考虑到女儿在国外生活开销大，收了这些钱，将来能给女儿和外孙补贴点，可以让他们生活得更好，于是自己收钱就心安理得了。

这个闸门一开，便一发不可收拾。我的胆子越来越大，钱越收越多，把党纪国法、党性原则、为人民服务的宗旨等都抛到了脑后。通过这段时间组织的教育，特别是对照党章，我意识到自己行为的可耻，感到非常对不起党组织。

二是忽视学习，法制观念淡薄，缺乏抵御不正之风的能力。

参加工作之初，我非常注重学习，连续上了十几年的夜校。但后来，随着职务越来越高，学习却一点点放松了。政治学习不愿参加，参加组织中心的学习也是走过场，脑子根本就没有在深入学习、深入理解、深入改造上下功夫。每年集团都组织教育，基本上由别人代答，自己签个名字，根本不去管什么内容。现在想想，是多么后悔，如果当时认真学一学，不就能给自己敲一下警钟吗？不就没有今天这个结局了吗？

过去，我认为过年过节收点小礼、拿点小钱不是什么问题，这是人之常情，也是社会风气，不是大问题。陈某某连续几年春节前都给我送礼金，第一次我客气推脱，后来认为自己快退休了，收了这些钱退下来就没人查了，还抱有侥幸心理。现在看来，自己法制观念如此淡薄，对党纪国法缺乏敬畏之心，真是法盲。不懂得小病不医、大病难治的道理，以至于逐步走向腐败的深渊。

三是对反腐倡廉工作重视不够，落实不力，廉洁从业意识淡化。

我长期从事生产、经营工作，对反腐倡廉建设不够重视，错误地认为只要经济搞上去了，就能一好带百好，反腐倡廉建设自然就好了。尽管在会议上讲反腐倡廉建设一套套的，实际工作中却把反腐倡廉建设当成软任务，误认为反腐倡廉警示教育往往是走过场，自己就没有真正地警醒。特别是作为集团"一把手"，我没有执行落实好反腐倡廉制度机制，不按规章制度办事，没有充分发挥集团监督机构的作用，影响了监督效能，自己也没能在监督下开展工作。

此外，我在受贿后，以身作则的表率作用没有了，腰杆子硬不起来了，对干部职工进行廉政教育时也不那么理直气壮了，集团反腐倡廉工作受到了很大影响。对此，我悔恨万分。

四是律己不严纪律松弛，失掉了作为一名党员的基本标准。

反思自己走上犯罪道路的过程，很重要的一个原因就是没有严格要求自己，没有用一名党员的标准约束自己，生活作风不检点，沉湎于灯红酒绿，流连于声色犬马。我曾经在出国期间到赌场赌博"试运气"，虽然小资金玩，但同样是违反了党纪，纪检部门对我进行过批评教育，为此我也在集团班子会上作了检讨，但这并未引起我的高度重视。我还一次次放纵自己，千方百计满足自己的私欲。以前，党的教导我记得非常牢，我立志做一个高尚的人，一个纯粹的人，一个脱离低级趣味的人。后来我却忘了，忘了自己是一个党员和领导干部，以身试法，败坏了党风，给党组织和社会造成极坏的影响，我应该受到党纪严惩。

这段时间，组织安排我观看了电影《周恩来》和《周恩来的四个昼夜》，周总理对党对国家无比忠贞的坚定信念和为了人民鞠躬尽瘁死而后已的高尚情怀,使我深受教育,我边看边掉眼泪。我深感自己违纪违法行为的卑劣可耻,更加觉得对不起组织对我多年的培养教育,对不起各级领导对我的关心厚爱,对不起干部职工对我的信任期待。在此,我深深地悔罪。接下来的日子,我一定洗心革面,坚决悔改,彻底洗刷我的罪孽,也诚恳地请求组织用我做反面教材,让所有领导干部引以为戒,不要再走我的路。

案件警示

党政领导干部的贪腐问题往往是大众关注的焦点,国企领导贪腐同样如此。为何国企"一把手"问题频发?唯有剖析其病根才能做到"药到病除"。

其一,从王志忠的忏悔录中我们可以捕捉到以下几个关键词:理想信念丧失、法制观念淡薄、廉洁从业意识淡化,而这些都与人的思想意识挂钩。可以说每一位国企"一把手"的成长史都是一部交织着汗与泪的奋斗史。只是有些干部一旦坐上"一把手"的位置,就极易陷入自我认知错误,把自己当做企业的"大老板""大当家",认为是自己一手壮大了企业,个人英雄主义泛滥,不贯彻党的政策,不学法用法守法,思想意识一旦垮塌,行动上便肆意妄为。

其二,党性原则淡漠,忽视企业内部党的领导,有些"一把手"们认为只要能把企业的业绩搞上去,就可以把政治纪律和政治规矩抛诸脑后,所以王志忠错误地认为:"只要经济搞上去了,就能一好带百好。"进而忽视政治学习,走过场搞形式主义,将党和人民以及组织交付的"责任田"当作自己为所欲为的"自留地"。

其三,纵观被查处的国企领导人员,他们往往将人权、财权、事权集于一身,在政治"主心骨"垮塌、理想信念"总开关"失灵后,监督的缺位、制度的漏洞也为他们挖空心思"搞腐败""谋私利"提供了客观条件,故而王志忠可以为他人升职、搞项目、提供资金支持大开方便之门，却几乎无人能提、敢提反对意见。

国有企业领导是党在经济领域的代表、骨干，肩负着管理国有资产的重要职责，王志忠作为国企领导干部贪腐的典型，如何让其成为前车之鉴，以此提醒广大国企领导干部摆正位置、用好权力，是当前有关部门需要思考的问题。

初心如磐，筑牢理想信念之基

党的十九大报告明确指出，要把坚定理想信念作为党的思想建设的首要任务。国企领导干部理想信念的构筑尤为重要，他们的权力事关国民经济的命脉，过大的权力往往会有真空，如若其信念动摇，一些别有用心的人就会千方百计地趁虚而入，腐蚀其思想、吞噬其意念，也就有可能严重危害国民经济的发展。思想上松一寸，行动上就会散一尺，国企领导干部如若精神上"缺钙"，"总开关"拧不紧，把一切的功劳归因于自己，把自己的地位凌驾于党和人民之上，缺乏正确的世界观、价值观、权力观、事业观，在政治上变质、道德上堕落、生活上腐化就实属必然。王志忠说："我的成长经历，每一步都凝聚着党组织对我的帮助培养和关心支持，组织给了我很高的待遇和荣誉。我理应更加勤勉敬业，更加努力工作，用更好的业绩回报组织。"但他最终迷失在了"能人"形象的幻影中，居功自大，"理应更加勤勉敬业，更加努力工作，用更好的业绩回报组织"的话语也无非是他开出的"空头支票"。

习近平在全国国有企业党的建设工作会议上指出："要加强对国有企业领导人员的党性教育、宗旨教育、警示教育，严明政治纪律和政治规矩，引导他们不断提高思想政治素质、增强党性修养，从思想深处拧紧螺丝。"国有企业要发展，作为国有企业的党员领导干部就必须有坚定的理想信念，必须长期不断用科学理论武装自己的头脑，在理论学习中正本清源、固根守魂。回望初心，回顾来时的路，不断矫正自己的言与行；抓好道德建设，处理好公与私的关系，净化自己的"生活圈""交际圈"，老老实实做人、干干净净做事。

对党忠诚，严肃党内政治生活

在全国国有企业党的建设工作会议上，习近平总书记提出国有企业领导要做到"对党忠诚、勇于创新、治企有方、兴企有为、清正廉洁"，这是国企党员领导干部应当坚守的标准，也是肩负起做强做大做优国有企业，履职尽责、有所作为的总要求，其中对党忠诚被摆在了最重要的位置。深刻剖析王志忠案，我们可以清晰地发现，国企领导干部走上犯罪道路，不仅仅是理想信念出现了偏差，其党性修养方面更是出现了严重漏洞。王志忠赌性成瘾，即便在受到组织的问话及教育后依旧我行我素不知悔改，将党的教育当作耳旁风；人前人后甘做"两面人"，当面一套背后一套，欺骗组织大肆敛财。因此，在国有企业党员领导干部的廉政建设上，必须严格筑牢国企领导干部对党忠诚的意识，严肃党内政治生活。

对党忠诚，必须旗帜鲜明讲政治

其一，把讲政治始终摆在首要位置。党对国有企业的领导是国有企业必须坚守的政治原则，绝对不可逾越，国有企业领导人员讲政治更是题中之意。严肃党内政治生活，就是要从政治上把全面从严治党贯彻落实到位。

其二，从自身做起，加强党性修养，陶冶道德情操，永葆共产党人的政治本色。做到慎独慎微，始终心存敬畏、手握戒尺，以增强政治定力、纪律定力、道德定力、抵腐定力，始终不放纵、不越轨、不逾矩。国企领导干部还必须以身作则、率先垂范，要求党员、干部做到的自己必须首先做到，要求党员、干部不做的自己必须首先不做。王志忠受贿后，集团反腐倡廉工作受到了严重挫折。

国企领导干部对党忠诚，必须守纪律讲规矩。习近平总书记在十八届中央纪委五次全会上讲话指出："党员干部违纪往往是从破坏规矩开始的。

规矩不能立起来、严起来，很多问题就会慢慢产生出来。"没有规矩不成方圆，作为国企领导干部，必须要自觉做到在思想上、政治上、行动上同党中央保持高度一致，坚定不移地执行上级党组织的决议，不阳奉阴违，不做"两面人"，不跟组织讨价还价，不欺瞒组织、对抗组织；必须自觉遵循组织议事程序，不擅作主张、我行我素。必须自觉维护党的团结，坚决抵制任何形式的"小山头""小团伙""小圈子"。总之，国企领导干部要始终以《党章》为纲，以《中国共产党廉洁自律准则》为镜，以《中国共产党纪律处分条例》为尺，把党的纪律和规矩内化于心，外践于行。

从严监督，内外合力杜绝腐败

王志忠如何从荣誉傍身的"红人""能人"沦为阶下囚？其理想信念缺失、道德意识滑坡无疑是内在诱因。但我们知道，很多国企"一把手"腐败时间跨度长、涉及领域广，为何迟迟没有被发现，或是发现了没人主动监管？在"王志忠们"忏悔前，如何有效发挥对国企领导干部的监督职责，将腐败扼杀在初始状态，是目前值得探讨的又一深刻话题。

首先，改进企业党组织发挥监督作用的途径。一方面确保企业党组织真正参与到企业的大小决策中来，保证党的路线方针政策在企业的贯彻与落实，防止决策"走过场"、搞"一言堂"，以此对决策的合规性进行有效监督，具体的做法可以让党委成员依照法定程序进入董事会、经理层或监事会等决策、执行、监督机构担任重要职务；另一方面，党组织还须深入企业生产经营活动中来，突出监督重点，强化对关键岗位、重要人员的监督力度，对企业领导干部滥用职权、以权谋私、大搞不正之风的行为须加以严厉制止与纠正。

其次，建立完善重大事项民主决策与民主监督制度。"三重一大"制度必须落实到实处，凡属企业重大决策、重要人事任免、重大项目安排和大额度资金使用，必须经民主讨论决策，防止个人决策的武断及随意性。对企业领导班子的工作职责、职权范围、议事规则等形成制度，切实做到在企业决定重大事项时充分听取各方意见。与此同时，搞好民主监督。让决策"不走样"，充分发挥好职代会、工会等群众组织的监督作用，建立健全群众评议制度。

最后，充分发挥社会监督作用，形成内外监督合力。国企从本质上来讲是党和人民的企业，并不是某个人或某群人的企业。因此，国企、国企领导接受社会的广泛监督便是题中之意。

以王志忠为代表的某一类国企领导干部在自我营造的光辉成就里志得意满，忽视了党性修养，不断被欲望吞噬，终落得个人人喊打的悲惨局面。工作成绩绝不是贪腐的"挡箭牌"，国企领导干部必须把握理想信念的"高线"，遵守道德规范"中线"，严守政治纪律"底线"，远离违法乱纪"红线"。如此才能肩担国民经济发展的重任，不负党和人民的殷切嘱托！

失去了监督和约束,变得肆无忌惮

基本案情

王国炎,男,1961年出生,江西大学(现南昌大学)中国哲学专业研究生毕业,哲学硕士,曾任南昌大学哲学系副主任、政法学院院长,江西师范大学政法学院院长、教务处长、校长助理,南昌航空大学(原南昌航空工业学院)副校长、党委副书记兼副校长,南昌航空大学党委书记。2012年6月14日,王国炎因严重违纪,江西省纪委决定对其进行立案调查。2012年10月11日,江西省人民检察院决定逮捕王国炎并由江西省公安厅执行。2013年8月23日,江西省萍乡市中级人民法院以受贿罪判处王国炎有期徒刑15年,并处没收个人财产60万元。

"全国优秀教师""赣鄱英才'555'工程领军人才""国务院特殊津贴获得者",这些都曾是令王国炎熠熠生辉的光环,他是师生口中毋庸置疑的"学术达人"。万万没想到的是,这样一位长期从事马克思主义理论与思想政治教育教学研究、熟知马克思主义思想精髓的大学教授、学术界"明星",暗地里却背弃理想信念,思想腐化堕落,将原本神圣而纯粹的"象牙塔"变成满足其个人私欲的"聚宝盆",可恨、可憎亦可气!

台上仁义道德,台下行为失格

王国炎的经历颇称得上"传奇"二字。他天资聪慧,学术造诣极高,33岁时就开始担任硕士生导师,次年又因教学成就突出破格晋升为教授,成为江西省哲学社会科学界最年轻的教授。学术上的成就成为他仕途晋升的"加速器",在成为教授的同一年,王国炎又被破格提拔为南昌大学政法学院院长,成为该校最年轻的处级干部之一。此后,王国炎仅用了8年的时间便从江西师范大学教务处处长、校长助理一路升任至南昌航空大学党委书记。

在南航任职期间,王国炎曾对学生这样谈到自己的人生观:要"以哲学的姿态生活"。他告诉学生,"以其无私故能成其私";"夫为不争,故天下莫能与之争"。其表现出来的豁达的胸襟及情怀深受学生的敬佩和喜爱。然而学生所不知道的是,台上将人生、生活的哲理讲得头头是道的老师私下里却是道貌岸然、品行失格的"伪君子"。王国炎有过两次婚姻,但都不是很幸福,于是他总想在婚外寻找慰藉和补偿。随着手中权力的不断增大,各种诱惑也纷至沓来,他先后与多名女性发生不正当两性关系,这些半路"情缘"也在一步步推着王国炎走向贪腐的犯罪深渊。2005年下半年,建筑商陈某某在征得王国炎同意后,将其经营的咖啡店价值38万元人民币的股份无偿转让给王国炎情妇杨某,以作为王国炎和杨某的"分手费";2008年,万某某送100万元人民币给王国炎遭拒绝,此后,这笔钱一直保管于"中间人"处,直到2011年8月左右,王国炎考虑其情妇朱某某要开酒店才接收了这笔款项,并一次性转账给了朱某某。王国炎在忏悔书中明确说道:"在我收受的600多万元中,除了150万元退还外,其他可用的钱几乎都被我陆续送给了数位情人,其中仅朱某某一人就给了近250万元。"

王国炎的行为失格是其腐化的"催化剂",但其走上腐化道路的"导火索"还是在于思想信念的堕落,面对诱惑的心态失衡。

党性修养退化,敛财肆无忌惮

通过王国炎成长的路径可以发现,他与大多数政企官员一样,都是凭借自己的才华和努力获得了不俗的成绩,在事业初期勤勤恳恳、本本分分,将为党和人民努力工作、凭本事和业绩求发展作为人生的追求。"起初的王国炎还是比较洁身自好的。他不仅自己拒收贿赂,还教育家人不能收受他人财物。但随着职务的升迁,其心态慢慢发生了微妙的变化。"一位办案人员在接受媒体采访时如是说到。原来,在竞聘江西师范大学副校长一职时,王国炎落选,此刻王国炎的内心发生了剧烈的变化:"由于不能正确认识挫折和个人职务升迁,不能认识社会和家庭问题,我错误地认为:过去自己一直信奉的正直做人、踏实做事、为党和人民努力工作、凭本事和业绩求发展的人生追求,在当今社会和官场上,不过是书呆子的幼稚和天真。什么理想、信念、宗旨,什么公平、正义、法纪、道德,在那些贪官和不法商人眼里,不过是欺骗老百姓的美丽谎言。如今的社会,关系、金钱、个人能力一样都不能少,否则永无出头之日。我于是劝慰自己:人生苦短,以后凡事别太较真,也别太苛求自己,及时行乐、得过且过最重要。"王国炎的理想信念、党性修养就此坍塌,一批不法分子、逐利者抓住王国炎的此种心理"纷至沓来",干净纯粹的"学术带头人"开始沦为"腐败领头狼"。

对外勾结不法商人,巧立名目大肆敛财。2002年12月至2011年11月,在江西师范大学新校区路网、南航综合实验大楼等工程项目中,王国炎为某投资实业有限公司总经理袁某暗施帮助。袁某为表示感谢,先后送给王国炎人民币53.6万元、澳大利亚元2万元和价值24.88万元的别克轿车一部;2011年8月至2012年1月,某科技职业学院董事长万某和王国炎所在南昌航空大学达成合作办学协议，但其实该职业学院并不符合上级规定的合作办学条件，王国炎利用职务力排众议最终促成两校达成合作事宜。王国炎要求万某每年从新生住宿费中拿出一半约80万元送给自己，万某先后送给王国炎人民币245万元和购物卡5万元。

对内一人独大，腐败触角多向触及。在学校的人事任用方面，王国炎任人唯亲、任人唯"财"是公开的秘密，比如他在得到好处后帮助不符合条件的人提拔上岗、违规获取竞聘岗位资格。在教材业务往来中，时任江西师大教务处处长的王国炎多次帮助某图文贸易公司敖某某获得相关教材业务，在王国炎到南昌航空大学任职后，双方依旧保持密切合作，王国炎累计从敖某某处获得好处费10余万元及数万元公司干股；在校内工程设施承包方面，王国炎也动用自己的权力给各部门负责人打招呼，力求行贿人拿下承包项目。早在2004年，王国炎曾向南昌航空大学后勤集团负责人万某某打招呼，让其帮助彭某某承包南昌航空大学某食堂餐饮生意，王国炎以此获得好处费10余万元。与此同时，修建学生公寓时需要工程设计方面的专业公司，王国炎便利用同样的手法让上海某工程顾问有限公司顺利拿到了此块"肥肉"，王国炎从中获得好处费10余万元。

权力约束不足，后果触目惊心

"自己是校领导，后来又是一把手，失去了监督和约束，变得肆无忌惮起来。"王国炎在忏悔书中深刻道出自己走上这条不归路的另一诱因——用权任性，缺乏监督。同事眼中的校党委书记王国炎做事从来说一不二，独断专行，作风霸道，权力监督的失衡更是让王国炎可以在校内为所欲为，其曾口出狂言："在南航没有我干不成的事。"刚愎自用的王国炎在案发初期还未意识到自己的错误，而是忙着隐匿证据、与行贿人建立攻守同盟，妄图掩盖自己的犯罪行为以逃避法律的制裁，但在铁的事实与证据面前，王国炎羞愧地低下了自己的头颅。

值得注意的是，在王国炎案判决之前，南昌航空大学原副校长刘志和因累计收受他人贿赂262.6万元被判处有期徒刑15年，同时还有多名学校中层干部因腐败问题被查处。高校管理制度的不健全和监督制约机制的匮乏让腐败之风在这片净土蔓延开来，王国炎绝不是个例。"教书育人，以德为先"，倘若教书育人的先生都将"德"字抛诸脑后，将理想信念踩在脚下，其社会危害后果可想而知。由此可见构建高校腐败预防体系，还高校以纯粹也是我们必须面对的重大课题。

忏悔录

我违法乱纪、腐化堕落，固然有客观原因，但更主要的是主观原因。归根到底，是由于自己思想上的蜕化变质造成的。

我认识的第一个不法商人，是我当江西师范大学教务处长时和我打交道的教材供应商。我对他毫无戒备之心，缺乏拒腐防变的鉴别力和警觉性，不知防微杜渐和慎始慎初。从端午节时收他一筐咸鸭蛋、中秋节时收他一盒月饼，再到和他一起吃饭、打牌。我们渐渐成为朋友和牌友后，他于2000年春节以给孩子压岁钱的名义送给我6000元人民币现金，我当时竟然完全没有意识到这是我违法乱纪、腐化堕落的开端，反而将其看成是朋友间的正常来往。

理想信念的动摇、错位，必然导致行为上的错误；世界观、人生观、价值观的扭曲，终于使我在权力、金钱、美色等考验面前败下阵来。2002年下半年，我便在袁某的请求下，利用职权为其在江西师范大学新校区路网工程投标中暗施援手，当袁某将20万元现金送到我办公室时，我虽然内心极度害怕，但还是经不住金钱的诱惑而收下，只是我让他把钱交给跟着他做工程的我妹夫，让我妹夫代我收管，仿佛这样便可以蒙混过关了。2003年下半年，开发商万某某送我20万元现金时，我也如法炮制，让他把钱交给我妹夫，让我妹夫代为收管。

我的思想也渐渐发生了变化，似乎学校的一切成就都是自己的个人功劳，甚至觉得师生员工的要求没完没了。仿佛自己为老百姓做事，不是因为自己是人民的公仆，而是我的施舍和恩赐。特别是近两年来，我与师生员工的联系越来越来越少了，与老板、情人的联系倒是越来越多了；与师生员工的感情越来越疏远了，与老板、情人的感情倒是越来越密切了；为师生员工服务的意识越来越淡漠了，利用职权为老板、情人办事的意识倒是越来越强烈了。即使在处理自己和家庭的关系时，也是动辄强调自己的工作、事业是如何的重要，对家庭、妻儿不负责任，变得越来越自私了。现在想来，自己虽然入党几十年，但其实没有真正从思想上入党，没有真正按照党的性质、宗旨和理想去指导自己的行动，没有真正把履行党的宗旨作为自己的神圣职责，没有真正解决好自己为谁当官、权从何来、为谁服务的问题。从这个意义上讲，我其实根本就不配做一个共产党员，更不配做党员领导干部。

经济上的腐败，助长了我生活上的腐化。在南航工作期间，我先后与多名女性发展成为情人关系。根本的原因是自己目无法纪、道德败坏、自甘堕落。在南航工作期间，我是校领导，后来又是一把手，失去了监督和约束，变得肆无忌惮起来，觉得生活作风上犯点错误无关紧要。

生活上的腐化堕落，反过来又加剧了经济上的腐败、贪婪。在我收受的600多万元中，除了150万元退还外，其他可用的钱几乎都被我陆续送给了数位情人，其中仅朱某某一人就给了近250万元。

现在，我终于明白了，违法乱纪让自己最痛苦的，不仅是受到党纪的处分和国法的惩罚，还有猛然意识到自己的丑陋、卑劣和无耻时的无地自容；道德沦丧，让自己最痛苦的，不仅是受到社会的谴责和公众的鞭挞，还有一旦醒悟时受到的良心上的自责和灵魂深处的折磨。突破法纪、道德底线的胡作非为，终究是要付出惨痛代价的。虽然也许得到过一时的快乐和满足，但此后的痛苦和耻辱却要陪伴终生！

案件警示

"师者,为人师范,尤当以修身为本,修身治教行大道。"王国炎作为学者、老师却没能坚守住自己的底线,在权力、金钱、美色面前重重地栽了跟头,落得个人人唾弃的下场。值得警醒的是,王国炎之后还有一些高校领导被查处,不断刺激着公众的眼球和神经,人们不禁发出这样的疑问:高校"净土"为何不再"净"?

对见诸报道的高校腐败案件进行分析,就不难得出答案。

其一,高校领导干部作风建设基础不牢。随着职务升迁,部分高校领导干部防腐拒变的能力逐渐减弱,享乐主义甚嚣尘上,从端午节的一筐咸鸭蛋、中秋节的一盒月饼到后来把大额现金的收受当作人情往来,违规违纪浑然不觉。部分高校领导实际工作脱离群众,"与师生员工的联系越来越来越少了,与老板、情人的联系倒是越来越多了;与师生员工的感情越来越疏远了,与老板、情人的感情倒是越来越密切了;为师生员工服务的意识越来越淡漠了,利用职权为老板、情人办事的意识倒是越来越强烈了"。王国炎此番忏悔不可谓不点中要害。部分高校领导干部独断专行,以自我为中心,将个人权力与欲望凌驾于其他一切事务之上,为所欲为;部分高校领导在生活作风上不能做到洁身自好,不良的生活作风让不法分子有可乘之机,投其所好,正中下怀。

其二,高校内部治理结构不完善。随着我国高等教育体制改革的深入和高校独立法人地位的确立,高校在涉及招生录取、科研经费使用、建设项目安排、设备物资采购、人事任免等方面的行政自主权日益扩大,教职员工民主管理权利缺席,导致高校领导干部手中仍然把持着人、财、物等核心权力,权力的高度集中为内部的贪腐提供了养分,在此基础上,高校内部腐败问题高发频发便不足为奇。

其三,高校内部监督疲软。高校纪检部门一般为双重管理体制,在这种体制之下,如果纪检部门监督职能不到位,加之领导干部的权力不受约束,其后果可想而知。诚如王国炎所言:"自己是校领导,后来又是一把手,失去了监督和约束,变得肆无忌惮起来"。

高校腐败问题的社会影响从某种程度上来说要大于其他领域的腐败问题。因为从社会大众的认知来看,高校是神圣之地,不容侵犯,"所以师者,关乎人之生命,关乎圣学之传承,关乎天下之太平,成人子弟则天下至德,误人子弟则天下大失也,不可不重视而慎行"。如此,如何规制高校腐败问题不可不引起重视!

筑牢思想道德防线,作风建设永不停歇

"自己虽然入党几十年,但其实没有真正从思想上入党。"思想上松一寸,行动上就会散一尺。在思想上出了问题的绝不止王国炎一人,因此必须以强化思想教育为先导,夯实作风建设的思想基础。具体来讲,高校要加强各支部的学习活动,领导干部尤其要加强廉政教育的学习,在思想上、政治上、行动上与党中央保持高度一致,坚定理想信念、补足精神之"钙",练就"金刚不坏之身",严于律己、率先垂范。

不管是在对内管理还是对外事务中,王国炎都以自我为中心,凡事都是个人拍板说了算,无视党的工作纪律;脱离群众,将所有功劳归于自己,无视党的群众纪律;包养情人,大肆敛财,无视党的生活纪律,任意妄为,最终走上腐败的犯罪道路。因此必须将纪律建设作为高校作风建设的治本之策,习近平总书记指出:"要加强纪律教育,使铁的纪律转化为党员、干部的日常习惯和自觉遵循。"把纪律和规矩挺在最前面,从而切实约束高校领导干部的失范行为。

新时代的高校肩负培养德智体美全面发展的社会主义现代化事业建设者和接班人的重大任务,必须深入贯彻习近平新时代中国特色社会主义思想。"作风建设永远在路上"的理念在高校层面绝不能仅仅是悬在高阁的口号,必须有行之有效的举措,常抓细抓,形成氛围。

强化职工民主管理，制度"笼子"规范权力

我国《高等教育法》第43条规定："高等学校通过以教师为主体的教职工代表大会等组织形式，依法保障教职工参与民主管理和监督，维护教职工合法权益。"遗憾的是，从目前一些高校的工作来看，教职工民主管理权及监督权疲软，各级高校领导权力寻租空间不断扩张。据媒体报道：2008年，王国炎要求人事处将南昌市某宾馆职工张某调入南航卧龙港宾馆工作，后又利用职权将张某调入校党政办，对于此人的调动和任用，其他校领导均不知情，可想当时南昌航空大学的民主管理制度糜烂到何种地步。由此可以得出教训，必须不断强化教职工民主管理权利，坚持民主集中制、健全民主程序，使每一位教职工真正参与到高校的管理中来。

一方面要积极推进高校各项决策的科学化和法治化。高校各个部门应全面落实教授参与、专家论证、合法性审查和教职员工集体讨论决定等程序要求，确保决策制度科学、程序正当、过程公开、责任明确。涉及人、财、物等敏感事务的，要坚持按规章制度办事，牢固树立依法行政导向。

另一方面，高校各项工作应落实好信息公开制度。各项工作的执行需以公开为常态、以不公开为例外，积极推进教学工作、科研工作、招生工作、职务晋升、职称评审、后勤基建、经费使用和日常管理等方面的信息公开。唯有如此，才能使高校的各项工作在阳光的照耀下运行。"阳光是最好的防腐剂"，也是最好的高校反腐体制的助推器。

王国炎的权力任性所带来的严重危害后果给高校行政管理体系敲响了警钟，高校必须进一步加强规范权力运行的制度系统性建设，将权力真正关进制度的"笼子"里，不给权力寻租留下任何灰色地带，不给下一个"王国炎"任何暗箱操作的空间。

加强高校党内监督，外部监督适当补位

习近平在党的十九届中央政治局第十一次集体学习时指出："国家之权乃是'神器'，是个神圣的东西。公权力姓公，也必须为公。只要公权力存在，就必须有制约和监督。不关进笼子，公权力就会被滥用。"有权力必有责，用权要监督。如前所说，高校纪检部门实行双重领导体制，党委把控重要部门，纪检监督主体部门往往依附于监督客体，一旦个别领导出现问题，纪检部门也有不敢查、不愿查的可能。王国炎在为某私营老板万某某获得承包南昌航空大学学生某公寓超市和店面承租权中予以多次关照，在万某某2007年被举报后，王国炎曾亲自出面要求校纪委不开展调查，并提醒万某某注意。此时，学校纪检部门的监督形同虚设。为此，高校党内监督的相关职责人员既要提高主动监督意识，也要根据《党章》和《中国共产党廉洁自律准则》以及其他党纪党规围绕高校容易出问题的环节建立完善的考核检查制度，建立健全廉洁风险防控制度，与此同时强化监督执纪问责，尤其是加强对学校党委班子成员的监督，做到及时提醒、及时纠正，保证防腐体系在高校具体落实。

高校党内监督还需要和外部监督相结合，包括同级人大、政府、监察机关、司法机关等对高校相关人员依法进行的监督，人民政协依章程进行民主监督、审计监督、社会监督和舆论监督。在以党内监督为主导的前提下，推动各类监督方式有机贯通、相互协调，增强监督的严肃性、协同性、有效性。

高校肩负培育国家栋梁之重任，承担实现中华民族伟大复兴之使命，因此，遏制高校腐败问题有着深刻的社会意义。"所谓大学之大，非有大楼之谓也，乃有大师之谓也。"师者，当以身作则，严格约束自身言行，以营造高校清澈环境。王国炎在忏悔最后说道："让自己最痛苦的，不仅是受到社会的谴责和公众的鞭挞，还有一旦醒悟时良心上的自责和灵魂深处的折磨。"知识分子的尊严在瞬间崩塌，这样的耻辱感深入骨髓，令人疼痛难忍，这也足以让广大高校领导干部警钟长鸣，提醒自己切莫成为耻辱柱上的又一负面典型。

"总开关"出了问题 必然会"栽跟头"

基本案情

刘喜杰，1962年5月出生，1984年11月加入中国共产党，历任四平市市长、四平市委书记、吉林省政府秘书长、吉林省政府党组成员、办公厅主任，2017年12月被给予开除党籍、开除公职处分。2018年12月29日，因受贿1600余万元，长春市中级人民法院对刘喜杰判处有期徒刑11年6个月，并处罚金100万元，违法所得予以追缴。

一个凭借自身才华和努力进入公务员队伍中的"好苗子"，自恃能力不凡、做事滴水不漏、"演技"高超，一步步异化为把玩权力、大肆敛财的"毒果子"，最终没有逃过党纪国法的严惩。

也曾风华正茂

年轻时的刘喜杰，也曾书生意气，指点江山。他16岁成为大队文书、学校教师。19岁考入白城师范学院政史系学习，并被推举为班长。那时的他，对未来充满了希望，工作中也充满了干劲儿。刘喜杰22岁入党，他踌躇满志地对党旗庄严宣誓：对党忠诚，永不叛党。大学毕业后，他也曾积极进取，"春风得意马蹄疾，一日看尽长安花"。正如他在忏悔录中写道的："曾几何时，自己也确实是一个有抱负，一心想成就一番事业的领导干部。"他从乡镇助理、中学团委书记起步，踏实肯干，任劳任怨，在教育局、组织部等多个岗位接受磨炼考验。33岁那年，刘喜杰成为松原市委组织部正处级干部。这种"年少得志"，在论资排辈观念比较强的人看来，是不常见的。从侧面也能看出，刘喜杰的个人能力确实非常突出，他的才华和努力也得到了组织和同事的高度认可。曾经与他共事的同志回忆，那时的刘喜杰做事踏实，为人低调。单位搞福利，他要最少的；加班干工作，他捡最多的；还常将自己发表文章获得的稿费给单位作日常经费。年终总结时，单位给他的评价是：忠厚、踏实、不贪财。那时，有着政治理想和政治抱负的刘喜杰严于律己，勤勉尽职，给领导和同事留下了极为深刻的印象。

谁不年少轻狂

虽然刘喜杰已经得到了组织上较快的提拔和重用，但是"人心不足蛇吞象"，作为政治明星的刘喜杰总是认为相对于其他人，自己的步子不够大，进步不够快。官职高低的攀比，必然导致心态上的失衡。从此刘喜杰少了"亚相勤王甘苦辛，誓将报主静边尘"的豪情进取，多了"可怜此地无车马，颠倒青苔落绛英"的哀怨不甘。从埋头工作、甘做孺子牛，到苦思钻营、恨不得一步登天。此时的刘喜杰已经没有踏实工作的耐性和任劳任怨的韧性了，他忘却了最初的理想和信念。

通过敬业苦干获得组织的认可已经不是他的目标，他的目标是：走捷径，抄近道，多跨越！"聪明"的刘喜杰终于找到了导致自己晋升慢的"短板"，那就是财薄势弱，动力不继。怎么办？后来，刘喜杰将目光盯在了财力雄厚、关系网复杂的"老板"身上。"我心态失衡，认为官路不顺，是因为自己缺财少钱。我觉得要成就事业，必须要有'大老板'的支持，要有'四梁八柱',就必须和他们'亲'在一起、'打'成一片"。"底线"堤坝的不断溃塌,把他引入歧途和绝境,为日后的落马埋下了祸根。

"顿悟"的刘喜杰彻底丧失底线,一步一步将自己推向深渊。从此,"老板"群体在刘喜杰眼里不再是"土大款"的形象,而是"合作伙伴"。刘喜杰甘受老板"围猎",他认为,给老板创造了财富,就是给自己创造了财富和政治资本,甚至当组织对他进行调查挽救时,他仍然寄希望于老板帮其"摆事儿"。就像他所言,出了问题,不能很好地向组织坦诚交代问题,痛改前非,而是盲目信奉社会人员,找他们"摆事、平事",造成了恶劣影响,给组织抹了黑,真是愚钝至极。

苦练清廉贪腐两面"演技"

"王莽谦恭未篡时"。对于自己的两面人"演技",刘喜杰颇有心得,也颇为自信。这位领导眼中的好干部和下属眼中的好领导,一面高唱廉政赞歌,一面经营权力、贪墨枉法;一面展示两袖清风的光彩形象,一面阴暗地大搞权钱权色交易。"自己在一片能干事的好评中,逐渐被腐化了,加速走上了违法的道路。"

"两面人"最大的特点就是阳奉阴违、表里不一。面对党纪国法的紧箍咒,他表面上支持肃风正气,大唱廉政赞歌,背地里却大肆贪腐,"忘了敬畏、丢了畏惧,身陷'四风'中不能自拔,特别是中央八项规定出台后,仍对过去'四风'存有留念,贪图享受、消极懈怠,不能防微杜渐……丧失了原则、丢掉了形象"。对人民和同志,表面上自认为能够努力发现别人的长处、理解别人的难处、不忘别人的好处,努力处理好与同志间的人际关系,实际上是任人唯钱,卖官鬻爵,大搞权钱交易、权力寻租。

2008年6月至2015年10月,组织上先后任命刘喜杰为四平市委副书记、市长,四平市委书记。刘喜杰成为当地名副其实的"父母官""一把手",掌管着百姓和官员的"生杀大权"。刘喜杰把组织的信任和重用视为对自己政绩的奖赏,却忘了组织交给他的是责任而不是权力。此时的刘喜杰严重违反组织纪律,把亲信和用钱开道的干部不断提拔到重要岗位,把党的组织原则变成了"封官许愿",把"五湖四海,任人唯贤"变成了"举不避亲,任人唯钱",把"官帽子"变成自己手中的资源,大肆收受贿赂。

某县代县长孙某为谋求县长职位,找到刘喜杰。刘喜杰表面上按照开会讨论、组织推荐等组织程序,名正言顺、公平公正地将孙某"转正",背地里却两次收受孙某5万欧元。

陈某为了提任某职位,找到刘喜杰。刘喜杰表面上不动声色,不置可否,实际上通过在市委常委会上表态同意的方式帮助陈某得偿所愿,陈某先后送给刘喜杰5万欧元、5万元人民币、2万元购物卡。

某管委会原主任杨某为感谢刘喜杰在其晋升方面的帮助,先后两次送给刘喜杰20万元人民币、价值49.84万元的金条4根。

像这样的卖官鬻爵行为不是个例。在任四平市市长、市委书记的6年时间里,刘喜杰先后收受18名党员干部财物共计580.3万元,这与刘喜杰"发现别人的长处、理解别人的难处"的人设形成了巨大反差。通过精湛的"演技",刘喜杰将"两面人"的角色诠释得生动形象,淋漓尽致,上演了一场当代版的"官场现形记",严重破坏了当地的政治生态。

聪明反被聪明误

刘喜杰的很多同事都说他善于学习和思考,很有能力,是一个能干事、会干事的人。刘喜杰也自视甚高,非常迷信自己的为官之道。但事实证明,这种"自以为是",必然会"出事"。不能时刻保持头脑清醒,病毒就会侵蚀健康肌体,使自己成了腐败分子。

刘喜杰时刻保持着高位者的神秘感,奉行"意不可知则威不可测"。他时常隐瞒自己的真实意图,让别人很难猜透他的心思,他示人以超然的姿态,自认为能够掌控局面,占据主导地位,"保持清醒头脑,就不会出大问题"。

刘喜杰受贿有三条"原则":一是避开节假日等敏感期;二是主要收

欧元、美元等外币，这样做不显眼，而且赃款也便于存放；三是事前不主动索取，事后行贿人怀着感激的心情主动送钱，他既收了钱，又交了人。

刘喜杰办事"滴水不漏"还体现在他谨慎的作风和"高深的城府"上。刘喜杰步步设防、行为隐蔽，很少跟老板吃吃喝喝，朋友圈有很强的隐蔽性。接受老板的请托后，刘喜杰不暴露自己的主张和目的，不直接插手工程项目，而是假"民生"之由，拿群众利益当挡箭牌，通过工程项目协调会的方式间接左右工程项目，既骗取了百姓的口碑，又实现了利益输送，还得到了实实在在的利益。真是煞费苦心、机关算尽！

2011年，赵某在四平市搞房地产开发，但是动迁工作迟迟没有进展。为了帮助赵某推动拆迁进度，刘喜杰"以面带点、暗藏私货"，在全市的大项目协调会上提出加快项目拆迁进度、加快项目落地的要求。一招"项庄舞剑意在沛公"，换来了赵某5万欧元的"感谢费"。此后，赵某工程的动迁工作快速推进。2013年，赵某为了更好地销售楼盘，找到了刘喜杰，提出想让楼盘周边的市政道路建设尽快配套到位。刘喜杰滴水不漏地说："市政配套方面没问题，市委、市政府都支持你，你们这种好企业是四平的名片，争取打造精品。"临走时，赵某送给刘喜杰5万欧元。

2010年，某房地产公司的开工许可证一直办不下来，影响了工期。无奈之下，房地产公司刘某委托周某送给刘喜杰100万元。在刘喜杰的关照下，一个多月后，开工许可证顺利办了下来。但是不久，项目又被住建局叫停。周某又找到刘喜杰研究此事。刘喜杰再次展示出高超的手腕，他没有直接作出承诺，而是"借力打力"，打出一套太极拳。在某次项目推进会上，刘喜杰重点强调了为了不影响市容建设和百姓民生，在建、停工项目抓紧推进，避免造成上访事件。不久，刘某的项目顺利复工。不出意料，刘喜杰随后又收到了100万元的"感谢费"。

然而，一场场精心策划最终还是枉费心机。2017年6月12日，刘喜杰因涉嫌严重违纪问题，被吉林省纪委立案审查。至此，一个"好苗子"结出的"毒果"彻底凋零。机关算尽太聪明，反误了卿卿前程！

忏悔录

我于 2017 年 6 月被组织审查，距今已近半年的时间，在这期间组织上的谈话令我刻骨铭心，犹如醍醐灌顶，振聋发聩。谈话人员对我刮骨疗毒、清除侵蚀肌体的病毒，最终使我自己勇于面对问题，由思想上的认识不深刻到深刻认识，由不甚理解到全面理解，由不主动配合到积极配合。我从内心深处意识到自己确实是忘了初心、辱了使命，辜负了组织的重托、人民的信任、家人的希望。

回顾自己是如何走上犯罪道路时，我才深切体会到这个过程不堪回首，泪水不禁夺眶而出。曾几何时，我也确实是一个有抱负，一心想成就一番事业的领导干部。回顾这段时间自己导演的悲剧，我得出一个结论，我的堕落不是偶然的，关键是内因起的作用。

"总开关"出了问题，必然会"栽跟头"。自己政治定力不足，理想信念淡化，不尊崇党章，党性不够坚强，导致最后没了信仰、没了追求，丧失了共产党人的情操和良知，迷失了自我，不知不觉中就收了不应该收的，拿了不应该拿的，得了不应该得的。后来出了问题，我没能很好地向组织坦诚交代，痛改前非，反而盲目相信社会人员，找他们"摆事、平事"，造成了恶劣影响，给组织抹了黑，我真是愚钝至极！说到底，还是因为我自己党性不强，对党不忠诚、不老实。

底线意识淡化，私欲膨胀，必然会伸出贪婪之手。我自己心态失衡，认为官路不顺，是自己缺财少钱。政绩观出了问题，必然会加速走上犯罪道路。我觉得要成就事业，必须要有大老板的支持，要有"四梁八柱"，就必须和他们"亲"在一起、"打成一片"，忘了还应"清"。不知不觉中就形成了所谓的"利益共同体"，不知不觉中被"温水煮了青蛙"，就像洪水来了大家都注意防范，这并不可怕，可怕的是堤坝上的"管涌"，稍有疏忽就会酿成大祸。所以，自己在一片能干事的好评中，逐渐被腐化了，加速走上了违法的道路。

不习惯在受监督和约束的环境中工作生活，必然会被新时代淘汰。我忘了敬畏、丢了畏惧，身陷"四风"中不能自拔，特别是中央八项规定出台后，我仍对过去"四风"存有留念，贪图享受、消极懈怠，不能防微杜渐，个别时候仍到企业食堂和老板家中聚餐，表面上是抹不开情面，实际上是意志品格不坚定，更是丧失了原则、丢掉了形象。

自以为是，必然会"出事"。党员干部不能时刻保持头脑清醒，病毒就会侵蚀健康肌体，使自己成了腐败分子。我自认为能够努力发现别人的长处、理解别人的难处、不忘别人的好处，努力处理好与同志间的人际关系，事实上与同志间沟通协调不到位，失去了同志们对我监督的机会。

回顾走过的弯路，分析其中的原因，我心如刀绞、悔恨不已。在此，我真诚地向党组织忏悔！党恩浩荡、组织恩长，感谢过往的恩情，我要发自内心地说一声：对不起！我真诚地向挚爱亲朋忏悔！人间真情，沐浴永驻。感谢过往老领导、老同志、老朋友的关心支持和厚爱，我发自内心地说一声：对不起！我真诚地向家人忏悔！八十多岁的老母亲一直期盼儿子早日归来，外孙女出世6个月后每天早上送给我的微笑，我永远不会忘怀。我发自内心地向他们说一声：对不起！

案件警示

能入庙堂者，必有过人之处。历史上有很多"能臣""廉臣"，如果"能"和"廉"统一在一起，那可称为"贤臣"，例如包拯、陈廷敬等一代名臣；如果有"能"无"廉"，便是"奸臣"，例如严嵩、和珅等一代权臣。奸臣们并非毫无能力，很多人都曾经是一棵"好苗子"，如状元及第、书画流传，甚至表面上也为百姓做了很多实事、好事，为什么最终会变为"毒果"，遗臭万年，为后世所不齿？

读圣贤书，有的人实践了"为天地立心，为生民立命，为往圣继绝学，为万世开太平"，有的人却被"书中自有黄金屋，书中自有颜如玉"所吸引。同样一榜进士，有的人身怀社会理想，想为社会和人民做些好事，而有的人就是为了"黄金屋"和"颜如玉"而来的。后者中可能有人也具备某方面的才华和能力，甚至还具备一定的社会治理能力，但是终究不免落入公帑私用、损国利己的牢笼。贪墨贿臭，永远是其洗刷不掉的最大污点。百美未能掩其瑕，一贪足以挫其名！

有的人自恃才华出众、能力非凡，却将这种能力用在祸国殃民之上。例如北宋权臣蔡京，四次拜相，书法冠绝，才华横溢，却被评为"六贼之首"，《奸臣传》称其：天子凶橘，舞智御人；卒致宗社之祸，虽遭死道路，天下犹以不正典刑为恨。如果无德无才而为官，不过是个庸臣，破坏力不及有才无德的奸臣。权力在有才无德之人手中，便如歹徒之利器、强盗之刀枪，危害性远远大于一般百姓或者普通官员。如果说侠之大者为国为民，那么奸之大者，则祸国殃民。纵然一身聪明才智，到头来也还是留下《奸臣传》中的万世骂名。

一些人自认为会拿捏领导和群众的想法，耍两面派，左右逢源，既想留下美名传颂、万人称赞，又想宝马香车、美女环绕。这些人凭借所谓的才智投机钻营，两面得利，最终还是为了升官发财。"两面人"可能在一段时间内受到各方面的称赞，但是终究有人设崩塌的一天。最后只能是"眼见他起朱楼，眼见他宴宾客，眼见他楼塌了。"

刘喜杰正是其例，他不是一个个体，而是一种现象，是一个典型。我们可以给刘喜杰们绘一番精准画像。刘喜杰们可能也曾报国之心拳拳、廉政决心满满；可能也才华横溢、能力不群；可能也曾因为踏实工作获得了组织、同事、群众的极大认可；可能客观上、表面上也做过一些好事，取得过一些政绩，但是随着"底线意识淡化、私欲膨胀"，"党性不够坚强，使自己没了信仰、没了追求"，"忘了敬畏、丢了畏惧"，尤其是伴随着官位的提升，他们更加自以为是，为所欲为。他们无视党的政治纪律和政治规矩，任人唯亲、任人唯钱，收买人心、左右逢源，自行其是、阳奉阴违，恃才放肆、以功臣自居。"有的人已经到了肆无忌惮、胆大妄为的地步！"他们凭借精湛的"演技"，欺世盗名，一方面以君子、公仆的形象和人设示人，一方面背地里干着蝇营狗苟的勾当，台上一套台下一套，表面一套背后一套；沉迷于御臣之术、厚黑之学，给自己增加神秘感，自搭"神坛"，故作高深，不以真意图示众，以下属费尽脑力推敲为乐，以便驾驭下属，脱离监督，推脱责任；钻营投机，四处买好，名利双收；自认为有一定才华和政绩，在工作中耍阴谋，搞手段，德薄而位尊、智小而谋大、力小而任重，才不配德，德不配位；迷信自己的把控能力，自以为是，认为能够滴水不漏，居高临下，把控全局。

刘喜杰们的精准画像跃然纸上，鲜活且丑陋。然而，事实证明，"政绩观出了问题，必然会加速走上犯罪道路"。忘记初心，必然会走向党和人民的对立面。可能当年的确是好苗子，是满腹才华的好苗子，起步高、进步快，但是，践踏政治底线、漠视党纪法规，必然会结出毒果、恶果和苦果。

对钱的贪婪使我越陷越深，直至不能自拔

基本案情

张引，男，1959年2月出生，汉族，江苏涟水人，大学学历，1976年12月参加工作，1979年6月加入中国共产党。1976年12月参军入伍，1989年10月转业至江苏省徐州市郊区体改办任办事员，曾任徐州市泉山区委组织部副部长、组织员办公室主任，九里区委常委、组织部长，九里区委常委、副区长、区委副书记，泉山区委副书记、区长，徐州市泉山区委书记、区人大常委会主任。

2012年6月当选徐州市政协第十四届委员会副主席。

2013年7月8日，江苏省人民检察院以涉嫌受贿罪、滥用职权罪对其立案侦查。

经查，2001年至2012年间，张引利用职务便利，为他人谋取利益，先后多次收受他人财物，共计折合人民币140余万元。在担任徐州市泉山

区委书记期间，违反规定，通过自定项目、重复发放等形式，向区四套班子成员、财政人员等人发放奖金共计 1040 余万元，个人实得 50 余万元。

2014 年 5 月 15 日，无锡市中级人民法院判决张引犯受贿罪，判处有期徒刑 10 年 6 个月，并处没收财产 20 万元；犯滥用职权罪，判处有期徒刑 2 年；决定执行有期徒刑 11 年。

"回首我的人生，以奋斗为开始，以辉煌为展现，以自我毁灭为结局。我本末倒置，错误地放大了个人的坐标，将其凌驾于组织坐标之上，从开始的差之毫厘到最终的失之千里，人格和心理在错误认知中一天天失真、失轨，党性和人格已被贬得一文不值。"张引在忏悔书中这样说。

张引出生在江苏省涟水县，涟水有着崇文重教的深厚底蕴，是知名的智慧之乡。涟水崇书尚学之风千古延年，素有"安东出才子"的美誉，这里走出了鲍照、陈登、王义方等古代文化名人，是古典文学名著《西游记》作者吴承恩的祖居地，也是教育名城。17 岁那年，张引被父母送到了部队。到了部队上的张引，各方面表现突出，入伍两年就在连队加入了中国共产党，4 年之后就成为部队的军官。

时间转眼到了 1989 年，张引选择转业回地方工作，第一站是徐州市郊区体改办，任办事员，三年之后被提拔为干部科长，1994 年再次被组织提拔，成为徐州市泉山区委组织部副部长，一路顺利晋升的张引，此时还是一位信念坚定、清正廉洁、工作业绩突出的领导干部。如果张引能够坚守住这份初心，坚持廉政爱民、自律上进，最后也不会落得个毁灭的结局。但是，事情的发展并未如人所愿。

学习流于形式，丧失底线意识

外人眼里的张引，为人处世谨小慎微，工作勤勤恳恳，事业上也顺风顺水，职务上步步高升。可是，初尝领导滋味的张引，逐渐放松了对自己的要求。首先是放松了对学习方面的要求，放松了对世界观的改造。他不再努力用心学习领悟，对于党内文件根本不放在心上，看过就丢；不再学习党纪条规、法律法规，对党的方针政策、党纪党规的认识非常肤浅，对有些内容甚至闻所未闻。而对于上级组织的学习培训活动，他更是当做放松的机会，根本没有理解组织上的良苦用心。

长此以往，学习流于形式，最终导致他在思想上没有是非界限，心理上缺乏敬畏感、私欲膨胀，行为上目无法纪。就如他在忏悔录中所说的："追逐金钱成了我唯一的精神动力，我在金钱面前节节败退，一步一步滑向深渊，变得患得患失、思虑重重、心浮气躁。"

当一个人的精神动力成了追逐金钱，那么他离深渊也就不远了。作为一名共产党员，作为党的领导干部，张引逐渐丧失了自己的底线，他变得利欲熏心，自私和贪婪不断升级，收受的钱物一年比一年多；他丧失了艰苦奋斗、无私奉献的精神；放弃了堂堂正正做人、干干净净做事的原则；背弃了当初为人民服务、为社会做贡献的誓言。

台前紧抓廉政，幕后坐收奖金

2008年，张引当上了徐州市泉山区委书记。

当上区里主要领导后，张引全力抓廉政工作，请徐州市纪委、检察院的领导给区里干部讲党纪国法，逢年过节都要下发文件严禁收受财物、互相吃请等。从这可以看出，张引十分重视廉政工作，他自己也想把廉政工作干好。但此时，他的内心却发生了微妙的变化，他的内心不平衡了，他开始羡慕那些老板住豪宅开豪车，穿名牌出入高档会所，反观自己的工资，还要经常加班，相比之下，自己何其凄惨！在这种比较中，张引逐渐失去了那份初心。

怀着对奢靡生活的向往，张引一直在等待机会。2007年2月，徐州市政府为了加快推进城市拆迁工作，制定了《市政府关于实行拆迁工作属地负责制的意见》，文件允许在拆迁工作中向拆迁工作人员发放奖金。这个文件给正在等待机会敛财的张引带来了"希望"。

既然文件中明确规定了允许在拆迁工作中向拆迁工作人员发放奖金，

那么这其中便有可以操作的空间。这个政策的目的本来是激励在一线从事拆迁工作的人员，然而却有街道将一张"奖金"存单送到了张引的办公室。按照规定，张引是区委书记，其奖金应该是市里或者区里发，现在下级街道却将奖金送到了自己的面前。此时的张引还是清醒的，他考虑了两天，觉得此事不妥，就将这笔奖金送了回去。

可是，两个月以后，另一个街道的街道办主任又给张引送来了1.8万元的"拆迁奖金"，并且带来了堂而皇之的理由："您是领导，担的责任重，这是您该拿的。而且大家都有的。"听到街道办主任这样说，张引动了心，想想自己身为领导，肩上的担子确实很重，拿点奖金也是对自己工作的鼓励，没什么大惊小怪的，反正大家都有，"法不责众"。就这样，张引收下了这1.8万元的"拆迁奖金"。

有了第一次收受下级奉上奖金的经历后，张引便一发不可收拾。同时，张引表现得也特别谨慎，"奖金"存单用的是别人的名字，财务做账时用"领导"或假名代替，签字由别人代签，但是匪夷所思的是，他竟然在全区干部大会上公开讲："逢年过节不要到我办公室来，但拆迁奖金是可以发的！"这不就是明目张胆地向下级要钱吗？下属们立刻心领神会，准备奖金送给区委书记，而张引也一一笑纳。甚至长时间拿不到"奖金"，张引还会旁敲侧击打电话去暗示，"奖金"自然立马奉上。就这样，原本用来奖励一线工作人员的奖金，却被用来送给区委书记，一线工作人员往往只能拿几百、几千元的奖金，但张引却能拿到两三万甚至八九万元，领受"拆迁奖金"完全成了张引借机敛财的手段。

自2007年9月至2012年10月五年间，他先后收受8个街道和两个单位所送的"拆迁奖金"等40次，共计人民币139.7万元，平均每个月收到两三万元，远远高于他的工资收入。"我自认为这种行为披上了合法的外衣，就像皇帝的新装，陶醉其中。看起来冠冕堂皇，实则欲盖弥彰。"张引后来在忏悔录中这样写道。

10个单位给自己发"拆迁奖金"，仿佛就是天上掉馅饼的事，但仔细一看就会发现这全是陷阱。给张引发过"拆迁奖"的下属们逐渐开始求他办事了。"拿人钱财,替人消灾",张引秉公办事的底气少了,"关照""帮忙"的情况多了。

张引的刑事判决书中写道:"相关人员以奖金名义送钱的目的是为其在干部任用、街道建设、资源分配及个人职务职级晋升、子女家属工作问题等方面获得帮助关照,相关人员所做的证言对此也予以证实,供证一致,双方在发放和收受所谓奖金的意思表示上心照不宣,就是以奖金之名行贿赂之实。"可见,发奖金不过是披着看似合法的外衣,实质上仍然是钱权交易。

滥用手中职权,巧立名目腐败

张引的前任书记董某因为受贿被检察机关查处。发生在身边的贪腐案例应该是最具有说服力和教育意义的,然而,他所获取的教训仅是收受贿赂时要有"合法"的外衣,而不是给自己筑起一道廉政防线。

因此,当上区委书记的张引,不仅享受下级奉上的奖金,更是利用自己的权力巧立名目、重复发放、擅自发放已命令取消的奖金。"财政上台阶奖"已经被江苏省明文禁止,张引仍先后3次发放该奖项;"城建重点工程奖"已经按照规定范围发放过,张引授意又重发了一遍;"财政平衡奖"和"收入目标奖"没有来源和依据,张引擅自定了这两个奖项。

在担任徐州市泉山区委书记期间,张引违反规定,决定通过自定项目、重复发放等形式,向区四套班子成员、财政人员等人发放奖金共计1040余万元,个人实得50余万元,造成国家财政直接损失1000余万元。

在张引的脑海中,党纪国法已经没有踪迹,人民群众已经失去地位。此刻,在他的心中,获取金钱才是唯一的精神动力,内心的贪欲战胜了良知。就如他在忏悔录中所说的:"在我的思想意识里,收受别人钱卡才是腐败,却没有意识到自己利用手中权力私分、收受下级奖金同样是腐败。"

忏悔录

我的父母及岳父母都是从抗日战争和解放战争走出来的老党员。17岁那年我到部队，入伍两年就在连队入了党，21岁就成为部队的军官。1989年我转业到地方工作，1992年我就被组织提拔为干部科长，1994年又被组织提拔为组织部副部长，那时的我仍然保持了一个完好的自我，廉洁的自我，从未被金钱所迷惑。可是当了领导后，我开始放松了学习，放松了自我要求，好话听得多了，腐朽的东西便乘虚而入，享乐主义便占据了主导地位，开始放松了自警自律自省。后来发展到钱物不论多少，不论是上级发的，还是下级单位以奖金名义送的，我都来者不拒。对钱的贪婪使我越陷越深，直至麻木不仁，最终不能自拔。面对自己大量的违纪违法事实，我时刻反思，反思这些年思想蜕化变质的轨迹，剖析灵魂深处，清扫层层污垢，越是深挖，越是清楚地看到我腐烂的根源。

不注重学习，理想丧失，思想蜕变。我曾经也是一个办事公道公平，认真负责的领导干部，活得轻松、单纯。但是由于不注重学习，信仰逐渐淡薄，失去了理想，没有了方向。多年来，党内文件我是一目十行，看过就丢，根本就不放在心上。党纪条规、法律法规更是放在书架上当成摆设，束之高阁，从没有翻开看过一眼。参加上级组织的学习培训，我当成是放松休闲的大好机会，根本没有理解组织上的良苦用心。区里有大会小会，稿子从来都是交给秘书写。主席台上我像模像样地解读政策文件，会议结束后，讲过什么内容我根本不记得。学习流于形式，导致了我对党的方针政策、党纪党规的认识非常肤浅，有的甚至闻所未闻。哪些事该做，哪些事不该做，思想上没有了是非界限，心理上没有了敬畏感。我并不是不懂法不知法，而是置法律于不顾，放纵权力，拿党纪国法当儿戏。不守法才是心中无法之盲、目无法纪之盲啊！目无法纪就会私欲膨胀，为所欲为，无所顾忌。追逐金钱成了我唯一的精神动力，我在金钱面前节节败退，一步一步滑向深渊，变得患得患失、思虑重重、心浮气躁。到今天我才明白，学习不是一朝一夕的，更不是一时一刻的，而是要终身学习，注重终身的改造。过去我人在组织，心却被狭隘和金钱所俘虏，被私欲所占领。今天我醒悟了，从内心深处彻底认清了自己所犯错误的严重性和危害性。那就是做任何对不起党对不起人民的事，都将失去一切，都要为之付出惨痛的代价！

贪欲之心，使人生观、价值观扭曲。我不能正确认识矛盾，辨别是非，总是戴着有色眼镜看问题，看极个别消极现象。我把自己的所作所为看作正常的事，认为发点拿点，是对工作的鼓励，理所当然，没有什么大惊小怪的，最终没有经得住诱惑。由于我利欲熏心，自私和贪婪不断升级，收受钱物一年比一年多，那些违纪违法所得像是偷来、抢来的钱一样。既让我的贪心得到一时满足，又让我备受党纪党规威慑和尚未泯灭的良知、道德的折磨。在这种扭曲的心理中，我的人生观、价值观渐渐偏离了正确的轨道。我丧失了艰苦奋斗、无私奉献的精神；抛弃了堂堂正正做人、干干净净做事的原则；背弃了当初为人民服务、为社会做贡献的誓言。获取金钱、贪图享受占据了我的思想、侵蚀了我的灵魂，我平时的所思所想就是如何赚钱，如何获得更多的财富，我的思想意识里只剩下赤裸裸的金钱了。因此在物质面前，我放弃了抵抗，甚至敞开大门，最终倒在了陷阱里。

我拿"奖金"是公开的，特别是担任书记后，"奖金"一年比一年多，这还不够，我甚至巧立名目私分公款，表面上把奖金作为鼓励先进之用，实则是为了个人敛财的方便。刚开始时，自己拿的比别人多心里还胆怯、害怕，后来逐渐心安理得，觉得不够就用财政的钱配套，再后来发展到只要是重点项目，就列支发钱。拿着这些钱，自认为是填补犒赏平时工作的辛苦和压力，是劳有所获，我开始把个人正常的工作付出和合法收入以外的不义之财挂钩，从自我安慰中寻找平衡。有时长时间拿不到"奖金"，我还会主动打电话"询问"：项目进行得怎么样了，加快进度啊，大家都比较辛苦，该鼓励的要鼓励啊！得到了这种暗示，他们也就心领神会，甚至有的项目还在进行中，"奖金"就已经到位了。我对辖区内大大小小的项目如数家珍，生怕放过每一次被"奖励"的机会。扪心自问，我真正一心一意扑在项目上的心思又有多少呢？在我的思想意识里，收受别人钱卡才是腐败，却没有意识到自己利用手中权力私分、收受奖金同样是腐败。我自认为这种行为披上了合法的外衣，就像皇帝的新装，陶醉其中。看起来冠冕堂皇，实则欲盖弥彰。

宗旨意识被物欲横流冲垮。随着思想蜕变，我脑子里为人民服务的意识淡薄了。想百姓的事少，想自己的事多了；为百姓办的实事少了，为自己及少数人谋的私利多了。看着那些老板住豪宅开豪车，穿名牌出入高档会所，灯红酒绿纸醉金迷，过得何其潇洒自如！老板越大，财富越多，各方对他越重视。对比之下，自己没日没夜地加班，有时招商引资还要赔着笑脸，每个月就拿这点工资，太亏了！我自感层次比他们高，文化水平也比他们高，凭什么不如他们？想想我心理就失衡，于是，对待工作、对待人民群众，我表现得越来越麻木，越来越冷漠，丝毫感受不到党和人民群众的血肉联系、鱼水之情。这几年经济在发展，但有些民生保障问题还欠账很多。有的困难群众因为经济困难放弃重病治疗；辖区内大片危旧房，脚插不进去，头抬不起来，屋外下雪、室内成冰。我不想、更不敢看到上访群众期盼的眼神。党组织培养了我，人民群众才是我的衣食父母，可我在金钱的诱惑下一天天丧失了共产党员的爱民之心、为民之情。内心的贪欲战胜了良知，而且越来越难以控制，防线被无情地冲垮了，贪欲一发不可收拾！

回首我的人生，以奋斗为开始，以辉煌为展现，以自我毁灭为结局。我本末倒置，错误地放大了个人的坐标，将其凌驾于组织坐标之上，从开始的差之毫厘到最终的失之千里，人格和心理在错误认知中一天天失真、失轨，党性和人格已被贬得一文不值。这些日子里，我每天都会想到年迈的母亲。一想到母亲，我就想流眼泪，她是最要面子的人，怎么能接受这种现实！曾经，一谈到儿子她就欣喜不已；而今，面对社会上的议论和指责，她怎能受得了这个打击！母亲始终教导我和善待人，老实做人，做老实人不吃亏,可惜我没有听她的话,做了见不得人的丑事坏事,做了对不起她老人家的事,我如何向她赎罪?每次想到这,我的心都碎了。我和妻子共同生活了近30年,她一直把我当作依靠,可我没有尽到一个丈夫的责任,还背着她做了那么多坏事。我的女儿正值青春年华,也正是需要父亲的时候,可是我却不能陪在她身边。想到这里我就心如刀割,泪水模糊了视线!金钱可以换取身外之物,却买不来最宝贵的亲情和幸福。漫漫长夜,我无数次坠身悔恨的海洋,纵然是沉入海底,又怎是用一个悔字就可以解脱的啊!我诚恳地接受组织的处理,我要重新做人。我要做一个新人回到家人的身边,好好孝顺母亲、照顾妻女。假如有一天,我重回社会,我会用实际行动表达我的悔过之心:做一个普通的人,做一个普通的劳动者,向社会、向人民赎罪。

案件警示

张引在任职期间,大肆收受下级奉上的奖金,并且利用职权违规发放奖金,个人从中渔利。收到"奖金"的张引,利用自己手中的权力对下级单位的评奖评优进行干预,钱送到位了,年终测评时该下级单位便可以获得好的名次,同时能够得到张引的推荐,从而获得市、省级荣誉。不仅如此,张引还帮助下级干部获得晋升机会,可谓拿纳税人的钱干违法乱纪之事。

党和国家对公职人员发放奖金有严格的规定,发放奖金是对工作人员的鼓励和慰劳。徐州市政府虽然在《市政府关于实行拆迁工作属地负责制的意见》中明确规定,允许在拆迁工作中向拆迁工作人员发放奖金,但是这个拆迁奖金的发放对象有严格的规定,是指一线拆迁工作人员。张引的身份是泉山区委书记,断然不会到一线去开展拆迁工作,因此不具备获得拆迁奖金的资格。但是,下级单位有求于这位领导,便找出理由让其心安理得地接受了"拆迁奖金"。

没有坚守住底线的张引，一次又一次滑向犯罪的深渊，他多次收受下级奉上的"奖金"，甚至对奖金上了瘾，开始利用自己手中的权力，想方设法给区里的领导干部发奖金，同时自己也从中领取奖金。看到这里，我们不禁心生疑问，作为领导干部的张引，缘何沦落到如此地步？正如其在忏悔录中所说，他已经被金钱蒙蔽了心窍，追求金钱成为其唯一的精神动力。

从张引的案例中，我们看到，不管是张引收受下级奉上的"奖金"，还是自己滥用职权发放"奖金"，都是以"合法"的"发放奖金"名义行不法之实，这些"奖金"都来源于国家财政资金，张引的行为造成了国有资产的流失，同时也产生了非常恶劣的社会影响。

张引大肆收受下级以奖金名义送来的贿赂，以及其滥用职权违规发放奖金的行为败坏了当地官场风气和政治生态，一度导致徐州市泉山区党政机关风气浊化，做什么事情都要考虑发放奖金，下级公开以奖金名义给上级送钱。张引的违法违规行为，看似给泉山区机关干部带来了实实在在的"好处"，他们的"收入"比其他区县和市级机关工作人员多，导致干部正常交流调动的阻力很大，严重影响了公职人员交流工作的开展。

张引收受下级奉上的"奖金"，这时的"奖金"虽然披着合法的外衣，但是已经成为其谋取不正当利益的贿赂款！看似是给本区内的领导干部发福利，实则是借此机会从中渔利。这不禁让人感到痛心，曾经的张引无论在工作能力，还是为人处世上，都饱受赞誉。但是，最终还是坠入犯罪的深渊。广大领导干部看到张引最终的结局，应当引以为戒。

对家庭管教不严格，放纵家人也是我走向犯罪的另一客观原因

基本案情

于少东，男，汉族，1959年2月生，重庆城口人，大学文化，医学学士，副主任医师，1977年7月参加工作，1988年1月加入中国共产党。曾任重庆市城口县人大党组书记、常委会主任。2013年12月，经重庆市纪委常委会讨论并报市委常委会议批准，决定给予于少东开除党籍处分；2014年3月，城口县人大常委会给予于少东开除公职处分；2014年5月，重庆市高级人民法院二审认定于少东身为国家工作人员，利用职务之便，为他人谋取利益，非法收受他人贿赂共计人民币279万余元，判处于少东有期徒刑12年，剥夺政治权利2年，并处没收财产27万元。

于少东出身于教师家庭，排行老三，幼年时也曾饱尝生活的艰辛与困苦，他童年记忆最深的就是在庄稼地捡拾粮食和用野菜杂粮充饥。1978年恢复高考后，于少东成功考取四川医学院（华西医科大学），"天之骄子"

的炫目光环督促他奋发学习，最终以优异成绩顺利毕业。而后，于少东自愿回到家乡重庆城口县，并被分配到县医院工作，不多久便成为骨干医生并顺利加入中国共产党，之后还被破格提拔担任县医院院长，五年后又担任卫生局局长，1998年当选为城口县人民政府副县长、常务副县长和县人大常委会主任，可谓春风得意。过于顺遂的仕途让于少东渐渐产生自满而不甘的情绪，这种情绪似一张密网，一旦深陷其中便难以脱身，这张网越织越大，连带其家人都在这张网中迷失了方向。

志得意满，欲望吞噬心态失衡

"正因为仕途走得太顺。我也逐渐产生了自满的情绪，总认为自己对家乡有贡献，对得起组织"。"一些名不见经传、也不起眼的人都很快腰缠万贯发了迹，我的心理也就渐渐失去了平衡，自己也渐生了追求额外金钱的欲望"，于少东在其忏悔录中如是说道。仕途的顺风顺水没有让于少东感恩于党和人民的厚爱与信任，他将一切的成绩归结于自身努力奋斗的结果，在自我塑造的"成功形象"里洋洋得意。随着城口县锰矿开发的不断升温，经济发展走上了快车道，许多人借此机会发了迹，赚得盆满钵满，而自己辛苦一年的工资却抵不过人家的几顿饭钱，于少东的心理逐渐失衡。此时，身为城口县常务副县长的于少东和这些做锰矿生意的老板交往越来越多，还逐渐发展成了"好朋友""兄弟伙"。在履职过程中，于少东手中的公权力不断向"好朋友""兄弟伙"倾斜，主动为他们的生产经营排忧解难、保驾护航，也为他们的违法违规生产经营活动开脱责任、提供关照。当然，这一切还得建立在"兄弟伙"的金钱攻势之下。于少东的欲望像一只撕裂牢笼的困兽"夺门而出"，这只困兽张着血盆大口使压抑多时的贪念倾泻而出，从几千元的小额礼金开始，到几万元甚至是几十万元的巨额贿赂，于少东都将利益放在了第一位，不收钱不办事似乎成了他的"座右铭"！

儿子坑爹，贪图奢华挥金如土

豪车组成的迎亲队浩浩荡荡，五星级酒店宴会厅里熙熙攘攘、座无虚席，动用大型摇臂设备和数台摄像机多角度实施拍摄……这是大型梦幻婚礼现场。主角不是别人，正是于少东的儿子。于少东心里很清楚，身为党政机关领导，办一场这样的宴席明显是不符合党纪条规的，但他还是没能经受住诱惑，他的儿子曾在多个场合向他吐露心声："如果不办一场像样的婚礼，我会后悔一辈子的……"再加上妻子、亲家母和其他亲友在一旁怂恿："孩子结婚是大喜事，那谁谁谁办了不也没事嘛！"扛不住家人以及亲朋的劝说，带着"一些人办了不也没事嘛"的侥幸心理，于少东本就不坚定的态度随之发生了转变。在精心筹划一番后，一场奢华的梦幻婚礼如期拉开序幕。婚礼结束后，于少东夫妻俩在市区的家中花了整整一天时间清点礼金，他们自作聪明造了两份礼薄，一份记载真实的礼金数额共计200多万元，一份只登记了亲戚朋友所送的小额礼金共计47余万元。如此奢华的婚礼想要"掩人耳目"实属自欺欺人，后来有群众向市纪委举报于少东借儿子婚礼大肆敛财一事，市纪委随即展开调查。至此，于少东多年违法犯罪的事情才得以败露。

在调查中人们才发现，于少东走上这样一条道路也与其家庭环境有着莫大的关系。于少东儿子大肆操办的梦幻婚礼只是他骄奢生活的一个小小缩影。他大学毕业后听别人谈起工程项目中的巨额利润后，想到了父亲手中的权力，软磨硬泡之下，于少东甘愿充当儿子掘财的工具，儿子手里的工程项目纷至沓来，享乐的情绪逐渐高涨，豪华的独栋别墅仅装修就花了100多万元、购置的进口越野车还配有专职的司机……儿子的骄横奢华终于还是将于少东拉进了万劫不复的深渊，而这其中还有一个人也在为于少东走上犯罪之路充当着"得力助手"，她就是于少东的妻子李某。

妻子跋扈，爱财如命自毁前程

于少东的妻子李某，是城口县人们口中的"大姐大"，抽烟、喝酒、打牌样样在行,而且脾气暴躁,飞扬跋扈。在某次机关运动会上,因对裁判作出的判罚不满,便带领本单位职工与对方发生激烈冲突,其嚣张气焰可见一斑。李某不仅性格暴烈而且视财如命,自认为丈夫是领导,便巧立名目收取他人各种好处费。例如个体老板谭某为了减免吨位差所形成的规费欠账,也就是其实际开采运输的矿产品数量超出准运证所核定的吨位须补交的费用,在李某家中送给她10万元。随后,谭某的规费欠账得到免除;某冶炼厂总经理师某为了解决吨位差问题,以及在欠规费时仍能办理准运证,在李某办公室送给她20万元。之后,该冶炼厂的规费欠账得到免除,并顺利办理了新的矿产品准运证。于少东在忏悔书中也对其妻子以上的行为做了反省:"对家庭管教不严格,放纵家人也是我走向违法犯罪的另一客观原因。我和妻子李某从小在一条街长大,她有孝心,对我关心体贴,几十年来主动放弃了自己的事业,一门心思为我付出,我是十分感激她的。由于她性格好强,为维系和谐的家庭氛围,我处处让着她,把家里的一切经济活动都交由她安排管理,久而久之,她也表现出了贪恋钱财的偏好。"于少东妻子李某对金钱的盲目追求不仅让自己身败名裂,也让于少东付出了沉重代价。

忏悔录

我出生在城口县一个中学教员的家庭,兄妹共5人,我排行老三。我的童年印象最深的就是每到月底粮食不够吃,母亲在饭里添加叫不出名的野菜杂粮,还有春秋两季全家齐动员到乡下生产队已收割的庄稼地捡拾粮食的情景。

1978年我考取了四川医学院(华西医科大学)。作为当时所谓的一代骄子,大学五年我刻苦学习,努力在医学领域学习知识,最终成为一名基础功底较扎实的医科毕业生。但作为一个刚步入社会的年轻人,我对社会的理解，对人生理想目标的定位都是肤浅而模糊的。由于家庭的原因，大学毕业后我自愿回到了家乡城口县，被分配到了县医院工作。在组织、同事和家人的帮助下，我很快成了县里的一名骨干医生，还顺利地加入了中国共产党，破格担任了县医院院长，五年后又当上了卫生局局长。1998年后，我当选为城口县人民政府副县长、常务副县长和县人大常委会主任，可谓一帆风顺。

正因为仕途走得太顺，我也渐生了自满的情绪。总认为自己对家乡有贡献，对得起组织，而忘却了组织的关心培养。现在回想，每次工作岗位有调整的时候，我都只把这些进步归结为自己努力奋斗的结果，淡忘了组织对我的厚爱与期望，从思想深处没有更多地感念党和各级组织的关心培养，更没有从党的事业要求和纪律要求来认真审视自己的新使命。我就这样从功劳簿上迈出去履新职，思想的纯洁度、行为的自我约束力就可想而知了。

初任副县长之时，在追求进步、谋求发展的使命感的驱使下，加之机会和条件的限制，自己还是有一定慎行慎为的意识的，工作也算敬业。2003年担任政府常务副县长之后，随着我县锰矿开发的不断升温，经济也有了快速的发展，一些名不见经传、看着不起眼的人都很快腰缠万贯发了迹。我的心理也就渐渐失去了平衡，也渐生了追求额外金钱的欲望。

在抓经济发展的过程中，我与一些老板们的接触渐渐多了起来。在为他们解决生产发展中的一些问题、困难的过程中，老板们的热情和对我的支持让我十分感动，加之城口县是个小地方，本地人之间或多或少都能扯上这样那样的各种关系。通过攀亲附友的交往，一些老板就和我成了"好朋友""兄弟伙"，从开始的吃吃喝喝、打牌玩乐、礼尚往来发展成为了送大额礼金，这一切都显得好生自然和随意。在这过程中，我有时也心生不安，但在甜言蜜语的安慰下，却滋生了更多的麻木和贪欲之心。一来二往，在履职过程中，手中的公权力也不自觉地向"朋友"和"兄弟伙"倾斜，主动为他们的生产经营排忧解难、保驾护航，也为他们的违法违规生产经营活动开脱责任、提供关照。

在与一些老板不正常交往的同时，我作为一名县级领导干部，还置廉洁从政的一系列要求于不顾，多次为儿子和侄儿做工程打招呼，严重地影响了党和政府的形象，破坏了党纪党规的严肃性。在儿子结婚的问题上，尽管我最初反对大操大办，但最后还是经不住诱惑，从默许到亲自参与这一违纪违规的行为。更有甚者，在听说有人举报的情况下，我没有主动向组织交代问题，而是采取弄虚作假的手段编制礼簿名册和支持儿子隐藏礼金，企图蒙骗过关。

回顾我的违法犯罪经历，自己在这个过程中显得是这样的麻木和大胆，甚至在组织调查之初都没有认识到自己问题的严重性，现在来看真是可悲可叹。现在从思想根源上来查找原因，我认为自己有以下几个方面的问题，这也是我在工作和生活中有如上行径的主客观的原因吧。

入党动机模糊，世界观没有得到净化。上大学和走上工作岗位之初，求学深造和尽快成为业务能手成了我当时最重要的目标。学习和工作之余，我很少系统学习和领悟党的基本知识，从入党到今都没有认真进行"如何当一名合格党员""怎样履行党员责任义务"这方面的深入思考，以致在日常的生活工作中常错误地认为搞好本职工作就是做一名合格党员了。这成为我今天的违法犯罪的思想根源。

参加学习和组织生活，有学习欠思考，很少触及灵魂，思想境界滑了坡。入党不久，我即担任县人民医院院长，从此走上了领导岗位。从一开始，我在处理工学矛盾的问题上，就没有自觉地挤出时间系统学习党对党员领导干部如何履职、如何模范遵守党规党纪的相关要求。在参加专题学习和集中培训活动中，自己也常把一些不良的社会现象与党的要求规定混淆在一起，认为理论上的要求和现实生活情况是有差距的。现在回想，我几乎在每次重大的专题学习和活动中都没有入心入脑，没有触及灵魂地剖析自己的一切行为，更没有思考如何按照党的要求来彻底校验、改正自己的错误。每次都是形而上学，应付过关。每次学习都只是从感知上丰富了自己的"理论水平",没有从认知上接受心灵洗涤和教育。结果,学习成了自己在工作中对别人说教的备课活动,自己也就成了宣传说教与现实生活中的"两面人"。

职务变迁、私欲膨胀,人生价值取向发生了偏移。随着时间的推移,儿子已大学毕业、步入社会且从事了我认为最不稳定的自谋职业之路,为儿子留点财富的想法也成了自己的心愿,为此,我对金钱的追求也日渐增强。在一些老板利用各种名义给我送钱的时候,很多的时候自己竟然心安理得。即便思想上闪过一丝丝不安念头,也还自我安慰,"又不是拿国家的钱财,老板的钱用点又何妨?"同样在儿子做工程的问题上,我也认为工程反正需要有人去做,只要把质量控制好,儿子去挣点钱也是可以的。这种人生价值取向上的变化,恰好与我履职经历的发展变化产生了惊人的吻合。今天看来,我也没有逃脱"退休前综合征"的厄运。钱真是一个耐人寻味的怪东西。如果你心灵不纯,想过多地占有它,它就能毁掉你的一生!

对家庭管教不严格,放纵家人也是我走向违法犯罪的另一客观原因。我和妻子李某从小在一条街上长大,她有孝心,对我关心体贴,几十年来主动放弃了自己的事业,一门心思为我付出,我是十分感激她的。由于她性格好强,为维系和谐的家庭氛围,我处处让着她,把家里的一切经济活动都交由她安排管理,久而久之,她也表现出了贪恋钱财的偏好。在与他人开设茶馆敛财的同时,还向他人放贷收取利息。我把收取的不义之财交给她时,她不但没有劝阻,还纳入了家庭资产统一使用。在我儿子做工程方面,她也积极支持,还帮着做事。在儿子婚事操办问题上,她也坚持举办婚礼收敛礼金。现在回过头来看,我家庭的成员也为我走向违法犯罪起到了推波助澜的作用。当然,这也仅是外因。

我诚服地等待组织的处理和法律的判决,在接受处理和审判期间,我将要求家人正确面对我所犯的一切错误和罪行,面对现实接受国家法律和组织的处理,积极想办法处理好退赃事宜,以实际行动帮助我减轻自己所犯下的罪行。在今后的服刑过程中，我也积极面对，争取遵守监规，搞好劳动改造。

案件警示

于少东的手铐有他妻子和儿子的一半，而这绝不是个例：山东省原副省长黄胜通过其妻儿收受贿赂千万余元；内蒙古自治区政府原副主席刘卓志妻子主动帮忙打理受贿款；中央政治局前常委周永康的第二任妻子贾晓晔利用丈夫影响力收受他人贿赂被判处有期徒刑9年……"于少东们"在"枕边风""父子情"的影响下，理想信念这个"总阀门"开始松动，贪欲冲破道德约束，贪腐行为大肆蔓延，更是上演了"打虎亲兄弟，上阵父子兵"，"夫妻同心，其利断金"的"家庭式腐败"。其实，"家庭式腐败"现象之所以层出不穷，归根结底还是家风不正之过。家风，是一个家庭长期形成的能影响家庭成员精神、品德及行为的德行传承，是立身做人的行为准则，是社会和谐的重要基础。习近平总书记十分重视家风建设，多次强调要把家风建设摆在重要位置，2018年他在参加重庆代表团审议时指出：要廉洁齐家，防止"枕边风"成为贪腐的导火索，防止子女打着自己的旗号非法牟利，防止身边的人把自己"拉下水"。于少东的案子再次为"家庭式腐败"现象敲响警钟，可谓正家风正当时。

正家风，领导干部率先垂范

在十八届中央纪委六次全会上，习近平总书记如此要求："每一位领导干部都要把家风建设摆在重要位置，廉洁修身、廉洁齐家，在管好自己的同时，严格要求配偶、子女和身边工作人员。""廉洁齐家，自觉带头树立良好家风"首次写入《中国共产党廉洁自律准则》。《关于新形势下党内政治生活的若干准则》要求，"领导干部特别是高级干部必须注重家庭、家教、家风，教育管理好亲属和身边工作人员"。可见，家风建设已深刻烙印在习近平总书记的治国理政理念之中，而这其中最为重要的是领导干部要率先垂范，自觉带头树立良好家风。俗话说得好，"火车跑得快，全靠车头带"，如果把一个家庭比喻成火车，那么领导干部无疑就是这列火车的车头，只有其不偏不倚把握好轨道线路才能带领所有人安全、畅通地驶向目的地。

我们可以看到，以于少东为典型代表的"家庭式腐败"案例中，往往是这个"火车头"自身早早出现了问题。比如，于少东自始至终都没有深刻领会作为一名党政机关领导干部的初心与责任，面对其"兄弟伙"的糖衣炮弹攻势，其坦然接受，"又不是拿国家的钱财，老板的钱用点又何妨"的心理让他一步错，步步错，对家人的放纵更是睁一只眼闭一只眼，直至走向万劫不复的深渊。思想的"总开关"没有拧紧，信念的"基石"没有夯牢，于少东的结局其实早已注定。

由此可见，遏制"家庭式腐败"必须首先拿这个"火车头"开刀，"欲齐其家者，先修其身"，只有纯粹自身思想、严于律己，才能以身作则，树立榜样管好家人，治理好家风；只有"恋亲不为亲徇私，念旧不为旧谋利，济亲不为亲撑腰"，才能诠释出身为领导干部对国家与人民的忠诚与坦荡。天下之本在国，国之本在家，家之本在身。因此，领导干部必须要从思想上加强党性修养，牢固树立起公仆意识，廉洁奉公、清白做人、干净做事，唯此才能以和睦家风促党风、带民风、示国风！

正家风，家庭成员普遍践履

领导干部的带头垂范对良好家风的形成固然重要，这是固本清源的关键，但良好家风的巩固与传承也要依靠家庭成员的普遍践履。只有每一位家庭成员从内心遵从，良好的家风才会世代相传，并时刻警醒每一个想要逾越红线之人。于少东的儿子、妻子养尊处优的生活让他们沉醉在金钱带来的快感中，在妻儿的一次次请求和推波助澜中，于少东一次次放弃底线，最终上演一家人"携手"进监狱的悲剧。领导干部家人思想一旦松动，贪欲的心理缺口一旦打开，就会有人伺机而入，将家庭成员的弱点作为攻击的突破口，拽其迈入贪腐之门，走上贪腐之路。因此，领导干部家属如何守好"廉洁门"、筑牢"廉洁墙"，让党规党纪成为贪腐欲望的"紧箍咒"也是当务之急。

家庭成员守好"廉洁门"，需要领导干部从严管理。领导干部的以身作则是养成好家风的前提要件。家庭成员筑牢"廉洁墙"，需要制度的硬性规范。家庭内部的规矩约束往往是软约束，依靠的是个人自觉性，外在制度化的硬性束缚可以扎紧家庭成员"不敢腐、不能腐、不想腐"的笼子。因此，相关法律措施应顺应时代要求，对家属的违法犯罪行为进行严厉打击，与此同时畅通群众监督渠道，借此倒逼其树立规矩意识！

"忠厚传家家长久，诗书继世世代香"，严家教，正家风，领导干部必须将家风建设摆在重要位置，严格管理家庭成员，率先垂范，以身作则，既要把好廉洁自律的"前门"，也要守好家庭防线的"后门"。于少东的案例绝不会就此淹没于历史的尘埃之中，它将始终警醒着后来人：个人亲情不能逾越党纪国法，领导干部必须用好权，管好人！家风，尤其是领导干部的家风，绝不是家庭小事、个人私事，它将直接影响到政风和民风，关系到党和国家政治事业大局。家风正才能政风清，各级领导干部必须带头抓好家风，做家风建设的表率。

这都是我自作自受、咎由自取

基本案情

邓为民，1964年生，1987年参加工作。历任辽宁省锦州市凌河区委常委、副区长，常务副区长，区长、区委书记。2017年1月7日，邓为民涉嫌严重违纪，接受组织调查，2017年3月24日被开除党籍、开除公职，其违纪所得被收缴。2018年12月29日，锦州市中级人民法院一审以邓为民犯受贿罪、巨额财产来源不明罪、滥用职权罪、行贿罪、非法持有枪支罪，判处其有期徒刑16年，并处罚金210万元。犯罪所得赃款、赃物及不能说明合法来源的财产差额部分予以追缴。

谁也不会想到，教师出身、受党多年培养的区委书记竟是如此贪欲无度，其违纪违法问题之多、涉案数额之巨、行为性质之恶劣，让人咋舌。

党建工作走过场，思想怎能不滑坡

邓为民总是摆出一副公务繁忙的样子。忙到什么程度呢？2015年12

月24日,锦州市凌河区第十七届人民代表大会第四次会议开幕式上,参会人员全部到齐,区委书记却迟迟没有出现。这听起来很荒谬,但对于邓为民来说,这就是常态。

邓为民自诩"经济型"干部,他认为只有把经济指标搞上去,才算有政绩,管党治党都是虚的,应付一下,走走过场就行了。上级要求按时开展学习研讨,专题学习重要指示精神和党内法规,邓为民从不放在心上,有时只是将学习任务穿插到其他会议中,敷衍地提一下就算了事。按照要求,区委书记应当为党员干部定期上党课,问及此事时,该区党员干部表示"从未听过邓书记的党课"。在任区委书记的两年半时间里,邓为民只听取过一次关于党建工作的汇报,并且连区委常委会也没有按时按次召开。长期以来,该区的党建工作就从不爱抓发展到不想抓,最后变成抓不了。在其主政期间,该区的党风廉政建设工作得不到重视,连续两年排在全市末位。邓为民主观上不学习、不修身,政治素养和党性修养长期得不到锤炼,精神上的空虚使其开始追求金钱和物质享受,走到落马的境地也是必然。

眼睛盯上大老板,想方设法只为贪

作为区委书记,邓为民大权独揽,我行我素,抓起"经济工作"更是"霸气十足",凡事都由自己说了算。他一边打着"帮助投资企业排忧解难"的幌子,一边充分利用项目审批、土地流转工作大肆进行权力寻租。与其他落马官员不同的是,邓为民不仅主动创造机会被"围猎",甚至主动"猎食"商人老板。

2011年,锦州某公司与韩国一家公司签约的一个项目落户在凌河区,邓为民给予该项目各种"关照",事成之后,他收到1000万元"好处费"。2015年,某房地产老板因开发手续问题找到邓为民。邓为民以此事有风险、办起来比较难为理由暗示该老板,最后双方以16.2万美元的价格"成交"。后来,邓为民又以买房为借口向该老板借款100万元,该老板因为相关手续没办完，无奈之下只好照办。之后邓为民却根本不提"还钱"的事。

调查人员说："他心里有一个'价目表'，关系的亲疏以及请托事项的难易程度都是'定价'的要素。""猎食"商人老板之余，邓为民还将同学、校友、邻居等，凡是找他帮忙的人都列为"猎食"对象，他当政的那段时间，真是"区委大门向南开，有理没钱莫进来"。2010年至2016年间，邓为民为30余人安排调动工作职务，从中收受财物达471.2万元。邓为民书房所有的抽屉、衣服兜和包里都装满了钱。调查人员看到这一切时都颇感震惊，从他一处住宅里查出的各种现金、存折等共计近4000万元人民币。

在邓为民眼里，一切都可以用钱来衡量，一切皆可交易。长期以来，邓为民的行事作风渐被人知，那些不愿同流合污的党员干部的事业心和工作积极性被打压，该区的政治生态受到极大破坏。

道德败坏不收敛，寡廉鲜耻无底线

私欲膨胀之后带来的穷奢极欲，让邓为民感受到了纸醉金迷的"精彩"，他沉迷其中不能自拔。在邓为民看来，人生苦短须尽欢，趁着自己在位，还能大把捞钱，就应该享受人间至乐。

逢年过节收受礼品礼金，家里堆满高档烟酒，其持有的VIP贵宾卡更是几乎囊括了锦州所有高档娱乐消费场所。即使在中央八项规定出台之后，邓为民也丝毫没有收敛，甚至还变本加厉。

仅仅吃喝已经不能满足邓为民了，享受了好的就想用更好的，享受了常规的就想尝试新奇的。不法商人老板介绍的美女，他照单全收，甚至利用工作关系或金钱，与多名女性长期保持不正当两性关系。吃喝嫖赌抽，邓为民搞了个"大满贯"。在一个不法商人的怂恿下，他甚至开始吸食冰毒，并且带着他人一起吸食。其行为低劣败坏到让人瞠目结舌。

高档消费需要更多金钱的支撑，生活上的腐化使其工作更加不思进取，恶性循环之下，是工作的失职和变本加厉的受贿索贿。

想方设法避审查，狗急跳墙生歹念

为掩人耳目逃避审查，邓为民可谓绞尽脑汁。邓为民与妻子早在2014年就已离婚，却一直没有向组织报告。在接受调查前，邓为民让其司机每天开着空车去他与前妻的居所，假装接送他上下班。为避免赃款被查出，他还将装有巨额现金、银行卡的保险柜隐藏在一处闲置多年的房屋内，把大量外币、金条等贵重财物放在矿泉水纸箱中，与其他20余箱矿泉水一起放在放满杂物的地下室。

与此同时，邓为民居然打起了纪委工作人员的主意。他看准了市纪委干部冯某涉世不深、容易被诱骗，便利用与冯某谈话的机会，通过叙述其个人成长经历以博得冯某同情，并且有意无意表明自己与某些领导的关系来暗示自己不会有问题，借此与冯某建立了哥们儿关系。在冯某的帮助下，邓为民的多笔银行查询信息被篡改和删除，冯某也及时向其通报案件调查进展情况。在对邓为民立案调查不久，调查人员赫然发现邓为民手中竟然有纪委的初核报告。

拉拢腐蚀了冯某之后，邓为民感觉仍然接触不到案件核心内容，便与冯某商量，打算再接触纪委其他"关键领导"。冯某建议邓为民投其所好，"常委喜欢抽烟，主任手机坏了"。邓为民于是多次给纪委领导打电话、发信息，并且带着礼物到领导楼下等，但都被纪委领导拒绝。眼看无计可施，邓为民竟想狗急跳墙，萌发疯狂想法，在一个本子上写下了"既然你们不让我好过，那我就跟你们同归于尽"。

忏悔录

当老师的时候，我写过无数篇教案；当秘书的时候，我写过多篇讲话稿；当书记的时候，我写过数十篇的经验汇报。但我做梦也没有想到，今天我眼含泪水、双手发抖写下的是一篇忏悔书。此时，我的心都在滴血，真是百感交集，悲痛欲绝。我知道，这都是我自作自受、咎由自取。

我 2006 年初交流到凌河区工作，从副区长到区委书记，经历了 4 个工作岗位，干了整整 10 年的时间。我担任常务副区长之后，发现身边的"朋友""哥们儿"显著增多，有请我吃吃喝喝的，有邀请我洗澡、打麻将的，有约我唱歌娱乐的。这些所谓的"朋友""哥们儿"为什么愿意和我交往？为什么肯为我花钱？其中的道理是显而易见的。他们就是奔着我的职务来的，就是奔着我的权力来的。只是我当时"沉醉"其中，没有认真思考，没有防微杜渐，当我意识到这一问题的严重时，为时已晚。党的十八大后，中央出台八项规定，反对"四风"，我却仍然不收手、不收敛，没有畏惧党纪、没有畏惧组织、没有畏惧国法。在全区的干部大会上，我反复要求大家遵守规定，但当我讲这些话时，内心却是矛盾的，底气也是不足的。因为自己私下里依然偷偷摸摸地接受着"朋友""哥们儿"的宴请，只是组织上不知情而已。这实际就是典型的当面一套、背后一套，是严重的违纪行为。

每逢年节或家中有婚丧嫁娶事宜，下属、同事、朋友、企事业单位领导、个体老板均以慰问、看望、拜年为名，送给我礼金、礼品、消费卡。面对这么多的财物，我自己都搞不清楚是谁给的。说实话，刚开始的时候，我心里也害怕过，也为自己的行为感到脸红，感到提心吊胆。但是，随着时间的推移，日积月累，我慢慢地就习惯了、麻木了，直至把违纪违法行为视为一种"潜规则"，作为一种"办事收钱"、自然而然的习惯，到最后想收手都收不住了。权力曾经让我风光一时，权力也让我踏进了万丈深渊。我父亲是一名军队的老干部，他当年给我取名"为民"，是想让我执政为民，可是我却用公权力谋私，辜负了他老人家的期望。现在回想起来，真是悔恨交加！

组织对我立案审查后，我不但没有积极配合组织调查，反而为对抗组织审查，千方百计找关系拉拢市纪委领导和办案人员。在我的拉拢下，市纪委一名年轻办案人员和我建立了"哥们儿"关系,他帮助我将多笔银行查询信息进行篡改和删除,告诉我案件调查进展状况。当我感觉到组织上肯定要深查了,光靠一个年轻人不行时,就与其商量找一找领导,打听了解他们领导的喜好。我多次给领导们打电话、发信息,在他们住宅楼下等待。当被这些领导严正地拒绝后,我感到绝望,甚至产生了和他们同归于尽的错误想法。现在我明白了,要不是组织上及时地调查,及时地对我采取措施,避免我在违纪违法的道路上越走越远,我这辆刹车失灵的汽车早就不知道滑到哪里去了。

由于自己工作生活中的不检点、不规矩、不自重、不严守底线,以致错误不断,一犯再犯,不仅严重影响了日常工作,而且把好端端的一个家庭给毁了。想想自己即将受到党纪国法的严惩,想想自己即将面临的铁窗生涯,不禁潸然泪下。这是忏悔自责的泪水,是悔恨内疚的泪水,也是请求组织宽恕的泪水。

案件警示

德不配位,难以致远;德才兼备,方堪大任。习近平总书记曾多次强调,党员领导干部要明大德、守公德、严私德。不难想象,一个没有政治品德、社会公德、职业道德的人何以会忠诚于党和国家,造福于百姓?因此,在选人用人上,我们党也一贯秉持"德才兼备、以德为先"的基本原则。

回顾本案,"六项纪律全部违反"的邓为民可谓德行缺失的"典范"。

不明大德。 明大德,就是坚定理想信念、锤炼党性。"内无妄思,外无妄动。"理想信念一旦动摇,政治方向必然偏移,诱惑面前抵不住,风浪面前站不稳,出轨越界便不可避免。邓为民正是因为理想信念动摇,才会被金钱奴役,被美色和毒品迷惑,最终落得人人唾弃的下场。

不守公德。 守公德,就是要强化公仆意识,做到立党为公、执政为民。

守公德的首要,就是用好权力这个国家公器。辖区群众之所以认为邓为民"害民",就是因为他违背了为政者的公德,把公权力当成个人谋取私利的工具。《论语·颜渊》中说:"政者,正也。"为政者,必须首先做到身正立德,才能得到老百姓的拥护。

不严私德。严私德,就是要严格约束自己的操守和行为。有的党员干部觉得,私德只是私事,却不知,私德连着公德,家风连着党风、政风。正如邓为民的忏悔,"生活上的放荡,导致我工作低迷,不思进取,为了满足生活上的需要,想办法给自己捞钱"。放纵私德的结果就是底线的失守。反观一些落马官员,哪个不是不修私德,骄奢淫逸之下屡踏纪律"红线"、法律"底线",直至身败名裂,身陷囹圄?

德是一种内在修为,也是一个人的内在品质,也需要经历现实考验的锤炼。党员领导干部置身于社会洪流之中,必须经得起声色犬马等各种诱惑,党员干部要以"君子检身,常若有过"的精神来不断检视和修正自己。德更是一种外在表现,需要时时约束,常修为政之德,常思贪欲之害,常怀律己之心,做到心有所敬、行有所循、心有所畏、行有所止。

权力平时感觉不出,办私事谋私利时还真"管用"

基本案情

翟宝山,1963年4月生人,大学文化,1986年12月加入中国共产党。2017年7月,时任东营市地税局党组成员、稽查局局长的翟宝山因涉嫌严重违纪,被东营市纪委立案审查;2017年9月因涉嫌受贿罪被移送司法机关;2018年11月因受贿罪被判处有期徒刑10年6个月,并处罚金60万元。

1980年12月,年仅17岁的翟宝山步入社会,成为家乡广饶县交通局交通管理站的一名职工,后调至县税务系统,从最基层的税务干部干起,逐步成长为税务所副所长、稽征股副股长、直属分局副局长、县地税局党组成员、副局长、局长。2002年10月,翟宝山走出县城,升迁到中国第二大油田——胜利油田发现地、油田总部所在地东营市,任市地税局油田分局局长,由此也开启了他肆无忌惮、花式捞钱的疯狂人生,最终把自己"捞"进了无底深渊。

通融承揽工程　收取"好处费"

翟宝山说，反思自己的前半生，有一半时间跟捞钱有关。常言道：靠山吃山，靠水吃水。靠着到处流淌着财富的胜利油田，翟宝山自然凭着职位带来的权力，打起了油田工程的主意。一次，油田要上马一项消防工程，一企业老板闻讯后，立刻设宴邀请翟宝山，一番呼朋唤友、推杯换盏之后，老板道明缘由，请翟宝山出面斡旋通融承揽下这一工程，并"很懂礼节"地奉上现金10万元。翟宝山一口应承，并亲自向有关方面打招呼，在他的关照下，项目方奉命行事，该老板顺利拿下工程，待正式合同签订后，老板又送给翟宝山10万元。项目完工后，经老板请求，翟宝山再度出手帮助催要工程款，事成之后，翟宝山将9.8万元的"好处费"再次收入囊中。仅这一个项目上的"一条龙"操作，翟宝山就收获了29.8万元。油田每年大大小小的工程很多，只要有"朋友"开口求助，只要其中有利可图，翟宝山能出手时就出手，当然，他也如愿捞到了不菲的"好处费"。

介绍推销产品　收取"感谢费"

按理说，作为副处级干部，翟宝山的职位并不算高，但油田分局局长的岗位，却是大权在握。据统计，1994—2002年，胜利油田上缴地方税款达66亿元；2003年，为山东省贡献税收25.42亿元。仅从这一组数据，足见当年翟宝山职位的显要。他抓住手中的权力，不惜利用各种关系，做起了另一桩"买卖"——帮助朋友向辖区内油田单位推销茶叶、干果、服装等生活用品。事实上，油田各单位对翟宝山这样的无理要求非常反感，但谁都不敢得罪这位手握税收生杀大权的"税务长官"，只好违心答应。翟宝山曾两次帮助"朋友"向油田一企业推销茶叶，对此，该企业负责人很无奈地说："翟宝山向我提出推销茶叶时，我也很不愿给他办，但是我们集团下属好多家公司都在他的单位纳税，如果不答应，怕他会在征税工作中难为我们。"还有一位油田企业财务负责人表示："最反感这种向下面打招呼的行为，但没有办法，我们惧怕他手中的权力。"那些通过翟宝山获得了利益的人，也不忘送上"感谢费"，对此，他都来者不拒，照单全收。

帮忙催讨债务　收取"辛苦费"

翟宝山很忙，不是忙着收税，而是忙着"讨债"，但他不是竭尽全力地为国家收回账款，而是不辞辛苦地帮"各路朋友"讨要欠账。他在办公室时，经常是门庭若市，访客中有很大一部分是求他办事的。翟宝山对找上门来求他"讨债"的人，不论认不认识，都是有求必应，从不放过任何一次捞钱的机会。有一次，一位老板"朋友"找到翟宝山，请他帮自己的两个朋友催款，翟宝山根本不认识这两个人，却一口答应，并明确提出要一定的回扣，用来"跑关系"，最终帮他们要回了数百万元的欠款，他相应地也收到了高额的"辛苦费"，而他仅仅通过一个电话就解决了问题。一天，一位企业老板到翟宝山办公室请求他帮忙讨要油田一单位欠款，中间趁翟宝山出去办事之机，心领神会地留下10万元现金后离开。在翟宝山的直接过问和督促下，欠款很快拨付到位。翟宝山能够帮忙从油田单位催要欠款的事儿，在他的"朋友圈"里非常有名。因此，很多有需求的企业老板想方设法结交翟宝山，围前围后，百般逢迎，待翟宝山出面催要欠款成功后，自然对他的"辛苦""投桃报李"，"辛苦费"少则几万，多则十几万、几十万。

表面临时借款　实索"合伙费"

在翟宝山看来，我动用了权，为你办成了事，这是"合伙生意"，我的利益一分不能少。翟宝山曾经向油田一改制企业负责人打招呼，为一企业老板争取到了棚户区改造项目。他认为这个项目应该让该企业老板赚了大钱，之后不久，便先后两次以"借钱"的名义向该企业老板索要240万元。该老板表示欠款还没收回、公司资金比较紧张，试图搪塞过去。可翟宝山不依不饶，时不时地到该企业来，有时约上一些"朋友"到该企业食堂吃饭，创造机会当面向老板"借钱"，还多次主动提出可以帮着催要欠款。在翟宝山软硬兼施并承诺尽快还款的情况下，该企业老板最终很不情愿地将钱"借给"了他。但该老板心里很清楚，钱到了翟宝山的手里，必然有去无回。翟宝山的爱人喜欢炒股，遇有行情不好、资金周转不足的情况，她就通过翟宝山找到企业老板"借钱"，她心里非常清楚，这些老板们不会主动讨要借款，到自己手里的钱根本不需要还。2005年，翟宝山准备送孩子出国留学，他又看到了一个捞钱的机会，便找到一位老板朋友，以为孩子凑学费为由张口借走26万元，这一借就是十几年，直至案发尚在拖欠，翟宝山承认："实际上我也没有打算归还。"

无视党规党纪　照收"节礼费"

翟宝山只看到了权位带来的莫大利益，从未忌惮规制权力的党纪国法。党的十八大之后，他依然不收敛、不收手，顶风违纪，逢年过节照收礼金和消费卡，用他自己的话说，"已经收习惯了，收不住手了"。就在已经知道组织对他进行调查时，他依然大操大办儿子的婚事，向管理和服务对象打招呼发请帖，公然收受他们明显超出正常礼尚往来的礼金，借机敛财。他被查处后，执纪审查人员在他的工作笔记本上，发现涉及工作的记录内容不多，关于饭局却有详细记载，时间、地点、参加人员等等记录得都很清晰。经统计，2015年1月至2017年5月期间，他参加各类饭局900多场，几乎每天都有场，最多的一天多达5场。而这些都发生在中央三令五申、严查"四风"、严查违反八项规定精神的行为、狠刹吃喝风的期间。除了吃喝，翟宝山还酷爱打牌，甚至工作时间也在玩，有时在企业老板办公室，有时出入私人会馆。玩过之后，少不了吃饭、唱歌、桑拿……而这些消费都由老板"朋友"买单。

在翟宝山案件的公开报道中，像这样的违纪违法事实还有很多，可以说他把手中的权力用到了极致。曾经荣誉加身、风光无限的一级地方行政要员，在党的十八大以来的强力反腐背景下，贪婪行径尽数败露，最终受到了党纪国法的严惩。

忏悔录

权力是什么？权力是谁给的？权力应该用来干什么？权力用不好会导致什么样的后果？对于这些，我一直麻木不仁，总是奉行"权力平时感觉不出，办私事谋私利时还真管用"的歪理邪念。在这种错误的权力观的诱导下，我利用手中的权力，大肆捞钱，疯狂敛财，最终把自己"捞"进了无底深渊。

反思自己的前半生，"捞"字始终与我相伴。我在工作的几十年时间里，有一半时间跟捞钱有关，我把单位当成捞钱的"店子"，自己就是"店老板"。无论是作为市地税局油田分局局长，还是稽查局局长，虽然我的职务并不算高，但手中的权力却很大。因此，在我的身边聚集了一帮经商搞企业的"朋友"，我们经常凑在一起吃饭、打牌，谈论的也是如何赚钱。久而久之，我在不知不觉中萌生了与他们共同"捞钱发财"的贪念，彻底沦为"商圈"中的一员。

去哪儿捞钱？怎么捞钱？靠山吃山，靠油吃油——我盯上了油田这块大"蛋糕"。我身居油田分局局长要职，手握税收生杀大权，辖区内的油田单位自然敬畏我三分。我瞅准了他们的软肋，也找到了捞钱的门路，通过帮"朋友"向油田一些单位催要工程款、承揽工程、推销生活用品等方式，收受"好处费"。大到几千万的建设工程，小到几万、十几万的茶叶、干果、服装等日用品推销，我都是有求必应。自己办不到的，就托其他朋友帮忙，不放过任何捞钱的机会。尽管油田单位有关负责人对我的这些无理要求很反感，但都慑于我手中的权力，敢怒不敢言，只能答应。

而那些通过我的"通融"获得了项目、推销了产品、讨回了欠款的人，自然心甘情愿地向我好好"表示",小到几千元、大到一两万甚至几十万的"好处费",我都来者不拒,照单全收。

党的十八大以后,我没有收敛、收手,依然逢年过节收受礼金和消费卡,因为已经收习惯了、收不住手了。我现在是多么羡慕收拾房间打扫卫生的保洁员啊!她们可以自由出入,这种生活多么快乐!可我却没有了这些。

孙子还没出生,他的爷爷就坐了大牢,希望有一天我能从狱中活着出去,见见我那未曾谋面的孙子。我最放不下我的妻子、儿子和家人。我很后悔以前没有拿出更多的时间来陪家人,而是在外面过那种吃吃喝喝、灯红酒绿、纸醉金迷的生活。然而,世界上没有后悔药,今天的果都是昨天种下的因,这些都是我自己一手造成的,不仅毁了自己,也毁了家人。我现在才明白过来,可惜悔之晚矣。

案件警示

"权力是什么?权力是谁给的?权力应该用来干什么?权力用不好会导致什么样的后果?"身陷囹圄的翟宝山用迟来的反思、惨痛的教训,为广大党员干部、每一位公职人员敲响了警钟。

权力是什么?自古至今,中外学者对权力内涵的界定,众说纷纭,概括起来可以这样表述:权力是权力主体凭借一定的政治强制手段,在有序的结构中,对相对人的一种支配力和控制力,是职位、职权、责任和服务的内在统一。在翟宝山的忏悔中,他最终认识到自己一直以来对权力作了误读,把职位、职权带来的本属于国家的公权力当作办私事谋私利的"好用"工具,把单位当成捞钱的"店子",而忘记了一名党员领导干部的责任和为人民服务的公仆身份。这种错误的权力观也是一批批前"腐"后继者们曾经奉行的人生哲学。在缺少强力监督和制约的外在条件下,任性的权力犹如脱缰的野马,肆意践踏党纪国法,严重败坏了我们党和政府的形象。

在十八届中央纪委二次全会上,习近平总书记提出"把权力关进制度的笼子里",反腐败斗争进入用制度管控权力、全方位系统治理腐败的新阶段。

权力是谁给的?从本源上讲,权力来自人民;从现实获得角度来看,权力源于职位,个人职位的取得来自组织的培养。在翟宝山的成长道路上,组织曾给予他很高的荣誉,也将他从基层职员一步步提拔为副处级党员领导干部。可面对组织,他却一贯阳奉阴违,欺上瞒下,疯狂敛财十数年,毫无对组织的忠诚敬畏之心。2017年,在第一次面对组织谈话时,翟宝山不是主动承认错误,而是编造谎言,伙同两位企业老板一起串供,企图瞒天过海,失去了对组织老实坦白、真心悔过的机会。这种严重违反政治纪律、对抗组织审查、对党不忠诚的行径,等待它的必然是"抗拒从严"的法律后果。根据《刑法》第383第1款的规定,受贿数额在300万元以上的,应当认定为刑法的"数额特别巨大",依法判处10年以上有期徒刑、无期徒刑或者死刑,并处罚金或者没收财产。在法院的最后审判中,认定翟宝山受贿357.8万元,判处其有期徒刑10年6个月,可谓罚当其罪。

权力应该用来干什么?权力是人民赋予的,当然要为人民用好权,我们党也因此确立了全心全意为人民服务的根本宗旨。但从翟宝山奉行的"权力平时感觉不出,办私事谋私利还真管用"的人生信条中可以看出,他挖空心思琢磨的不是权为民用,而是权为己用,将手中的权力用来寻租,谋取个人非法利益。我国市场经济逐步确立并迅速发展的几十年里,权力寻租导致的腐败问题已经成了国家重点治理的社会顽疾。2018年出台的《监察法》明确规定,权力寻租作为职务犯罪的一种类型,由监察委员会进行调查,凸显了对此类违法犯罪行为的打击力度。翟宝山擅用权力花式捞钱的奢靡人生,终于止步于持续高压的反腐风暴里、不断密织的党纪法网中。

权力用不好会导致什么样的后果?这样的问题,想必被查处前翟宝山从未想过,不然他的贪腐行径也不会那样疯狂。权力是一把双刃剑,翟宝山滥用权力的结果,就是把权力的魔剑刺向自己,最终失去了他奋斗多年得到的一切：一是失去了政治生命。1986年入党，2017年9月被开除党籍；1980年参加工作，2017年11月被开除公职。31年党龄，37年工龄，光荣的履历化为历史的泡影。二是失去了人身自由。自由犹如空气，只有失去才知可贵。在被隔离审查的日子里，翟宝山才意识到自由的真正意义，甚至特别羡慕收拾房间打扫卫生的保洁员，"她们可以自由出入，这种生活多么快乐。"三是失去不义之财。被地方纪委立案审查后，翟宝山历年违规收受的礼金、违纪款303万元被收缴，犯罪赃款357.8万元被追缴，法院判决并处罚金60万元，苦心经营的巨额财富到头来落了个"竹篮打水一场空"。除此之外，他的余生不再有国家提供的各种退养保障，这些细算的经济账也是对贪财者的制裁。四是失去天伦之欢。在期盼孙子出生的日子里，翟宝山被隔离于高墙之内，只能寄望于风烛残年的狱后生活，疼爱孙子，陪伴妻儿。在狱中，翟宝山深深地忏悔："我不仅毁了自己，也毁了家人。"只可惜，悔之晚矣！

混淆"亲""清"关系，既想当官又想发财

基本案情

李雪平，男，汉族，浙江平湖人，1964年11月出生，1987年1月参加工作，1992年3月加入中国共产党，在职大学学历。曾任浙江省交通投资集团有限公司原党委委员、副总经理。

2018年7月，李雪平接受纪律审查、监察调查。

经查，李雪平违反政治纪律，与他人串供，提供虚假说明，对抗组织审查；违反组织纪律，在组织谈话、函询时不如实说明问题；违反廉洁纪律，违规与他人合伙经营获利，违规借用管理对象的钱款，影响公正执行公务；利用职务便利为他人谋取利益，非法收受巨额财物，涉嫌受贿犯罪。

李雪平身为党员领导干部和公职人员，丧失理想信念，毫无党性观念和廉洁意识，公器私用，把公权力变成谋取私利的工具，严重违反党的纪律，构成职务违法并涉嫌犯罪，性质恶劣，情节严重，应予严肃处理。依据《中国共产党纪律处分条例》《监察法》等有关规定，经中共浙江省委批准，

中共浙江省纪委、浙江省监察委员会决定给予李雪平开除党籍、开除公职处分；收缴李雪平违纪违法所得；将李雪平涉嫌受贿犯罪问题移送检察机关依法审查、提起公诉，所涉财物随案移送。

审查调查期间，李雪平对自己行为作了反思和检讨。李雪平在其忏悔录中剖析，自己作为党员领导干部，思想上的"总开关"出了问题，放松了自我要求，混淆了"亲""清"关系，多次与管理对象发生不正当经济往来，以虚假出资收取分红、以借款名义收受贿赂，走上掩耳盗铃的歧途，最终自毁前程。李雪平表示对不起组织，对不起家庭，对不起同事，真诚忏悔。

李雪平因犯受贿罪，被衢州市中级人民法院一审判处有期徒刑5年，并处罚金人民币30万元；对李雪平受贿所得赃款予以收缴，上缴国库。宣判后，李雪平当庭表示服从判决，不上诉。

私欲萌生：自己不做就亏了

回顾李雪平工作生涯的前半段，他在20世纪80年代从农村考入济南交通学校，随后成为一名交通建设的从业者，并逐步走上管理岗位，这其中离不开他个人的勤奋和努力，显然也十分励志。工作中的李雪平小心谨慎，曾经对身边的各种诱惑抱有强烈的警惕之心。然而随着职务的提升，一种微妙的心理变化悄然发生。李雪平在1995年担任浙江省路桥工程处机具材料站站长，1997年该机具材料站改为省交通工程建设集团第五工程处，他成为集团第五工程处经理。看到自己身边曾经的"小工头"一个个成了"大老板"，过着富足滋润的生活，而自己工作积极上进、能力不差，但是生活质量却差强人意。就是从这时开始，他的心理渐渐发生了变化。

围绕在李雪平身边的人不断向他抛出各种橄榄枝来引诱他，这也让李雪平进一步"自我催眠"：许多人都在做一些投资或经营性的业务，自己不做就亏了！正在这时，个体老板吕某某邀请他一起合伙购置工程机械设备出租，以此来赚钱。吕某某购买工程机械设备出租赚钱为何要找李雪平合伙呢？明眼人都能看出来，还不是吕某某看中了李雪平手中的职权？李雪平自己也十分清楚吕某某找自己合伙的原因，但是他明知故犯，因为这时的他已经动心了，他确实需要钱，也想要改善自己的生活质量，并且通过购置工程机械设备用于出租赚钱也是自己擅长的领域，所以二人"一拍即合"。此时的李雪平已经是浙江省交通建设集团的管理层人员，手中握有实权，与商人合伙经营租赁业务就是违规操作，为了掩人耳目，李雪平决定用妻子的名义与吕某某合伙筹资购买设备。就这样，从1999年至2007年间，李雪平通过违规经营工程机械设备租赁业务获利数百万元。除此之外，为了感谢李雪平利用职权在设备租赁业务上的帮助并谋求继续关照，吕某某还将自己在合作协议中约定应得的个人收益，分一部分给李雪平，而李雪平也自认为出了不少力，有理由收下这份好处，因此陆续收下了94万余元。

欲望的口子一旦撕开，便一发不可收拾。

2010年初，当吕某某再次找到李雪平，想与其合作成立一家路面养护工程公司时，尝到过甜头的李雪平马上同意，并故技重施，让哥哥李雪红挂名入股，而实际出资人则是吕某某。2012年，公司首期利润分红，一分钱都没出的李雪平拿到了45万元。

贪腐升级：以借为名敛钱财

李雪平在忏悔书中承认："那时随着自己职务提升，没有正确对待当官和发财之间的关系，既想在国企中做高管又想发财的错误思想越来越严重，有时候已经麻木不仁、听之任之。"慢慢地，"合伙经营"已经满足不了李雪平的胃口了，他总认为管理服务对象靠着自己挣钱、发财，就老是想从他们那里弄点好处。他变得何其贪婪！明着收老板们的钱财是绝对不行的，李雪平也不敢收，但是他老想着打擦边球，规避风险。于是，他想到了"以借为名"，万一被发现就退回去，再支付一些利息，最多受点处分。

2004年，李雪平在担任申嘉湖杭高速公路有限公司董事长时，曾帮过一个个体老板郑某某，事成之后郑某某就送来了 50 万元现金，被李雪平退回。后来郑某某一直表示，如果以后经济上有困难，尽管找他。李雪平一直记着这句话。2006 年 6 月，李雪平的"连襟"需要钱周转，李雪平向郑某某借了 200 万并约定还款时间，但是还款时间到了之后，李雪平却一直没有归还郑某某。直到 2011 年浙北高速系列贪腐案件案发后，李雪平才赶紧从别人处借了 200 万元还给郑某某。2012 年 9 月，李雪平以儿子去国外读书需要存款证明为由，向郑某某借款 100 万元。但是李雪平在儿子出国后一直未归还这笔借款，并且还进行投资，直到郑某某明确表示不用归还。李雪平后来坦言，其实自己并不是没有能力还这些钱，就是一直舍不得将已经到手的钱拿出去。"说白了，还是觉得自己帮过这些老板很多忙，他们也都明确表示过不用还钱，因而老是想着从他们那里弄点好处。"正是在自己亲手挖的坑里，李雪平越陷越深。

自作聪明：自欺欺人终沉沦

当面一套，背后一套。李雪平担任领导干部 20 多年里，一直极力对外营造自己"很廉洁、很守规矩"的形象，不收管理服务对象送的贵重物品和任何现金。有人曾送来一根象牙雕品，他让办公室工作人员退回；有人以送茶叶的名义将数十万元现金放在车上，他发现后也让对方拿了回去。同时，每年他还会将收到的礼卡、购物卡等上交廉政账户。不过，李雪平内心深处的贪欲却一直在滋长，"总认为管理服务对象靠着我们挣钱、发财，老是想从他们那里弄点好处"。并且总觉得自己的手段隐蔽、计策高明，万一出现什么问题，也有办法解决。

正是在这种错误思想的诱导下，李雪平一次次错失组织给予的机会。

2015 年，浙江省委巡视组巡视省交投集团。当时，李雪平担心自己以哥哥名义收受吕某某所送公司股份的事情败露，便自作聪明与吕某某伪造协议，企图掩盖事实真相。

2017 年 4 月，浙江省纪委对李雪平进行函询，要求其说明其兄投资入股的情况，李雪平与吕某某又根据之前起草的假协议，伪造了一份股权转让协议。当年11月发现自己被限制出境后，李雪平又赶紧让其兄在伪造的股权转让协议上签字。

不仅在省纪委函询时矢口否认，后来在省交投集团党委书记受委托与其谈话时，李雪平也没有如实说明自己与吕某某等人之间的不正当经济往来问题。

直到自己被浙江省纪委监委审查调查后，李雪平才开始正视自己一直以来在思想上、行为上所犯的种种严重错误，并在悔过书上连续写下"对不起组织、对不起家庭、对不起同事"的忏悔。

然而，正如李雪平自己所写的，这个世界上"是没有后悔药的"。

忏悔录

我1984年9月从农村考入济南交通学校，1987年1月参加工作，从一个农村娃开始成为一名交通建设的从业者和管理者。从浙江省路桥工程处机具材料站站长，到省交通工程建设集团副总经理，浙北高速公路管理公司党委书记、董事长，再到省交通投资集团有限公司党委委员、副总经理，一路都是由组织关心、培养着。2018年7月，我因严重违纪违法并涉嫌受贿犯罪，接受纪律审查和监察调查。通过办案人员的教育，我对自己的违纪违法行为进行了深刻反思和忏悔。

我与某些个体老板交往过程中，明知他们看中的是我的职权可以为他带来的实实在在的利益，还是明知故犯，抱着侥幸心理，变了个形式掩人耳目。在具体分配利润时，明知他们是为了与我搞好关系，借这个理由送钱给我，让我们一直合作下去，我竟然贪心地同意了。此时我明知已入歧途，却因贪欲不悔改；明知已违纪违法，却不止步。而且在组织一而再、再而三地为挽救我而要我自己讲清问题时，我一味拒绝组织的关心和帮助，欺骗组织，对抗组织审查，这时注定已没有回头路了。

今天，我在这里接受组织审查，面对着鲜红的党旗，我猛然醒悟，但为时已晚。痛定思痛，我总结自己一步步滑向犯罪深渊的原因主要有以下几方面。

放松政治学习，导致世界观、人生观、价值观扭曲。刚开始，我深深地感到自己所从事的职业的责任感和使命感，时时刻刻提醒自己积极工作，争取用更大的成绩来回报组织、社会和人民。但随着职务提高、权力增大，学习却没有跟上，思想认识水平不进反退，造成思想上的"总开关"出了问题，而落得个如此下场。

混淆"亲""清"关系，既想当官又想发财。国有企业领导干部与管理服务对象、私人老板之间的关系要有界限和底线，一旦相互之间跨越界限，平时勾肩搭背、称兄道弟、不分彼此，迟早要出事。我就是"亲""清"不分，既想当官又想发财而犯了错。那时随着自己职务提升，没有正确对待当官和发财之间的关系，既想在国企中做高管又想发财的错误思想越来越严重，有时候已经麻木不仁、听之任之。明着收老板们的钱财绝对不行，我也不敢这么做，老是想着打擦边球，所谓"规避风险"。而且我总认为管理服务对象是靠着我们挣钱、发财的，就老是想从他们那里弄点好处。

法律意识淡薄，丧失纪律底线。千万不要只顾业务上的精益求精，而在廉洁自律上不顶真、不较真，应该认真地研究和把握好底线，廉洁不仅仅是不收人钱财的问题，还要我们在为人民服务时要忠诚、干净、有担当。而我在这三方面尽失，一步错步步错，最终自毁前程。

组织观念缺失，没有及时把握组织给予的机会。成为一名中国共产党党员是非常光荣和幸福的，要牢记自己加入这个组织时的誓言和初心，要始终相信组织，依靠组织，只有相信和依靠组织才是正道。平时千万不要什么问题都用自己的办法来解决，老是认为自己比别人高明，有时以为自己的方法是正确的，实际上却是自欺欺人，我就是犯了这方面的错误。

我对不起组织、对不起家庭、对不起同事。

案件警示

一身正气，两袖清风，这是对领导干部的基本职业要求。近年来，一批"老虎"落马，众多"苍蝇"被拍。他们既想做官，又想发财，贪得无厌，欲壑难填，最终受到了党纪国法的严惩。

官是官，商是商，两者所从事的职业不同，所发挥的作用亦不同。正所谓"官有官道，商有商道"。共产党的干部是人民的公仆，其权力是党和人民赋予的，只能用来全心全意为人民服务。公仆不是老板，领导工作不能以发财为目的。党的性质和宗旨决定了党员干部必须坚持"情为民所系、权为民所用、利为民所谋"，必须把廉洁自律、为官清廉作为不可逾越的底线。然而现实中，却出现了个别领导干部与老板比富的"官场病"。

2008年3月，《人民论坛》杂志发布的一份调查报告结果显示，导致领导干部落马的最重要原因之一就是心态失衡。少数领导干部渴求当官发财，但是现实中，靠官员的工资收入肯定无法实现发财的目标，但是这些干部又想过上老板们那样富足滋润的生活，在这种对比中，如果领导干部的精神缺"钙"、意志薄弱，不善于自我调节，那么心态失衡就是必然的了。再加上不严于律己，堕入贪腐深渊就只是时间问题了。

廉贪一念间，荣辱两重天。党员干部特别是领导干部要加强自律，同时也应当从制度上建立"不敢腐"的惩戒机制、"不能腐"的防范机制、"不想腐"的保障机制。

加强政治理论学习，坚守初心和使命。古语云："贪如火，不遏则燎原；欲如水，不遏则滔天。"党员干部特别是领导干部要加强理论学习，拧紧思想上的"总开关"，明确自己的角色定位，筑牢拒腐防变的思想防线，坚持清白做人、干净做事、坦荡为官。

习近平总书记曾指出，"马克思主义政党的先进性和纯洁性不是随着时间推移而自然保持下去的，共产党员的党性不是随着党龄增长和职务提升而自然提高的。"李雪平职务提高、权力增大后，理论学习却没有跟上，思想认识水平不进反退,造成思想上的"总开关"出了问题,世界观、人生观、价值观发生了扭曲。因此,每位党员都要在思想政治上不断进行检视、剖析、反思,不断去杂质、除病毒、防污染,做到不忘初心、牢记使命。

厘清当官与发财的关系,树立正确的从政理念。 2015年1月12日,习近平总书记在中央党校县委书记研修班学员座谈会上讲话指出,鱼和熊掌不可兼得,"当官""发财"两条道,当官就不要发财,发财就不要当官。要始终严格要求自己,把好"权力关""金钱关"和"美色关",做到清清白白做人、干干净净做事、坦坦荡荡为官。李雪平在分析自己犯罪的原因时指出,我就是"亲""清"不分,既想当官又想发财而犯了错,甚至看到有人在做一些投资或经营性的业务,觉得自己不做就亏了。

事实上,这种怕"亏"心态,只不过是"李雪平们""自我催眠"的借口,归根结底还是"利"字当头、私欲膨胀。眼里识不破小利大害,肚里忍不过美味诱饵,思想"堤坝"迟早出现裂口。正因如此,他们逐渐把党性原则和理想信念抛之于脑后,将个人利益凌驾于纪律规矩之上,开始肆无忌惮地追求物质享受,放纵自己的行为,与不法商人勾肩搭背、称兄道弟,混淆了"政""商"界线,背离了"亲""清"要求,一步步坠入了贪污敛财、违纪违法的深渊。

"为官"与"发财"如同鱼和熊掌,二者不可兼得,这已经成为常识。因此,领导干部要树立正确的从政理念,加强价值观、权力观、利益观教育,坚持"当官就不要发财,发财就不要当官"的从政理念。除此之外,领导干部还要树立良好的家风,摆正权力与亲情、党风和家风的关系,加强对配偶、子女和亲属的教育、管理,决不允许他们利用自己的影响经商谋利、大发不义之财,构筑起防止干部及其家属贪腐的"防火墙"。

加强对权力的制约和监督,将权力关进"制度的笼子"。 一切公职人员必须"在公众监督之下进行工作",这样"能可靠地防止人们追求升官发财"和"追求自己的特殊利益"。党的十八大以来,一系列"干部禁令"有效实施,基本截断了部分领导干部"当官发财"的路径。不少人能感到公权力越来越受到党纪法规和各界的监管,而且"手莫伸,伸手必被捉","有腐必惩、有贪必肃"已成贪污腐败者的必然结果。

党的十九届四中全会通过《中共中央关于坚持和完善中国特色社会主义制度、推进国家治理体系和治理能力现代化若干重大问题的决定》,对坚持和完善党和国家监督体系,强化对权力运行的制约和监督作出重要部署,强调必须健全党统一领导、全面覆盖、权威高效的监督体系,构建一体推进不敢腐、不能腐、不想腐体制机制,确保党和人民赋予的权力始终用来为人民谋幸福。

在标本兼治的反腐败斗争方略中,不敢腐、不能腐、不想腐三者承担不同职责,发挥不同功能。不敢腐,侧重于惩治和震慑,让意欲腐败者在带电的高压线面前不敢越雷池半步;不能腐,侧重于制约和监督,让胆敢腐败者在严密的制度和强有力的日常监督中无机可乘;不想腐,侧重于教育和引导,着眼于产生问题的深层原因,让人从思想源头上消除贪腐之念。只有一体推进不敢腐、不能腐、不想腐体制机制建设,以治标促进治本、以治本巩固治标,才能发挥不敢腐、不能腐、不想腐体制机制最大的优势,不断巩固风清气正的政治生态。

我给组织部这个单位抹了黑

基本案情

李涛,男,1955年12月出生,党校研究生学历、学士学位,1973年5月参加工作,1977年8月加入中国共产党。曾任黑龙江中医学院学生辅导员,团委副书记,省委组织部副处级巡视员,组织指导处副处长、处长,伊春市委常委、组织部部长,黑龙江省农垦总局党委副书记(兼总局政法委书记)等职务。2014年4月15日,时任黑龙江省农垦总局党委副书记的李涛被开除党籍、开除公职,并移送司法机关。经法院审理查明,2005年至2012年,李涛利用担任伊春市委常委、组织部长及省农垦总局党委副书记兼政法委书记职务的便利,非法收受和索取他人钱款折合人民币102万余元,判处其有期徒刑10年6个月,并处没收个人财产10万元。

积极奋进的前半程

1973年5月,出生在干部家庭、年仅18岁的李涛,积极响应国家"上山下乡"的号召，来到黑龙江省绥化市明水县友爱公社当知青，后调到省涝州鱼种场和哈尔滨市郊区王岗公社畜牧场。在青年点，年纪不大、长相清秀的他，却有着超出年龄的成熟与韧劲，干起活来手脚麻利，能吃苦、不怕累，事事争先，也因此被推选为青年点点长。1977年，他因劳动积极、思想进步，光荣地入了党。当年，全国恢复了高考，从小受过良好教育的李涛，看到了改变命运的更大希望。他在劳动之余刻苦读书，终于以优异成绩考入了黑龙江中医学院。在校期间，他如饥似渴地学习专业知识，学业成绩十分优异，在大学三年级的时候，就被学校聘为代课老师，边读书边教书，毕业后直接留校任教并兼任辅导员。1983年7月，李涛升任校团委副书记，成为大学里最年轻的副科级干部，开始了他辉煌的人生起点。

1983年11月，黑龙江省委组织部向能力出众的李涛敞开大门，风华正茂的他从此步入仕途，拥有了在更高的平台锻炼成长的机会。他不负组织的信任与培养，从副科级巡视员干起，历任正科级巡视员、副处级巡视员、组织指导处副处长、处长，在每个工作岗位上，他都能恪尽职守，谨言慎行，在省委组织部这个"人才的摇篮"里稳健成长，组织也对他寄予了更高的期望。

闪转腾挪的新开场

2003年6月，48岁的李涛因业绩卓著被委以重任，出任伊春市委常委、组织部长，虽然从事的依然是组织人事工作，但身份不同，手中的权力也随之发生了巨变，这让工作上一贯低调严谨的李涛始料未及。

身为市委组织部长，李涛掌握着市县两级官员的人事任免权，因此也成了当地许多干部追捧的目标。有些人寻找各种机会，制造各种理由，与李涛拉关系、套近乎，为个人升迁打通道路。初到伊春，李涛保持了在省组织部多年养成的严谨作风，对送到面前的钱物毫不动心，甚至对讨好、巴结者非常反感，逢年过节他尽量不在伊春待着，或者关闭手机，不给送礼者机会。偶有躲不过去的，也会叫人送回去，体现了一名领导干部应有的风范，一度在当地赢得良好口碑。加之其工作勤勉，伊春市委组织部工作面貌一新，跃居全省前列，还曾荣获全国基层先进党组织荣誉。

可惜，李涛没能够把他的清廉本色保持下去，一番推挡之后，一些送礼之风不断袭扰着他原本安静的生活，久而久之他的内心开始发生了变化，渐渐接受了"逢年过节收点礼金是正常的人情往来"的病态规则。2004年春节前的一天，他推辞不过，收下了下属某县组织干部孙某塞给他的3000元，这着实让李涛忐忑了好长一段时间，但最终私欲战胜了原则，侥幸蒙蔽了谨慎，也从此陷入越来越深的泥潭。

内心溃败的余生路

廉洁的防线一夕失守，欲望的闸门一旦松动，腐化堕落的滔滔洪流便一泻千里，一发难收。

逢年过节收受礼金。据《中国纪检监察报》报道，在担任伊春市委常委、组织部长期间，李涛收受82名伊春市干部所送礼金251.5万元；担任黑龙江省农垦总局党委副书记后，收受19名农垦系统干部所送礼金25.1万元。

提拔干部收受贿款。2009年伊春市嘉荫县拟提任一名副县长，时任铁力市铁力镇党委副书记、镇长的崔某某进入组织视线。在等待几个月未见任命后，崔某某担心自己的进步"卡"在组织部长李涛那里，便特意去拜见了李涛，并将一个装有2万欧元的信封放到了李涛的办公桌上。事实上提拔崔某某的组织程序已经走完了，崔某某很快就如愿以偿当上了嘉荫县副县长，而李涛对这笔意外之财心存侥幸，自然收入囊中。

为人办事获取回报。2007年，时任省林业第二医院党委副书记、院长的张某某为解决医院人员配置老龄化问题，想在单位内部提拔一些年轻干部，得到了李涛的关照。转年5月，李涛去中央党校学习期间，张某某筹集了5万元人民币，亲赴北京交到李涛的手上。

凭恃官位索要财物。2005年上半年，李涛以部里准备购买一套照相器材需要10万元人民币为由，请时任南岔区党委副书记、区长林某某帮助处理一下。当时,林某某很为难,但他和时任区委书记牛某某一商量,慑于市委组织部部长的位高权重,不得不答应,李涛如愿以偿地得到了10万元人民币,但并未购买任何摄影器材,而是直接揣进了个人腰包。

转岗农场继续渔利。2010年2月,李涛从宜春市组织部长调任省农垦总局党委副书记,回到了省城。同年11月,时任省农垦总局齐齐哈尔分局原党委委员、查哈阳农场原场长李某某为了讨好这位顶头上司,斥资62万元购买了一辆奥迪A6轿车,落户到朋友名下,"借"给李涛使用,李涛丝毫没有推托。2011年5月,李涛对已经非常熟络的李某某提及想把江北的别墅装修一下,让李某某攒点钱,需要一百五六十万,出手阔绰的李某某送来200万元。李涛用70万元交付当时住房首付款,剩余130万元则被存放在他办公室卷柜内,直到2013年6月,得知李某某被审查,李涛才将轿车和200万元人民币归还给李某某,但这一切为时已晚。

就这样,一个少年得志、勤勉半生、口碑颇佳的组工干部,在走上重要领导岗位之后,行差踏错,自毁前程,终将在十年囹圄之中忏悔过往人生。

忏悔录

经过这段时间的深刻反思,我认识到,我之所以走到今天,完全是放松了世界观改造和政治理论学习,无视党纪国法,私欲膨胀,法制观念淡漠的结果。是我辜负了党组织多年的培养,辜负了省委组织部老领导和同事的信任,辜负了家人、朋友的期望。

回想自己的成长历程,我从一名知青考上大学,步入省委机关工作;从一名普通的工作人员一步一步走上了地厅级领导岗位。这是组织多年培养,更是领导和同志们帮助与支持的结果。在省委组织部的20年是我最难忘的20年。我最好的年华在组织部,成长也在组织部,所以,沦落到今天这步,最愧对的也是组织部。我给组织部这个单位抹了黑。

2003年，我到伊春任职后，本应恪守党员领导干部廉政规定，努力做好本职工作。事实上我却没能很好地把握住自己，把党组织赋予的权力变成了谋取私利的工具。

由最初接受他人钱财时的紧张不安，逐渐变为后来的习以为常；由开始的逢年过节接受礼金，到后来的为人办事收人钱财。收受的数额也开始由少变多，我的胆子也越来越大。但这些违纪违法行为，都被我自我安慰地定义为"正常的人情往来"，我在自欺欺人和心存侥幸中，由人民的公仆退化为人民的罪人。

我深知，我的错误是严重的，而且罪责难逃，必将受到党纪国法的严厉惩处，这是我罪有应得。事到如今，我谁都不怪，就怪自己。在廉政风险高的岗位工作的干部多了，面对各种诱惑，许多人很有定力，做得很好。而我，根本原因还是自己主观上出了大问题。

过不了多久我就60岁了，本该回家安度晚年、尽享天伦之乐，可是……现在能判多少年我不知道，能不能活着出狱也不知道……但我由衷地希望，组织能给我改过自新、重新做人的机会。在此由衷地劝告在职的领导干部以我为戒、警钟长鸣，慎用权力、珍惜自由。须知，小节不守，终将大劫难逃啊！

案件警示

看过李涛的人生履历，不禁为这个成长于"干部摇篮"、深得组织信任的组工干部背离初心、误入歧途而扼腕叹息。党的十八大以来，党中央以零容忍态度惩治腐败，其中选人用人上的腐败问题成为重拳惩治的重中之重，曾任职组织部门重要岗位的一批领导干部纷纷落马，如十八大后落马的河北省委常委、组织部部长梁滨，曾历任浙江湖州市和省委组织部部长的斯鑫良、曾搭档苏荣时任江西省委组织部部长的莫建成……

"为政之道,首在用人。"用人腐败是最大的腐败,是一个地方政治生态遭到破坏的根源。从近年来查处的腐败案件看,选人用人上的失当,会引起官场腐败的众多现象。

塌方式腐败。2014年4月李涛被调查时担任黑龙江省农垦总局党委副书记兼政法委书记,在其前后的中央巡视组巡视黑龙江期间,省农垦系统有多名高层领导干部被查,如绥化管理局原局长、黑龙江省农垦总局原副巡视员于胜军,九三分局原党委副书记、局长张桂春,北安管理局原党委书记许先珠,齐齐哈尔管理局原局长杜增杰,随着长期担任黑龙江省农垦系统一把手的隋凤富落马,黑龙江农垦系统的塌方式腐败完全浮出水面。在隋凤富主政期间,黑龙江省人大通过了《黑龙江省垦区条例》,赋予省农垦行政执法权,总局一把手权力达到了极限,总局下属局、场长的任命,都由隋凤富这个一把手来定夺,选人用人上的绝对权力导致了系统性塌方式腐败,他在下属职务晋升、工作调动及承揽工程、产品推广等方面大肆受贿,最终获刑11年。选人用人上的大权独揽,成了官员腐败的"污染源"。

带病提拔。"风起于青萍之末,浪成于微澜之间。"一个干部的腐化堕落并非一朝一夕的沉沦,往往是日积月累,越陷越深。翻开落马官员的成长史,相当一部分人都是"带病提拔",小错不察,终酿大祸。如十八大后首名落马省部级官员、四川省委原副书记李春城,从1999年任成都市副市长开始,就利用土地开发、工程承揽等事项谋取私利,历时13年,步步升、步步贪;广东省委原常委、广州市委原书记万庆良,一直被诟病,仕途上却一路凯歌高奏;济南市原市委书记王敏,"带病提拔"的历史甚至超过20年。在干部成长的道路上,需要组织部门的严格管理、严格考核、严格把关,把有问题的干部及时筛查出来,这既是对党的事业的高度负责,也对犯错误干部的及时挽救。很多落马后的官员都曾痛心地表示,他们一开始做错事的时候也曾担惊受怕,但组织上没人提出质疑,也没耽误个人提拔,久而久之自己也就心安理得了,胆子也越来越大了。选人用人上的失职失责,成了官员腐败的"助推剂"。

圈子文化。习近平总书记曾严肃指出:"党内决不能搞封建依附那一套,决不能搞小山头、小圈子、小团伙那一套,决不能搞门客、门宦、门附那一套,搞这种东西总有一天会出事!"李涛在担任伊春市委组织部部长时,许多干部都千方百计地接近他这位直接掌握人事任免大权的地方要员,目的只有一个——在日后提职时得到关照。在他担任市委组织部部长的七年多时间里,他身边的人有的被提拔,有的被重用,有的被他"扶上马,又送一程"。纵观这种"圈子文化",大都以利禄相交,升迁相附,在一起大搞亲亲疏疏,吹吹拍拍,吃喝玩乐,利益勾连。有的人在"小圈子"中找到归属感,庆幸自己抱住了大腿、找到了靠山,有的以"圈子"中的老大自居,得意于众星捧月般的自我陶醉中,迷失在"一荣俱荣"的幻境里。选人用人上的拉帮结派,成了官员腐败的"连环套"。

官场逆淘汰。"能者上,庸者下。"求才以正,任人唯贤,这是健康政治生态应有的路径。可现实之中,有些人金钱开路跑官要官,广罗关系利益置换,清正廉洁的干部没有升迁"资本",唯利是图之辈大行其道。针对某些领域存在的官场逆淘汰现象,许多干部对此深恶痛绝。干部任用中的"逆淘汰"现象一旦出现,就会产生一系列"破窗效应":如果"不跑不送,原地不动;又跑又送,提拔重用"成为潜规则,这势必助长干部队伍中的投机性,看背景、走关系、拼财力成为谋求进步的"硬实力";不以能力水平、工作实绩和人格品质作为权衡进阶的重要考量,那些老老实实、任劳任怨、敬业奉献的干部只能"坐冷板凳",只会干事创业的人会被"边缘化";以金钱、关系谋取官位者,一旦职权在手,工作岗位就成了变本加厉捞回成本的工具,贪腐早已是他必然的选择;那些不靠真才实学只靠关系上位的干部,平日工作里尸位素餐,攻坚克难时胸无点墨,既影响党的事业,又抹黑干部队伍形象。选人用人上的劣币驱逐良币,成了官员腐败的"照妖镜"。

用人的腐败是最大的腐败,用人失败是最大的失败。习近平总书记在庆祝建党95周年大会上的讲话强调:"伟大的斗争,宏伟的事业,需要高素质干部……坚决防止和纠正选人用人上的不正之风,把党和人民需要的好干部培养起来、及时发现出来、合理使用起来。"十八大以来,党中央大力加强干部选拔任用制度建设,先后出台了《党政领导干部选拔任用工作条例》《推动领导干部能上能下若干规定(试行)》《关于防止干部"带病提拔"的意见》等一系列规范性文件,从选人用人的深层次变革破解吏治腐败问题,并将其作为强化"不想腐"的战略举措,筑牢制度之基,以增强党的干部队伍的生机和活力。

当我手中有了一定的权力以后，就忘乎所以了，没有慎用权、用好权

基本案情

危金峰，男，汉族，1962年2月生，广东平远人，1985年7月入党，1978年2月参加工作，广东省委党校政治经济学专业毕业，党校研究生学历。原任广东省财政厅党组成员、副厅长。任职期间，危金峰利用职务之便和职务影响，通过非法倒卖土地为他人谋取利益，先后多次收受他人贿赂。其家庭财产达7000多万元人民币，其中收受他人贿赂和非法获利3000多万元，另有4000多万元无法说明来源。2012年6月因涉嫌严重违纪，危金峰接受组织调查。2012年10月被开除党籍和公职。2014年广东省高级人民法院作出终审判决，认定危金峰犯受贿罪，判处有期徒刑14年，并处没收财产2000万元，犯巨额财产来源不明罪判处有期徒刑5年，决定执行有期徒刑17年，并处没收财产2000万元。

"我是农民的儿子……"危金峰在其忏悔录开头如是说到。从农民的

儿子成长为省财政厅副厅长的危金峰，每一步都走得稳稳当当、扎扎实实，然而仕途的顺遂却让危金峰忘记了自己的初心，对金钱的欲望逐渐侵蚀其肌肤直至深入骨髓，危金峰利用手中的权力上演着一幕幕令人瞠目结舌的贪腐闹剧。

欲望满身久贪成精

出身农村的危金峰在35岁时迎来了政治生涯的转折点，当年他调至广东省财政厅工作，任农业处主任科员。官职不大，但"手中有了一定权力以后，奉承、巴结的人多了，自己开始飘飘然，放松了警惕"，"贪念和私欲随之而来"。1997年5月的一天，危金峰告知顺德华通户外家具有限公司经理杨某，他有车辆入牌指标，需要17万元，问杨某要不要。杨某表示需要，其后便购入一辆宝马车。见杨某买车后，危金峰却出尔反尔，挟车要价说要25万元才能办理车牌，杨某无奈只好同意。危金峰利用自己的关系获得上牌批文，杨某按照之前所说用塑料袋装了25万元现金给危金峰。这是危金峰第一次收受大额现金，欲望的闸门一旦打开想关也关不住，只得任凭欲望的洪流倾泻。此后，危金峰变得肆无忌惮，玩起各种贪腐手段来更是"得心应手、驾轻就熟"。

2008年某企业计划上市，为拉拢危金峰并利用其手中的审批权，该企业老板许以原始股作为回报。危金峰直截了当地问："如果上市成功了，假如说是20万股的话，大概市值400多万啊，这么多钱，你怎么送啊？"该老板心领神会。很快，老板就按危金峰的要求将30万股原始股登记在危金峰的岳母名下。危金峰不仅公然大肆索贿受贿，对红包更是来者不拒。在其任财政厅副处长以后，节假日期间收受有关市县领导干部和财政系统人员送的红包共计数百万元，仅2012年春节前后，就收受27人次所送礼金70余万元。久贪成"精"，后来的危金峰甚至练就了通过拎重来估测红包金额的"本领"。更为猖狂的是，如果别人送的红包达不到其心中标准"重量"，危金峰甚至会厚颜无耻地当面呵斥。就这样，危金峰一步步走向腐败的深渊。

上下勾结玩弄权力

"权力是把双刃剑,用得好,就能为老百姓办事,为人民造福;用得不好,那就是祸害、灾难。"危金峰自己对于权力的认识不无道理,但是他还是站在了人民对立面,将手中的权力变成了谋私的工具。在担任省财政厅工贸发展处处长至财政厅副厅长期间,危金峰负有监督和管理省财政扶持企业资金、企业亏损补贴、税收返还等专项资金的职责,手握财政资金审批大权。手里的"肥肉"分给谁、分多少完全就凭危金峰的一句话。当然,谁能吃上这一块块的"肥肉",免不了又是一张张的利益网。危金峰帮助某建材公司获得财政扶持资金共900多万元,公然索要"好处费"300多万元;危金峰帮助某工业电器公司获得扶持资金100多万元,事后索取贿赂50万元;危金峰帮助广州梅州老板陈某某多次获得财政专项资金补助共计890万元,陈某某先后四次行贿危金峰325万元……

更令人咋舌的是,危金峰与有关市、县财政系统和受惠企业上下勾结、"沆瀣一气",打造了一条以财政审批权为核心的腐败链条。专项扶持资金审批最基础的一步在于申报企业所在地财政部门进行资格审核,当地财政部门还必须对此出具部门意见后才能上报省财政厅审批。可见,危金峰要变现手中的审批权,市县财政局这一关是不可缺少的环节。于是,有关市、县财政局人员帮助企业向省财政厅提交申报材料,经由掌握审批权的危金峰帮助并顺利获得财政资金。市县财政局人员从企业收受"好处费",再从中拿出一部分送给危金峰。一条看似完美的腐败链条就此生成,殊不知任何以欲望、金钱交织的利益结合体终不堪一击。

家族腐败触目惊心

危金峰不仅自己大搞钱权交易,其妻子、岳母、兄弟、兄妹等亲属更是为危金峰出谋划策,甘当"幕僚",上演着"贪腐一家亲"。

为了拉拢危金峰，某公司送了其 30 万股原始股，危金峰的妻子就以自己母亲的名义收受，并亲自办理手续。为了方便收赃、转赃，其妻利用朋友的身份证开户存钱，再通过他法转移赃款，可谓无所不用其极，充当着危金峰的得力"助手"。后"东窗事发"，听闻纪委摸排调查的风声，危金峰整个家族忙于销毁证据，伪造相关收据，进行串供，还威胁其他相关涉案人员不要乱说话，否则对其不利。危金峰的妻子还利用自己的公职身份和人脉关系，四处为丈夫刺探"情报"。

忏悔录

我是农民的儿子，出生在粤东北的一个小山村里，从小渴望走出大山。大学毕业后，我一步一个脚印，走上了厅级领导干部岗位，担任广东省财政厅副厅长。我本来应该在这个岗位上更好地为党和人民工作，但是，我不珍惜党的培养教育，不珍惜领导的爱护和栽培，不珍惜同事的信任和帮助，没有绷紧思想上廉洁自律的那根弦，做出了违纪违法的事情。时至今日，我后悔莫及，并且剖析原因如下。

法制观念淡薄，身为厅级干部还是法盲。 工作几十年来，我虽然法律知识学得不少，但法制观念仍然十分淡薄，十分缺乏法律常识，不知道哪些是违法行为，身为厅级领导干部还是法盲一个。当萌发贪欲时，没有想到用法律规范自己的行为。如收受一家公司原始股一事，我根本不知道这触碰了红线。

党纪观念差，对纪律教育应付了事。 党风廉政建设的一系列文件规定，旨在让领导干部遵纪守法。但是，由于自己不重视，对纪律教育总是应付了事，对自己的违纪行为放任自由。如收受红包的情况，中央、中央纪委明确规定严禁国家工作人员利用职务之便收受红包，省纪委制定了各项严格的规章制度，省财政厅抓落实的力度也很大。可我却将其置若罔闻，作为领导干部，一方面在各种大会小会上大讲廉洁自律、洁身自爱；另一方面自己却利用逢年过节的机会肆无忌惮、心安理得地接受红包，这与党员领导干部的身份格格不入，是严重违反党的纪律和违反党员干部廉洁自律有关规定的行为。

贪念作怪，自身免疫力下降。我回想了一下，随着地位的变化，自己的贪念和私欲随之而来。自从到省财政厅工作以后，特别是手中有了一定权力以后，奉承、巴结的人多了，我就开始飘飘然，放松了警惕，对社会上一些不良的风气见怪不怪，也使一些心术不正、有求于我的人钻了空子。如有家公司买卖土地，人家就是看上了我手中有一定的权力，出面请我协调，使我获取巨额利润。再如收受红包、感谢费、好处费的问题，在省财政厅当副处长时，基层单位有时会送一点茶水费、红包，当时自己还会拒绝。当处长时开始有人送 1 万元、2 万元的红包、好处费时，我心中非常害怕，后来由于贪念作怪，私欲膨胀，最近几年收受 1 万元、2 万元的红包、感谢费、好处费就显得很自然了，甚至收受几十万元的感谢费、好处费也脸不红、心不跳，一副贪婪无耻的嘴脸。

追逐金钱，权力成了谋私工具。金钱对于基本生活的保障非常重要，而追逐金钱、嗜财如命，却是罪恶的开端。权力是把双刃剑，用得好，就能为老百姓办事，为人民造福；用得不好，那就是祸害、灾难。从我的成长历程来看，当我手中有了一定的权力以后，就忘乎所以了，没有慎用权、用好权。如财政资金的审批，本来省里对专项资金的设立是对一项产业的导向引导，是用政府有形的手发挥导向作用。因此，对某一个项目的补助是政府政策的兑现，是对一项产业的扶持。而自己作为财政部门的负责人，没有按规定去履行职责，还为项目打招呼、做人情，搞权钱交易，收取好处费。

我深知，我的所作所为，严重违反了党的纪律，违反了党员廉洁自律的有关规定，玷污了党的形象，在财政系统党员干部中造成了极坏的影响，我愿意接受组织的处理。

案件警示

由"管钱的"变成"劫钱的"腐败厅长,危金峰用手中的"一支笔","批"出了自己惨淡的后半生。通过该案,我们也深刻认识到公共财政领域腐败问题的严重性,借此我们也试图究其源头,寻找一条行之有效的预防之道。危金峰曾在他自己的一篇论文《广东省财政专项资金竞争性分配改革研究》中写道:"各地区、各部门为追求自身利益最大化,针对专项资金争相跑项目、跑资金,而分配决策权往往集中在少数人手中,专项资金分配缺乏公开性和透明度,权力的过度集中为设租和寻租提供了温床,引发无效率和可能存在的腐败现象。"的确,财政部门掌握着大量资金,行使"收、支、监、管"的权力,权力的过度集中就注定了财政部门中的很多人员,即使一般工作人员也有很大的权力。在封闭且缺乏相应的监管之下就很容易出现"灯下黑",形成"批出来"的腐败。危金峰作为财政厅副厅长,他清楚地知道财政审批滋生腐败的原因,更明白制度设计的漏洞以及权力过度集中带来的危害和弊病,遗憾的是在"法制观念淡薄""党纪观念差""贪念作怪"这些内在因素的驱使下,危金峰还是背离了初心,选择站在人民的对立面。以公共财政领域为例,"批出来"的腐败案例层出不穷,更可谓触目惊心,如何让审批人慎用权、用好权,杜绝权力寻租的空间是我们当前不得不面临的重大课题。

体制改革实现对权力制约制衡

权力具有一定的扩张性和腐蚀性,这就决定了没有制约的权力容易被滥用。为此,必须从源头上加大预防腐败工作力度,重点抓好人、财、物重点部位和关键环节的制度建设,大力推进财政管理体制改革。

首先,规范权力运行规则是基础。2013年中共中央、国务院《关于地方政府职能转变和机构改革的意见》提出:"梳理各级政府部门的行政职权,公布权责清单,规范行政裁量权,明确责任主体和权力运行流程。"十八届三中全会通过的《中共中央关于全面深化改革若干重大问题的决定》明确要求推行地方各级政府及其工作部门权力清单制度，依法公开权力运行流程。为此必须加快推行权力清单制度，科学制定财政领域每个职能部门、每个职能领导干部和普通职工的权力边界，只有对规划、监管、审批的权限加以法制化、制度化、规范化，才能实现财政工作的效率化、透明化、公正化。科学立规还要严格执行，形成持之以恒地执行纪律规则的长效机制，确保在纪律规则面前没有特权、纪律规则约束没有例外，不断增强规则的权威性和执行力。

其次，实现权力分解是关键。绝对的权力导致绝对的腐败，权力的过度集中加上人的思想松动，往往就会出现权权交易、权钱交易等问题。在财政领域此问题尤为突出，危金峰监督和管理省财政扶持企业资金、企业亏损补贴、税收返还等专项资金的职责，手握财政资金审批大权，在"糖衣炮弹"面前没能站稳脚跟，过分集中的权力让他从"管钱的"变成"劫钱的"腐败分子。因此必须要改变权力过分集中的"一言堂""一支笔"局面，对容易腐败的权力环节进行适度分解，变一人掌握多项职权为多人掌握某项职权，如此实现分工合作、平行交互制约。此外，还需建立重大决策终身责任追查机制，强化决策程序的刚性约束，使决策者从源头便不敢腐、不愿腐。

最后，监督机制是保障。"没有监督的权力必然导致腐败，这是一条铁律"，对关键环节要建立信息披露制度，减少暗箱操作，让人民监督权力，让权力在阳光下运行。党的十八届四中全会也明确提出，把公众参与、专家论证、风险评估、合法性审查、集体讨论决定，确定为重大行政决策法定程序。社会全方位的监督使决策更加公开、透明，亦能避免决策的随意性和风险性。

警示教育促使对权力心存敬畏

习近平总书记在《之江新语》中《权力是个好东西》一文中指出："国

家之权乃是'神器',是个神圣的东西,非'凡夫俗子'所能用。"正因权力的神圣性,党员领导干部一定要心有戒尺、心存敬畏不任性,始终保持平常之心、戒备之意,筑牢慎权慎行的防火墙;党员干部亦要有"战战兢兢、如临深渊、如履薄冰"的风险意识,坚守党的政治纪律和政治规律的底线。危金峰用手中的权力恣意妄为,成为影响党风政风的"害群之马",其教训是惨痛的。以此为例,也警醒着其他用权者畏权、慎权、敬权。

畏权,才能时刻保持清醒的头脑。"官有所畏,业有所成";"心有敬畏,才能行有所止;心有戒尺,才能行有所虑"。只有对组织、对群众、对权力、对法纪怀有敬畏,才能坚守内心的道德律令,使守纪律、讲规矩成为行动自觉,才能耐得住清贫、守得住寂寞、经得起诱惑。正所谓;"凡善怕者,必身有所正,言有所规,行有所止,偶有逾矩,亦不出大格。"相反,一旦对权力失去敬畏,思想的防线就会轰然崩塌,任由自己被放纵的欲望所吞噬。危金峰在忏悔录中如是说道:"由于自己不重视,对纪律教育总是应付了事,对自己的违纪行为放任自由。"危金峰对自己行为的放任自由让他成了权力的"傀儡",最终走向了人民的对立面,教训不可谓不深刻。邓小平同志曾说,共产党员"一怕党,二怕群众,三怕民主党派,总是好一些"。心里一旦有了这个"怕"字,就会对权力产生敬畏。"权力应当成为一种负担。当它是负担时就会稳如泰山,而权力变成一种乐趣时,那么一切也就完了。"党员干部唯有对权力保持敬畏之心,才能时刻保持清醒的头脑,才能经得起各种歪门邪道的诱惑。

慎权,才能防微杜渐防患于未然。权力似火,善用则利国利民,滥用则引火自焚。每一名党员干部特别是领导干部都要明白,权力姓公不姓私,绝不能把公共权力异化为谋取私利的工具,必须养成在"放大镜""聚光灯"下行使权力的习惯,做任何决策都要三思而后行,要综合分析、利弊权衡、谨慎用权,坚决抵制"一言堂",不搞个人主义。危金峰在忏悔录中说道:"权力是把双刃剑,用得好,就能为老百姓办事,为人民造福;用得不好,那就是祸害、灾难。"遗憾的是,"当我手中有了一定的权力以后,我就忘乎所以了，没有慎用权、用好权"。危金峰将手中的权力视为贪享乐、谋私利的特权，无视党纪国法和道德伦理终究贻害了社会和人民，也将自己置于万劫不复之地。值得注意的是，慎权绝不意味着懒政、怠政、为官而不为、充当"太平官"。慎权需要的是领导干部以如履薄冰的心态对待自己手中的权力，既不任意妄为，也不胆小怕事畏首畏尾，力争在人民和国家赋予的权限内作出最经得起人民检验的、最问心无愧的决策，让权力发挥最大的功效造福于整个社会。

敬权，才能正确履职尽责。每一位领导干部必须清楚认识到手中的权力都是人民赋予的，党员干部就是人民的公仆，权为民所赋，利为民所谋。为此领导干部必须始终坚持把全心全意为人民服务的宗旨牢记于心，始终将其作为自己的行动指南。危金峰说："我本来应该在这个岗位上更好地为党和人民工作。但是，我不珍惜党的培养教育，不珍惜领导的爱护和栽培，不珍惜同事的信任和帮助，没有绷紧思想上廉洁自律的那根弦，做出了违纪违法的事情。"危金峰在其位却不谋其政，漠视党和人民的培养，不敬重权力、不珍惜权力，终是辜负了党和人民的信任。危金峰的案例也告诫着领导干部要用权为民，用权利民，无论官居何位，无论职权大小，每一位领导干部都必须修好身、律好己，甘当人民的"孺子牛"，切不可因私欲违背了初心！

"大道至简，有权不可任性"，如何运用权力是检验一名领导干部党性强弱、品德好坏的"试金石"。诚然，权力需要制度的刚性约束，将权力牢牢"关在笼子里"是刚性的制度保障。同时，党员领导干部内在的软性约束能更好地促使其践履职责。综上，领导干部必须要正确认识手中的权力、做到畏权、慎权、敬权，绝不能把权力当作以权谋私、巧取豪夺、中饱私囊的工具，更不能将权力凌驾于宪法和法律之上搞权钱交易、权权交易、权色交易，要时刻牢记权力是人民赋予的，权力也只能用来为人民谋福祉！

在位的时间不多了,该为今后多考虑一下了

基本案情

周光荣,男,汉族,1968年3月参加工作,先后任四川省成都市卫生局(市中医局)局长、党组书记,成都市教育局局长、党组书记,成都市教育局巡视员等职务。2013年1月4日,因涉嫌受贿罪,周光荣被成都市检察院正式立案侦查;2013年1月30日,经四川省人民检察院批准,周光荣被依法执行逮捕;2013年8月7日,成都市人民检察院以受贿罪对周光荣提起公诉。2014年1月28日,经成都市中级人民法院审理查明,周光荣于2005年底至2008年1月担任成都市卫生局局长期间,利用职务便利多次收受他人贿赂,被判处有期徒刑14年6个月。

出身安徽农村的周光荣16岁参军入伍,后因表现良好被推荐至军医大学深造,而后从一个部队卫生员一步步成长为成都市卫生局局长,个中艰辛可想而知。55岁之前的周光荣对这份来之不易的成就格外珍惜,他曾对自己提出要求:绝不收红包。"清廉""敬业"是同事、朋友对他最大

的赞誉。然而，在即将退休之际，周光荣的权力观发生了翻天覆地的转变。"有权不用，过期作废"的观念在周光荣55岁这年不断腐蚀着其思想，也导致其最终走上犯罪道路，对此，众人无不唏嘘感慨。

医药代表的感情牌

"我们甚至有了'亲如父子，情同兄弟'的感情"，周光荣在忏悔录中提到的他将之视为己出的人就是许某。许某，比周光荣足足小了17岁。2005年，经人介绍，身为普通医药销售代表的许某与周光荣结缘。周光荣习惯下班后走路回家，许某每天在周光荣单位门口等着他送他回家，一来二往，两人心理上的距离也在慢慢拉近。周光荣对许某态度真正的改变是在2008年汶川地震后，彼时周光荣要进入震区救灾，而自己的司机却不敢去龙池和虹口，许某接下了这个任务，他亲自开车送周光荣等人前往震区，一行人差点被路上的山石给埋了。这份义气让周光荣感动不已，精明的许某大打感情牌，成了为数不多的周光荣可以信任的人，自此以后周光荣大事小事、家事公事都放心地交给许某来办。

义气之下的利益链

何某，成都十大杰出青年之一，是周光荣的学生，曾同时兼任4家医院的院长，2009年任成都市医管局副局长。何某的成长离不开周光荣的赏识和提携，他对周光荣也是感恩有加。2012年，何某因经济犯罪被立案侦查，其在交代2007年利用市妇女儿童中心医院基建工程发包受贿一案时，将许某、周光荣和他之间钱权交易的内幕连根拔起。原来，成都市妇女儿童中心医院一期工程开建之初，许某就找到周光荣，想让周光荣帮忙将这个预算近两个亿的工程交给他的朋友朱某某来做，并承诺可以给周光荣一笔退休后足以养老的钱。"当时我没有什么存款，他说这些的时候，的确打动了我。"面对巨额的金钱诱惑，周光荣思想上松懈了，恰巧该项目的建设负责人正是周光荣的得意门生何某，他多次给何某打招呼，希望在工程招标时关照许某。何某欣然答应,甚至特地召开医院党组会议,以惠民工程名义,将竞标企业的资质从"一级"提高到"特级",以此隐蔽地达到排除竞争对手的目的。果不其然,朱某某成功拿下该项目,按照约定,朱某某拿出1000万元的好处费作为回报。对这1000万元,周光荣、何某和许某三人也心照不宣地达成了分配方案。

周光荣最终分得三套房产,他均给了自己的情妇曹某。周光荣看曹某离了婚还带着孩子属实不易,所以将这三套房子作为补偿,但看似"有情有义"的举动并不能掩盖其中"权色交易"的本来面目。

55 岁腐败的后反思

周光荣说,在55岁以前,他从不利用自己的权力为身边的任何人谋利,儿子大学毕业后在家待业三年,他也没有利用自己的关系帮他。从廉洁清正的正派人物沦为阶下囚,周光荣流下悔恨的泪水。他讲义气,但事后惊觉,别人无非是看中他手中的权力可以获取更多的经济利益;他怕落得人走茶凉的凄惨境地,趁着不多的在位时间为今后多考虑一下,于是放松了主观世界的改造,没坚守住为官的"底线",而后才发现自由最为可贵。"可惜,我明白得太晚了",身陷囹圄的周光荣追悔莫及。但人生没有重来的机会,他只能不断地忏悔,用真诚的悔过洗刷心灵深处的污浊!

忏悔录

心安理得收起了红包

我出生在安徽省的一个普通的农村家庭,虽然家境不好,但父母对我要求很严格。16岁那年,我参军入伍,因为表现好,被部队推荐到军医大学深造。从部队转业到成都市第三医院工作后,凭借着自己的踏实和努力,我慢慢地走上了领导岗位。我在工作上的成绩曾是全家人的骄傲。然而现在，我却成了阶下囚。

2006年以前，我对自己要求非常严格，可以说从来不收受红包，不利用自己的权力为身边的任何人谋利。儿子大学毕业后找工作，我没有利用自己的关系帮他，他有三年时间待业在家。在工作上，我也是全力投入，尽职尽责。无论是在"非典"期间，还是在2008年汶川地震期间，我都奋战在工作一线。

我的堕落是一个渐变的过程。2006年以后，我开始收受红包，但5000元以上的我不收。我知道收受红包是违反政策纪律的。但在我看来，平时朋友之间礼尚往来，有些红包是推不掉的，战友、好朋友有时候给两三千元的红包，不收的话面子上抹不开，会造成很深的误会。慢慢地，收红包也就心安理得起来。

现在看来，收红包是温水煮青蛙的过程。看起来是小节，但小节守不住，就很难守住大节。可以说，从收受第一个红包开始，我就开始逐步"蜕变"了。

明白得太晚了

我在卫生系统工作这么多年，培养和认识了一些"朋友"，成都市医药管理局原副局长何某就是我一手培养的。

2005年之前，通过朋友介绍，我又认识了比我小17岁的许某。许某跟了我很多年，几乎天天接我下班。长期交往，心理上接近了，我很信任他，觉得他虽然是年轻人，但还是有点儿讲义气。2008年汶川地震的时候，我的驾驶员不敢到龙池、虹口去，都是许某开车送我去的，那次我们差点被石头埋了。久而久之，我们甚至有了"亲如父子，情同兄弟"的感情。从一开始接送我上下班，到带我去看名车豪宅，慢慢地，我从接受许某最初的关心体贴，变成了接受他给的物质享受，甚至开始心照不宣地接受许某送上的车子和房子。

2007年，成都市妇女儿童中心医院一期工程即将上马，许某对我说，如果这个预算近2亿元的工程能交给他的朋友做，他可以给我"挣一笔退休后的养老钱"。当时我没有什么存款，他说这些的时候，的确打动了我。他跟了我这么多年，我还是得讲"义气"，这样无论是对他还是对我都有好处。面对金钱的诱惑，我多次亲自给时任项目建设负责人的何某打招呼，希望他在工程招标时"关照"许某。为了确保万无一失，何某也"专门"召开医院党组会议，以惠民工程的名义将竞标企业的资质从"一级"提高到了"特级"。这样一来，工程招标还没开始，我就用手中的权力替许某的朋友将竞争对手排除出局了。

现在想想，他们之所以和我建立那么深厚的"感情"，是因为我手中的权力。有了我做后盾，他们就可以得到更多的经济利益。

古人说得好，有菜有酒多兄弟，遇难何处见一人。当你手中没有了权力，他们还会送给你钱，还会来关心你吗？事实已经证明了这一切。可惜，我明白得太晚了。

触碰了最起码的"底线"

作为一名共产党员、一个国家干部，在任何时候、任何地方、任何情况下，都不能忘记自己的政治身份。因为党的纪律是执行党的路线、方针、政策的最基本保证，也是做官最起码的"底线"。

然而，我却放松了思想改造，这也是我走向犯罪的根源。特别是当了领导之后，我立过功、受过奖，听惯了来自各方面的赞誉之声，我变得有些飘飘然，开始忘乎所以了，从而在不知不觉中放松了对自己的要求。作为领导干部，自我要求不严不慎，就容易犯大错误。慢慢地，我放松了主观世界的改造，慢慢地顺应了"潮流"，走向了犯罪。与此同时，临近退休，我的心理发生了很大变化，特别是看到有的老同志退休后"人走茶凉"的境况，就觉得自己在位的时间不多了，该为今后多考虑一下了。

直到今天我才明白，自由是最可贵的，名誉、地位、金钱都是身外之物。

珍惜自由，就是要遵纪守法，就是要守住做官的"底线"。如今我身陷囹圄，必须面对现实，走坦白从宽之路，争取重新做人。我也将不断地忏悔，用真诚的悔过洗刷心灵深处的污浊。

案件警示

"一日得失看黄昏，一生成败看晚节。"一些领导干部同周光荣一样，在从政初期还是能做到踏踏实实、本本分分的，但繁华即将落幕，门庭不再若市之时，他们的心态也随之发生了剧烈变化。有的人自认为辛苦了大半生，钱财却不多，趁有权时不妨"最后捞一把"，为自己留条后路，也是对自己多年辛苦的补偿，企图通过追求财物寻求心理的平衡；有的人居功自傲，在从政的"最后一公里"思想产生松懈，总觉得自己的大半辈子都在为人民付出，却忘记了权力来自人民并服务于人民的简单道理，试图将自己的"余热""余威"发挥到"淋漓尽致"；有的人自认为经过社会的锤炼，已然拥有"金刚不坏之身"，放松了警惕，从一个所谓人情往来的小红包开始，逐渐落入"晚节不保"的漩涡而不能自拔。"慎终如始，则无败事"，在一定时间里守住廉洁清正、谨小慎微的初心并不难，难的是经过"糖衣炮弹"的攻击后还能紧绷思想纪律弦，常怀敬畏权力心。周光荣倒在了政治生涯的"最后一公里"处，令人惋惜之余也发人深省：领导干部究竟如何站好退休前的"最后一班岗"，走好"最后一公里"？

紧绷思想"纪律弦"

1945年7月，毛泽东和黄炎培在延安对话论天下，65岁的黄炎培直言："一人、一家、一团体、一地方乃至一国，不少单位都没有能跳出'其兴也浡焉，其亡也忽焉'这一周期率的支配力，大凡初时聚精会神，没有一事不用心，没有一人不卖力，也许那时艰难困苦，只有从万死中觅取一生。

既而环境渐渐好转了，精神也就渐渐放下了。"纵观当今官场生态，领导干部的成长与发展似与这"周期率"的论调大体一致，周光荣绝不是个例，从兢兢业业的人民公仆到阶下囚，就是忽视了对个人精神世界始终如一的改造。如习近平总书记所言："思想上的滑坡是最严重的病变，'总开关'没拧紧，各种出轨越界、跑冒滴漏就在所难免了。"

周光荣在忏悔录中回忆，他"蜕变"的过程其实就是一个"温水煮青蛙"的过程，他虽知收红包违反政策纪律，但以朋友之间抹不开面子为由也就心安理得地收下了。小节失守，久而久之在侥幸心理的驱使下，他便真的像温水里的青蛙，祸到临头而不自知，大节固难保。由此可见，领导干部必须紧绷思想"纪律弦"，凡事都应做到心中有纪律，行为有规矩。"求木之长者，必固其根本；欲流之远者，必浚其泉源。"思想建设关乎每位领导干部的权力观、价值观，关乎执政党的凝聚力和向心力，不可有半分松懈。在当前形势下，更要充分发挥党内集中教育和经常性教育的成功经验和规律，让广大党员干部明底线、知敬畏，在思想上划出红线、在行为上明确界限，涤浊扬清、正本清源。

牢记权力从何来

"你改变不了这个社会，就要适应这个社会。"周光荣顺应这种所谓的"潮流"，开始为自己退休后的生活做打算。他忘记了自己的政治身份，在最后关头躺在权力的温床里飘飘然。绝大多数出现问题的领导干部都如周光荣一样，他们认为自己立过功、受过奖，一辈子都在辛苦付出，临了为自己今后多考虑一下无可厚非，将手中的权力作为个人敛财的工具，但他们却忘了共产党人一贯坚守的权力观——"权力是人民赋予的，要为人民用好权。"

权力是人民赋予的重托，是全心全意为人民服务的工具，绝不是私有财产和利己工具，忽视权力的公共性、服务性等本质特征，就必然导致权力发生"异化"，产生腐败。所以，各级党员领导干部要树立强烈的责任意识，经常想一想"参加革命是为什么，现在当干部做什么，将来身后留什么"等问题，不汲汲于功名、不惜惜于富贵，甘天下之淡味、安天下之卑位。要通过实实在在的服务，把形象塑造在群众的心目中，把政绩体现在群众的利益中。人民永远比自我的利益更重要，这才是领导干部最为基本的为官信仰。

在周光荣这个案例中，还有一个现象值得我们注意，那就是他与医药代表许某不一般的"兄弟情"。两人纵然相差17岁，周光荣却完完全全将许某视为自己人，大小事务由许某一人包办。周光荣也颇有"义气"，动用手中的权力给许某带去了巨额的经济利益。事发后，周光荣才幡然醒悟，"他们之所以和我建立那么深厚的'感情'，是因为我手中的权力。有了我做后盾，他们就可以得到更多的经济利益。古人说得好，有菜有酒多兄弟，遇难何处见一人。当你手中没有了权力，他们还会送给你钱，还会来关心你吗？"

手握权力之人，更会成为他人巴结、讨好、腐蚀的对象，因此领导干部必须要保持清醒的头脑，择善而交，慎交友，交好友，净化朋友圈和社交圈，爱惜羽翼，敬畏权力，牢记权力是为人民服务，而不是为私交服务的。

扎好制度"铁栅栏"

只有动用制度改革的刀子才能挖出腐败之根。如何让领导干部从政生涯得以"善始善终"，既需在"最后一公里"处扎牢不敢腐的"铁栅栏"，也需要在"起始线"上严防死守。

首先，建立健全领导干部选任时的监督制度。加强干部选任全面监督，是防止和纠正用人不正之风的强有力手段，也是提高选人用人公信力和党员、群众满意度的有效途径。一方面，要建立健全领导干部选任时的内部监督制度，在干部任免等重大事项上坚持集体讨论制度，着重干部履历核查、工作表现和经济状况调查，将明察和暗访的方法相结合，并将结果全面公示。此外，上级党委部门指导下级部门相关人事选任，并定期了解下属部门的用人情况,建立和完善定期谈话制度和定期检查制度。另一方面,还应积极发动群众监督,群众监督具有广泛性和积极性、公开性等特征,因此必须充分发挥群众监督的有效性,畅通群众监督渠道。建立健全群众举报激励机制、举报群众保护机制、举报信息回馈机制等,保证群众监督权落到实处。

其次,建立健全领导干部离任审计制度。通过对单位领导干部任期内政绩、人事、德能、财务情况的考核和审计,能对离任者的思想政治素质、工作业绩、廉洁自律等方面有全面的公正评价。实行领导干部离任审计制度有利于调动领导干部的积极性,将审计结果作为干部任用的重要依据,能者上、庸者让、劣者下,堵住别有用心之人的投机取巧之路,大开任人唯贤之门。同时,实行领导干部离任审计制度也有利于领导干部的管理,以此为契机,可以形成正确的用人导向和良性竞争的氛围,引导和促使领导干部老老实实做人,扎扎实实做事,勤勤恳恳创业。这也无疑告诫着临退休的领导干部,不能在最后关头放松了对自己精神世界的改造,越是临近终点越是要小心,思想要更加集中,精神要更加专注,脚步要更加谨慎。

最后,探索建立领导干部退休后的保障制度。周光荣在"最后一公里"出现问题的一个很大原因在于有"人走茶凉"的顾虑,因此还应探索建立领导干部卸任后的保障制度,解除其后顾之忧。

"我每天都想哭,每天都通宵通宵地睡不着觉,我后悔死了……"周光荣在接受媒体采访时如是说道。周光荣倒在了从政生涯的"最后一公里"处,追悔莫及。但作为一名领导干部,没能始终如一坚守住自己的底线,落得如此下场也可以说是罪有应得。周光荣的案例告诫着为官者要主动、永久地在自己头顶上悬一把利剑、套一个"紧箍咒",使自己多一分畏惧、少一分贪婪,多一分小心、少一些欲望,在利益面前不贪心、在诱惑面前不动心。干部终有一天会从领导岗位退下,但作为一名共产党员的政治信仰却永不会褪色。

我就是倒在"贪"字脚下的中枪人

基本案情

索宝柱，男，1957年出生，硕士研究生。2002年6月至2010年12月，任北京市门头沟区交通局党组书记、局长；2010年12月至2012年11月，任北京市门头沟区龙泉镇党委书记、人大主席；2012年11月至2014年12月，任北京市门头沟区龙泉镇党委（龙泉地区工委）书记、人大主席。2014年12月，提前退休。

2016年10月，已经退休的索宝柱因涉嫌违纪被北京市门头沟纪委立案审查；2016年12月，被开除党籍，并移送检察机关审查起诉。

2018年12月7日，北京市朝阳区人民法院依法宣判：索宝柱犯受贿罪，判处有期徒刑6年，罚金60万元；犯利用影响力受贿罪，判处有期徒刑4年，罚金40万元；犯贪污罪，判处有期徒刑3年，罚金20万元，决定执行有期徒刑12年6个月，罚金120万元。对索宝柱的违法所得174.1万元依法追缴。

后索宝柱不服判决上诉,理由为,他愿意继续退缴违法所得,请求二审法院考虑其系主动投案、交代纪检监察机关不掌握的犯罪事实、退缴全部违法所得等情节,对其再予以从轻处罚。在二审审理期间,索宝柱亲属代他退缴违法所得50万元。2019年2月13日,北京市第三中级人民法院判决:对一审判决书所列证据亦予以确认,且原判认定的事实清楚,证据确实、充分。鉴于索宝柱具有经办案机关通知后主动到案、交代办案机关不掌握的犯罪事实、退缴大部分违法所得、二审期间又主动退缴部分违法所得等情节,依法对其从轻处罚。判决索宝柱犯受贿罪、利用影响力受贿罪、贪污罪三罪并罚,决定执行有期徒刑8年,并处罚金50万元。

索宝柱是土生土长的门头沟人,自小在农村长大,当兵复员后回家务农。他通过自己的努力,一步一步成长为同事眼中"文武双全"的领导干部,"工作能力强、为人幽默、善于做群众工作,乐于助人、篮球打得好、歌也唱得好……"

2002年,45岁的索宝柱到门头沟区交通局担任局长,恰逢门头沟芹峪口检查站需要改建,由交通局具体负责实施,期间索宝柱认识了北京长城安装修缮工程队及北京泰亚星都商贸有限公司负责人王某一(另案处理)。2002年的一天,王某一到区交通局向索宝柱汇报工程进度,途中索宝柱出办公室到楼道里办事,王某一就把3万元现金放到了索宝柱办公室的抽屉里。索宝柱回来后,王某一假装什么也没发生,继续汇报工作,汇报完就走了。当天,索宝柱发现了抽屉里的现金,猜到是王某一给的,便给其打电话:"把抽屉里的'东西'拿走。"王某一推说没时间过去,索宝柱便没再说什么。索宝柱明白,他将芹峪口检查站改扩建工程给了王某一,这3万元是王某一的"感谢费"。有一就有二,王某一与索宝柱的交往越来越多。2003年春节前,王某一去索宝柱家里送了五粮液、中华烟,并把5万元现金放到装烟的袋子中。索宝柱当时没打开看,王某一走后索宝柱给他打电话:"又干这个是吧。"王某一说:"这不是过年嘛。"索宝柱便没再说什么。

此时的索宝柱已经被金钱蒙住了双眼，与此同时，他在个人作风上也出现了问题。2005年3月，交通局新调入了一个女科员王某二，王某二与索宝柱除了是上下级关系外，还存在男女关系。索宝柱推荐王某二买霁月园小区的房子，并在2005年5月的一天把王某二单独叫到办公室："你买房要是没钱的话，你亲戚王某一可以给你出点钱。"王某二表示很吃惊，因为王某一只是她的远房亲戚，平时交往不多，怎么可能出钱给她买房呢？过了半个月，索宝柱又把王某二叫到他办公室，说："今晚王某一把给你买房的钱送来，下了班我们和王某一一起吃个饭。"原来，芹峪口要建设治超综合检查站，索宝柱将这个工程也给王某一了。饭局期间，索宝柱提到王某二买房了，让王某一帮她出一些钱。王某一问："出多少？"索宝柱说："出15万元，剩下的5万元这个小姑娘能还得上。"王某一知道索宝柱和王某二的情人关系，为了感谢以及维持他和索宝柱的关系，没多久王某一就拿了一张15万元的转账支票给王某二。2008年9月，芹峪口治超综合检查站竣工后，王某一又送给了索宝柱5万元，让索宝柱帮忙催工程款。

索宝柱与王某一的"交往"不仅限于此。2002年交通局实行"收支两条线"，索宝柱发现用起钱来"很不方便"。2004年，索宝柱向王某一提出，芹峪口检查站因为治理超限超载的需要，需租用吊车和铲车，"既然你们有车，我们就不租别人的了。"随后，交通局与王某一的公司签订了租赁协议，索宝柱也提出要王某一"返还"一部分钱给交通局。截止到2008年，王某一先后"返还"交通局20万元。这些钱成了交通局的"小金库"，索宝柱让该局财审科负责人（另案处理）帮助其接收、保管、使用以上资金。索宝柱一需要花钱，就从这个"小金库"拿钱，而这些钱陆陆续续用在了索宝柱送礼和个人花销上。

2010年左右，索宝柱的情人宋某家饭馆要装修，索宝柱又找到王某一，他让王某一找了施工队装修。王某一听说索宝柱和宋某是情人关系，便自己付了12万元装修款："为了感谢索宝柱把芹峪口综合检查站工程给我，索宝柱既然让我装修我也就弄了，要是没有索宝柱我也不可能中标，这个工程我挣钱了，就把这笔装修费给付了。而且为了维护跟索宝柱的关系，我也不敢向宋某要这笔钱，她也没提过给我，这件事就不了了之了。"

索宝柱的"经济交往圈"中还有一个重要的商人索某（因犯行贿罪被判处有期徒刑1年6个月，罚金15万元），索某运营的公司正是由交通局监管，索某便多次给索宝柱各种名义的"感谢费"。2008年，索某提出做大车运输的利润比较大，"如果买辆车的话，差不多一年就回本"。索宝柱表示要买一辆车让索某帮助经营。随后索某出钱给索宝柱买了一辆车跑运输，并希望索宝柱多提供帮助。随后，索某先后给了索宝柱15万元人民币的"利润"。2012年，龙泉镇境内启动高家园项目工程，索宝柱当时已经调入龙泉镇任党委书记、人大主席，索某就提出想承揽高家园的土方项目，索宝柱便给其"帮忙"。不久，索宝柱跟索某说要给女儿买婚房，要"借"30万元，两人之间没写借条，也没提过还钱和利息的事。索宝柱表示本来想还给索某，但是索某说不要了，索宝柱一想自己帮他承揽了门头沟区龙泉镇高家园某定向安置房建设项目，"给他帮了不少忙，他感谢我是应该的"，便没提过还钱的事。后来，索宝柱提出没有摇到号，没法买车，索某便将他爱人徐某某名下一辆旧车给索宝柱使用，后来索宝柱把那辆旧车置换，购买了一辆沃尔沃新车，置换款4.1万元索宝柱提出要给索某，索某表示不用了，索宝柱心想"我在中昂小时代工程项目上给他提供帮助，让索某承揽了这个工程中的部分土方、混凝土工程，又帮他多次催讨工程款。如果不是我，索某根本不可能干这个工程"，便没再提给钱的事。除此之外，索宝柱在索某的妹夫师某职务提拔上也提供了帮助。

随着时间的推移，索宝柱的贪欲越来越大。2011年年初，索宝柱利用担任门头沟区龙泉镇委员会党委书记、镇人民代表大会主席的职务便利，以购买之名收受该镇下辖滑石道村党支部书记崔某、村委会主任朱某提供的即将进行拆迁的平房一处，直至案发时仍未交付购房款15万元。对于自己迟迟不付房款，该村党支部书记崔某、村委会主任朱某却并不催促，反而帮其办好了相关手续。索宝柱道出了其中的缘由:"我觉得原因有三个:第一是我在交通局当局长时,从2004年至2010年,滑石道村是交通局党员先进性教育活动的联系村,交通局给滑石道村提供电脑设备、投影仪,给他们村建爱心小屋、卫生室捐款等,比较支持崔某工作,我跟他交情不错;第二是朱某在我当交通局局长的时候,托我给他儿媳安排过工作,想让我把他儿媳从市里的企业调到区交通局工作,我把她儿媳安排在交通局培训中心,虽然是合同工,但是也算给朱某解决了问题。另外,2012年我在龙泉镇当书记的时候,朱某提到过让我给他儿子解决工作,我把朱某的儿子安排在龙泉镇当司机,这都是我帮的忙。第三是我当龙泉镇的书记,直接管着滑石道村,虽然没有明说,但是崔某、朱某他们也知道,能给我解决点问题对他们也有帮助。"该房屋于2012年被征收拆迁,索宝柱获得拆迁补偿款161万余元及安置房,后卖掉安置房获利150万元。

2014年年底至2015年6月,已经退休的索宝柱,利用曾经担任门头沟区交通局党组书记、局长时形成的便利条件,又先后帮助北京嘉华路通汽车服务有限公司(简称嘉华路通公司)获得20个小客车营运指标,并解决了中亿创联(北京)投资顾问有限公司在收购嘉华路通公司办理营运性小客车指标转让过程中,因违规行为暂停手续办理的问题。后索宝柱于2016年分多次收受对方给予的好处费50万元。

2016年10月24日,门头沟区人民检察院和门头沟区纪律检查委员会联合办案中,办案人员电话通知索宝柱到门头沟区纪律检查委员会办公地点接受调查。在没有掌握其确切犯罪事实的情况下,谈话过程中,索宝柱主动交代了其利用职务便利,收受多人贿赂并帮助他人谋取利益的犯罪事实。2016年10月26日,索宝柱被门头沟区纪律检查委员会采取"双规"措施。2016年10月27日,门头沟区人民检察院对犯罪嫌疑人索宝柱涉嫌受贿罪立案调查。期间索宝柱在在家属帮助下退赔人民币373万元。

忏悔录

多少有过辉煌成就的人,却没有辉煌到最后。因为,他们成了"贪"字的败将。

多少有过骄人战绩的人,却没有战斗到最后。因为,他们倒在了"贪"字的脚下。

我就是这样一个倒在"贪"字脚下的中枪人,在拒腐防变的战场上打了败仗,倒下了。

我极度痛心!我内心忏悔!我真心向培养、教育我的组织说声:对不起!向信任、帮助、支持我的领导说声:对不起!向关心、帮助我的热心朋友们说声:对不起!向与我血脉相连的亲人、和我朝夕相处的家人说声:对不起!

我走到今天这步,根本原因就是自己的世界观、人生观、价值观出了问题。

一是长期放松理论学习,忽视了世界观的改造。手电筒照人不照己,我在政治思想、理论修养、世界观的改造上落了伍、掉了队。

二是不能用党员领导干部标准严格要求自己,人生观扭曲了。我是一个山沟里长大的农民的孩子,从一个士兵复员后回家务农,又一步一步成为一名正处级领导干部,这是一个多么不容易的过程啊!我也为自己感到自豪过,但却没有珍惜和保持住这来之不易的奋斗成果和荣誉。党组织和领导信任我,把我放到重要的领导岗位上,目的是让我继续发挥我的能力,多为百姓做些有益的工作,多为地区发展做些贡献。而我的人生观却发生了扭曲,随着自己职务的升高、权力的增大、年龄的增长、资历的变化,对自己的要求却逐渐放松、放任下来。在利益面前没有抵住诱惑,逐渐让贪字占据了上风,最后败下阵来。我忘记了作为一名党员领导干部应该做什么、不应该做什么,应该怎样做、不应该怎样做,只看到自己的成绩,没有看到自己的不足和错误。其结果是自己逐渐走进了死胡同,还以为是光明大道。

三是贪图安逸，贪图享受，被物质利益冲昏了头脑，价值观出了问题。对吃吃喝喝习以为常，今天你请我，明天我请你，遇上谈事还带点儿礼；谈工作在饭桌上说，论结果在饭桌上定。这些不良风气不断侵蚀着我的人性、品格，冲击着我的道德底线，严重损害了党的形象和党员领导干部的形象，在百姓中造成了恶劣影响。

千不该、万不该，走到这步叫活该，谁叫我埋头不看路，谁叫我不把党纪国法记心怀。

走到这步，我不怨天、不怨地，也不怨别人，就怨自己；千错万错都是我的错，我不逃避，也不推责，自己种的苦果自己吃，自己酿的苦水自己喝，只要对同仁有警示，就算我的经历起到了反面教材的作用。

案件警示

"唉！他很有才，也挺能干，为人豪爽，真的没想到……"同事们在他落马后都叹息不已。一个从基层一步步成长为正处级领导的人、一个既能干事又会做人的人，怎么就走到这一步了呢？

"廉者常乐无求，贪者常虑不足。"索宝柱在忏悔中也说自己"在利益面前没有抵住诱惑，逐渐让贪字占据了上风，最后败下阵来。"索宝柱和一些"社会上的人"交往甚密，爱去饭局酒局。"今天你请我，明天我请你，遇上谈事还带点儿礼；谈工作在饭桌上说，论结果在饭桌上定。""酒从2瓶到成箱，烟从一条到几条，礼品也由几百元到上千元。起初还比较收敛，后来我就司空见惯，习以为常了。"在酒精和贪欲的麻痹下，在金钱的诱惑下，他越发觉得"拿人钱财，帮人办事"再正常不过，渐渐迷失了自己，越陷越深。甚至在法庭审理时，索宝柱还在狡辩，有些经济往来属于借款，甚至"人情"，其退休后参加商业活动获得报酬也属于正当收入。然而,在法律面前、在事实面前,索宝柱最终承认:自己就是这样一个倒在"贪"字脚下的中枪人。

对于落马的官员,我们经常能听到这样的内心独白:"我曾经努力奋斗、一心为公、两袖清风,然而随着职务晋升,放松了对马克思主义的学习,走上了犯罪的道路"。然而,为什么职位高了,就学习少了、就走弯路了呢?为什么落马前一意孤行,落马后才幡然醒悟呢?其实,他们非常清楚自己的行为是违法违纪的,明知道违背了道德和良知,然而为了"安慰"自己,只能给自己找出类似"学习少""诱惑多""大家都这样"等借口罢了。

想要不倒在"贪"字脚下,首先要直面自己。"世界上没有免费的午餐",这个简单的道理大家都清楚。落马的官员对于"糖衣炮弹""腐蚀拉拢",难道真的没有看出一丝端倪、没有任何怀疑?恐怕只是自欺欺人,掩耳盗铃。

想要不倒在"贪"字脚下,就要管好自己。一是管好自己的"权"。职权对廉洁者而言是一根人生的拐杖,对贪婪者而言是一把自刎的利刃。二是管好自己的"心"。贪心无边海嫌窄,心底无私天地宽。三是管好自己的"手"。手莫伸,伸手必被捉。

想要不倒在"贪"字脚下,就要提高自己的警觉意识。"莫见乎隐,莫显乎微,故君子慎其独也。"慎独,是衡量一个人道德水准的试金石。慎独,就是要在各种物欲的诱惑面前坚守初心,在做任何事时慎始慎终,真正做到自重、自省、自警、自励。

交友不慎，使我滑入犯罪的深渊

基本案情

黎平，男，1956年8月出生，贵州黄平人，贵州省委党校研究生学历。1978年10月加入中国共产党，1974年8月参加工作，曾任贵州省水利厅党组书记、厅长。

2014年1月21日，据中央纪委国家监委网站消息，贵州省水利厅厅长、党组书记黎平涉嫌严重违纪，正接受组织调查。2015年5月8日，贵州省黔东南州中级人民法院就贵州省水利厅原党组书记、厅长黎平受贿一案作出一审宣判，以黎平犯受贿罪，判处有期徒刑13年，并处没收个人财产人民币50万元。被告人黎平作为国家工作人员，利用其职务上的便利，单独或者伙同余某收受他人财物，共计人民币446.3万元，并为他人谋利，其行为已经构成受贿罪。鉴于被告人黎平在归案后认罪态度好、有退赃悔罪表现，依法对其从轻量刑。2015年11月，黎平受到开除党籍、开除公职处分。

从一名知青逐步成长为贵州省水利厅党组书记、厅长，黎平的仕途可谓顺风顺水，其个人能力也定有过人之处。但是，在其一次次被提拔重用的过程中，也伴随着一次次腐败行为的发生。

剖析黎平腐败的犯罪轨迹，离不开他所结交的"朋友们"。在"朋友们"的引导和帮助下，黎平逐渐滑进犯罪的深渊。"我在经济问题上犯错误与和蔡某的结交有着直接的关系"，黎平在悔过书中说。

那么，黎平口中提到的蔡某，是什么人呢？蔡某是贵州省习水县人，曾经营一家小有名气的酒厂。1993年，贵州省水利厅收购了蔡某的酒厂，于是蔡某便成为贵州省水利厅具有事业编制的工作人员，并担任省水利厅多种经营总站某酒厂厂长。进入贵州省水利厅后，蔡某在工作上和黎平多有交集，一来二去，二人便成了交情不错的"朋友"，蔡某也多次得到黎平的帮助和关照。在黎平的帮助下，蔡某通过经营水土保持种苗场和建设水保生态园，积累了大量财富。富起来的蔡某明白，自己要"知恩图报"，要"回报"黎平对自己的"厚爱"。

2002年初的一天，蔡某到黎平家中拜访。在聊天过程中，蔡某和黎平聊起了房子，他环顾黎平家的住房，条件实在是不怎么好，不但房屋面积只有80平方米，而且是在阴暗潮湿的一楼，这种住房条件与其他单位的处级干部甚至普通干部的住房条件差距较大。于是，他建议黎平换一处面积大的房子，并提出自己可以提供资金帮助。听蔡某这么一说，黎平感觉自己的住房条件确实较差，就起了换房的心思。黎平将换房的想法告诉了妻子曹某，曹某表示赞同。后来，曹某开始有意识地挑选住宅，最终看中了一套位于贵阳市中心的房子，面积180平方米，总价50多万元。对一位公务员而言，纯靠工资收入支付这笔购房款压力显然是很大的。面对如此大的诱惑，黎平心动了，他心想，此事"我知他知，外人谁也不知道，应当不会有事"。

正是在这种侥幸心理的支配下，黎平接受了蔡某的帮助，由蔡某为自己支付50多万元购房款。接受了所谓的朋友蔡某这么大的好处，黎平自然也要想办法去"回报"这位朋友，于是腐败便一次又一次地发生了。后来，黎平多次利用自己的职务便利，为蔡某谋取利益，帮助蔡某成为贵州省水利厅成立的森堡公司的法人代表，帮助蔡某及其儿子拓展水利业务，承接水利工程，申办资质，并获得政府补助资金，蔡某也因此赚得盆满钵满。

对于黎平的帮助，蔡某则通过赠送黎平干股、分红，安排黎平的外甥余某在公司工作、担任股东等形式，不断"回报"黎平。黎平在悔过书中写道："正是由于自己一时贪欲作出的错误决策，铸成了自己的终身悔恨，真不值得，不应该！"东窗事发，悔之已晚。贪欲之念占据上风，结果便毫无悬念。据法院审理查明，黎平在担任贵州省水利厅水土保持处处长、副厅长、厅长期间，利用职务便利为蔡某及其子提供帮助，收受蔡某贿赂达446万余元。

黎平与蔡某之间的交往到底是真正的朋友之交，还是权钱交易，一目了然。从某种意义上说，官员交友不是简单的私事，因为官员的特殊身份，决定了他们交友可能影响到权力的公开公正行使、社会公共利益的实现。从黎平与蔡某的交往可以看到，因为工作关系，二人成为不错的朋友，黎平曾对蔡某有所帮助和关照，于是蔡某对黎平开始了畸形的"投桃报李"，黎平对这种回报甘之如饴，忘记了理想信念，忘记了党纪国法，成了金钱的奴隶和贪欲的囚徒。

看到这里，我们不禁心生疑问，黎平一开始就是贪得无厌、腐败堕落之人吗？显然不是的。作为一名领导干部，黎平逐步被提拔为处长、副厅长、厅长，我们有理由相信其业务水平和业务能力。但是，为何他还是沦为腐败分子，坠入犯罪的深渊？这就不得不提黎平的另一个朋友——王某。王某是20世纪90年代到贵州做生意的。黎平到基层调研时，与做水产生意的王某相识。对于这样年轻有为的领导干部，王某打心底里想要与其保持良好关系，说不定什么时候就能派上用场，能帮助自己承揽一些水利项目。作为生意人的王某时常出入娱乐场所，意外发现平时很难约到的"大忙人"黎平也喜欢参加娱乐场所的聚会。得知这一重要信息后，王某就开始投其所好，频繁约黎平到某夜总会喝酒、唱歌，并且介绍不同的女性给黎平认识。长此以往，黎平便失去了自己的底线，他与多名女性发生不正当关系，甚至包养了一名情妇邓某。为了这段婚外关系的长久，黎平以资助开店、帮助购房等名义，陆陆续续地给邓某现金等财物共计50余万元。此外，黎平还给邓某的哥哥解决了工作问题，并把自己在贵州省惠水县一家公司的9万多元股份无偿转让给了邓某哥哥。在声色诱惑面前，黎平可谓一败涂地。为了获取更多的金钱用来挥霍，黎平就想方设法谋取不义之财。黎平口中所谓的朋友王某，不过是带着自己滑进犯罪深渊的领路人。

从一些官员落马的案例中不难看出，一些领导干部周围的朋友对腐败的发生起到了"推波助澜"的作用。正是在双方长期的不正常交往中，这些朋友一步步把一些领导干部"拉下水"。在黎平接受调查期间，曾将他引向贪色之路的"朋友"王某说，自己为黎平办了那么多事，却没得到什么好处，真是亏死了。不知道将其作为"朋友"看待的黎平听到王某的话会作何感想。但是我们可以看出，王某与黎平的交往就是冲着他的职务来的，因为他手中的权力能够给自己谋取利益。

"天网恢恢，疏而不漏"，黎平每一次收钱为别人办事时，他的内心难道不挣扎吗？不害怕东窗事发的那天吗？他肯定是纠结过、犹豫过、挣扎过的，但最终还是因为道德防线脆弱、贪欲之念太重而置自己于万劫不复之地。再看黎平的忏悔录，他表示为自己的行为感到可耻，深感对不起党组织，对不起自己的妻子和家人。可是，当他自己在做违法乱纪的事情时，却丝毫没有意识到自己的行为会给国家、党组织和家庭带来多大的伤害！我们在愤怒、惋惜的同时，也应该清醒地认识到，黎平结交的朋友是他滑进犯罪深渊的领路人，但是最终起决定作用的仍旧是他自己本身。

从黎平案件中，我们可以看到，面对他人抛出的各种诱惑，党员领导干部必须头脑清醒，提高警惕，学会拒绝，远离"小圈子"，树立正确的交友观。须知"甘若醴"的以利相交是腐蚀党员干部身心的一剂毒药，从而自觉筑起一道坚固的思想道德防线。

忏悔录

我是一名受党培养多年的水利干部,一生从事并热爱水利事业,我很想继续留在水利岗位上,为贵州水利建设作出自己毕生的努力和贡献。然而十分遗憾,我再也没有这个机会了。我在经济问题上犯错误与和蔡某的结交有着直接关系。多年来,我为蔡某事业的发展搭建了平台,提供了很多帮助。他承接水利工程项目,我给予了不少"关照",蔡某也利用与我的良好个人关系在下面揽了一些工程。

由于存在诸多错误想法,加上巨大经济利益的诱惑,贪欲之念占据了上风,我接受了蔡某所送的钱财。正是由于自己一时私欲作出的错误决策,铸成了终身的悔恨,真不值得!更不应该!在对亲属的管教上,我也存在严重过错。余某作为我的亲属,在森堡公司任总经理,属我的职务管辖范围,在水利市场竞争中势必会影响公正性。在这个问题上,我没有把握好原则,对自己的亲属缺乏严格管理和监督,不仅没有坚持回避,而且还支持他与蔡某合作搞工程,这些都是极其错误的。除经济方面的问题,我在个人生活作风上也存在严重问题。我与多名女性发生不正当关系,和她们吃喝玩乐,不断满足她们在物质和经济利益上的需求。回想起来,真是惭愧和悲哀。我的所作所为不仅毁了自己,也损害了党的形象,玷污了党的纯洁性。我深感对不起党组织,对不起妻子和家人。

"常怀律己之心,是对党员领导干部最真诚、最贴切的警示与告诫。"我之所以违规违纪甚至犯罪,主要有以下几个方面的原因。

一是思想道德防线脆弱。在面对各种侵蚀和诱惑时立场不坚定,意志不坚强。二是私心和贪欲太重。在收受蔡某钱财时,我也曾有过顾虑和动摇,但最终都是私心和贪欲之念占据上风,从而作出错误选择。三是滥用职权。在我与蔡某的经济往来中,存在权钱交易问题,我在收受他的钱财时,也利用了手中的权力为其办事或谋利。四是对法纪心存侥幸。我在接受蔡某所送购房款时存在侥幸心理,认为此事我知他知,外人谁也不知道,应当不会有事，这种侥幸的心理使得自己作出了错误的选择。

我在不断深刻反思和检讨自己错误的同时，也感到对不起很多人。首先对不起的是养育和关爱我的老母亲。记得她在得知我担任厅长的时候对我说过一句话：儿子，你要好好工作！话虽简单朴实，却饱含着无比的深情和期望。我对不起我的爱人和儿子，他们曾爱着我并以我为荣。我对不起曾经关心和帮助过我的领导、老师、同事和朋友，因为我让他们感到失望。我最对不起、最需要道歉的就是栽培、哺育我进步成长的党组织。我成长进步的每一步，都离不开党组织的关怀。我人生的全部价值，也是在党组织给予的事业平台上才得以体现，党给了我太多太多。但是今天，我却走上了犯罪道路，完全辜负了党的培养和殷切期望。我作为贵州省水利厅党组书记、厅长，本应履行好职责，带头抓班子、带队伍，推动本省水利事业加快发展。然而，我却并没有带好这个头，作为本系统反腐倡廉第一责任人，自己却存在严重的腐败问题，不仅未能担当起责任，而且对本省水利系统造成了极其恶劣的影响。对目前本省水利行业队伍以及水利建设上存在的问题，我负有不可推卸的责任。因此，我只有在诚恳道歉的同时，向党组织作出深深的忏悔！

案件警示

"黎平陷入腐败泥潭，虽说是在损友的引诱下使然，但从根本上说是源于其自身思想防线脆弱，在党纪国法面前心存侥幸"——中央纪委国家监委网站刊文点评称。近年来，不少位高权重的领导干部身败名裂，虽然其原因都比较复杂，但是我们也不能忽视其中一个重要原因，就是其生活圈子过乱、社交圈过杂。许多走上歧路的高官，比如成克杰、王怀忠等人，他们均热衷于结交富商、大老板，在与这些富商、大老板交往的过程中，逐渐忘却了党纪国法的约束。他们利用自己手中的权力，为这些"朋友们"批项目、批土地、批贷款，接受"朋友们"奉送的大量钱财，权钱交易大行其道，自己也沦为贪欲的奴隶，成为人人唾弃的腐败分子。到最后，那些平日里与他们亲密无间、推杯换盏的"朋友们"，用金钱为他们铺就了一条通往牢狱的大道。

"没权闹市无人问，有权朋友挤上门"，社会上不少人绞尽脑汁想要和领导干部套近乎、交朋友，他们的真实目标是领导干部手中的权力。为了通过领导干部手中的权力谋取利益，他们会想方设法地接近领导干部的家人、朋友、同学、老乡、战友等，用各种方式拉近和领导干部之间的距离，为领导干部"排忧解难"，进行所谓的"情感投资"，然后在关键时刻借领导干部手中的权力达到自己的目的，这就是所谓的"养官千日，用官一时"。而这一时就足以毁掉领导干部辉煌的前途、美满的家庭、精彩的人生。那么，如何防止领导干部的朋友圈变成"腐败圈"呢？

一方面，领导干部要自觉净化自己的朋友圈，筑牢自己的思想防线。"外因仅是起到影响作用，内因才起决定作用。一些领导干部理想信念不坚定，才会落入所谓'朋友的圈套'。"当然，领导干部应当慎交朋友，要自觉净化自己的朋友圈，并不是要领导干部不交和少交朋友，而是要交好友，时常与有仁德有才学的人交流，增长自己的知识和才干，提升个人的道德修养；交诤友，时常聆听诤友对自己工作中存在的问题的忠告，从而避免走弯路、犯错误；与人民群众交朋友，认真倾听人民群众的呼声，真正做到"情为民所系，权为民所用，利为民所谋"。而与有利害关系的人交往，则要做到交往有道，建立"亲""清"的新型政商关系。另外，领导干部要主动净化自己的朋友圈，要有底线意识、敬畏意识，与朋友的交往应该是"君子之交淡如水"，而不是建立在利益基础之上。时刻牢记自身的使命，不忘初心，筑牢拒腐防变的思想防线，常怀律己之心，常思贪欲之害，真正做到严以修身。

另一方面，建立更加严密的制度体系，把权力关在制度的笼子里。"腐败圈"的清除治理还是要依靠对权力的有效制约和监督，这是保证权力不被滥用的源头，没有了权力滥用，也就铲除了利益交换的可能。因此，要从制度上构筑一道"防火墙",厘清权力边界,铲除权钱交易、官商勾结的土壤。习近平总书记在第十八届中央纪律检查委员会第三次全体会议上的讲话中指出:"要强化制约,合理分解权力,科学配置权力,不同性质的权力由不同部门、单位、个人行使,形成科学的权力结构和运行机制。要强化监督,着力改进对领导干部特别是一把手行使权力的监督,加强领导班子内部监督,加强行政监察、审计监督、巡视监督。纪委派驻监督要对党和国家机关全覆盖,巡视监督要对地方、部门、企事业单位全覆盖。要强化公开,推行地方各级政府及其工作部门权力清单制度,依法公开权力运行流程,让权力在阳光下运行,让广大干部群众在公开中监督,保证权力正确行使。"除此之外,要严格执行领导干部报告个人有关事项的规定,贯彻中央全面从严治党战略布局、加强领导干部管理监督,从而有效预防腐败,防止"带病提拔"。严管就是厚爱。不断对党员领导干部进行廉政教育,及时发现党员领导干部出现的不好的苗头和倾向,并将其扼杀在萌芽之中,减少党员领导干部犯错误的机会,从而防止更大的错误发生。2013年11月,党的十八届三中全会通过的《中共中央关于全面深化改革若干重大问题的决定》提出:"落实党风廉政建设责任制,党委负主体责任,纪委负监督责任,制定切实可行的责任追究机制。"监督机制、责任追究机制的建立,一方面能够强化党员领导干部真正担当起自身的责任,用好权力;另一方面也体现了党对广大领导干部的关爱,促使党员领导干部严格要求自己,办实事、走正路。制度的笼子不仅仅是笼子,更是维护党员领导干部自身安全的保护罩。

  前车之覆,后车之鉴。黎平一案中,腐败人员处在关键岗位,擅用权力、滥用权力成为这起职务腐败案件的典型特征。党员领导干部要主动净化自己的朋友圈,慎重交友,要多交诤友、好友,不交损友;要时刻告诫自己,权力就是责任;要慎用权力,依法依纪依规用权,做到警钟长鸣、发条常紧。"权力导致腐败,绝对权力导致绝对腐败。"因此,要加强对权力的约束,防止权力被滥用,要建立严密的制度体系并不断进行完善,用制度把权力关起来。

第三章 辩证地看待落马官员的忏悔

一、辩证地看待贪官的忏悔

不知何时，贪官的忏悔进入了人们的视野，吸引了人们的关注。尽管对贪官的忏悔看法不一，但细一研究会发现，贪官的忏悔早就有历史的痕迹。

宋钦宗时，大贪官蔡京被流放儋州（今属海南），走到潭州（今湖南长沙）时，他写了一首《西江月》：

八十一年住世，四千里外无家，如今流落向天涯，梦到瑶池阙下，玉殿五回命相，彤庭几度宣麻，止因贪此恋荣华，便有如今事也。

清朝时，大贪官和珅被嘉庆皇帝打倒，和珅自缢后，有人发现他的衣袋里有一首七绝诗：

五十年前梦幻真，今朝撒手谢红尘，他时水泛含龙日，记取香烟是后身。

解放初期，刘青山、张子善因贪腐被判死刑。据史料记载，刘青山对自己的罪行确实是有了深深的忏悔，觉得对不起党和国家，被枪毙是罪有应得。他最后收拾了一下办公室里的东西，自己的带给家人，公家的让人交公，然后"坦然赴刑"。

如今，贪官忏悔的形式不一，忏悔内容也是千差万别。因为有太多的贪官忏悔，甚至让读过几篇忏悔录的读者有了"贪官都是相似的"感慨。

忏悔的贪官只占到被查处贪官中的一部分，忏悔书被曝光的更是少之又少。贪官的忏悔也非全部主动，也有争取从轻处理等方面的考量。所以，我们才会看到忏悔书中太多的官话、套话。对于贪官的忏悔，无论是曝光者、忏悔者，还是读者，也难免想法各异。

作为一个旁观者，我们有理由怀疑贪官们忏悔的诚意，但是对于忏悔的形式、内容及影响，还需要用辩证的眼光来看待。

现身说法比常规的廉政说教更具有警示效果。贪官们对于人生观、理想、信念的反思，对于"第一次"的幡然悔悟，对于"心理失衡"的再度判断，对于贪腐危害的深刻认识等痛苦经历的回顾，深刻地反映出贪官的心灵堕落过程以及行动上的"腐败记录"。这些现实的经历警醒为官者，不要只看到身边人的纸醉金迷、灯红酒绿，还要看到贪腐后的巨大危害。它也警醒为官者，反腐败不是运动式反腐，也不是选择式反腐，更不是暴露式反腐，反腐败不是墙外扔砖头，砸着谁算谁。

当然，人们有足够的理由对贪官东窗事发后的忏悔表示怀疑。套路化、模式化的忏悔，不管是主动还是被动，都有企图通过"忏悔"推脱责任和减轻处罚的嫌疑。贪官说惯了官话、套话，看惯了官样文章，所以，写忏悔书时，也有一些模式化的官话。在这里，我们不能一概否认贪官有真心悔过的诚意，只是在官场浸淫多年，官话套话说得太多，或许已经丧失了正常的表达能力。所以，写出来的忏悔有时反倒成了笑柄。

辩证地看待贪官的忏悔，也要客观、理性地看待贪官忏悔的"真心实意"。一是虽然忏悔已晚，但总比死不认账、死不悔改要好，站出来充当反面教材也有一定的警示意义。二是只要是反思了，痛定思痛后的觉悟或多或少在忏悔中会有所显现。即便是贪官站出来忏悔是为了减轻罪责，求得宽大处理，我们也不能一棍子把人打死，应本着"惩前毖后、治病救人"的原则对待贪官的忏悔。三是有些贪官在反思自己走上犯罪道路的缘由时，有可能避重就轻，对主观思想反思得少，轻描淡写；对客观因素反思得多，描述较为深刻。

辩证地看待贪官的忏悔，也可以提醒我们深刻认识反腐败的复杂性与艰巨性。贪官忏悔内容的相似，反映出有些贪官所谓的忏悔，或者刻意作出的"良好认罪表现"更多地是减轻处罚的功利心作祟。比如广东省高级人民法院原院长麦崇楷在被调查初期，写了十多份悔过书，最为典型的是长达13页的《我的反省》。在检察机关开始讯问后，麦崇楷却拒不承认犯罪事实，试图翻案。像此类贪官，在官场上长期做"两面人"，早已泯灭了人性，丧失了官德，更善于伪装。对贪官的忏悔进行理性分析，可以让我们更加清醒地认识到有些贪官的虚伪与奸诈，从而认识到反腐败工作的复杂性与艰巨性，反腐败不可能毕其功于一役。

辩证地看待贪官的忏悔，是为了警醒更多的为官者，加强自身修为，增强免疫力。体制或是机制、制度的因素是客观存在，个人要受其约束。在预防职务犯罪上，更要通过加强自身修养，增强个人免疫力来提高抵抗力。位高权重的忏悔者在被查处前，哪个不清楚党纪国法，哪个没接受过反腐倡廉教育？可他们为什么还会走上犯罪道路？贪官对自身腐化堕落的原因最清楚，对问题的根源和症结查找得最准。这些贪官的忏悔，能够警醒更多的为官者，引以为戒，汲取教训，有针对性地加强自身修为，防微杜渐。

辩证地看待贪官的忏悔，有助于我们反思反腐倡廉的各项举措，提醒我们思考如何更好地强化思想教育。贪腐本身已然造成了损失，对贪腐的惩罚也还要耗费国家一部分的人力和物力。在解析贪官的忏悔时，很多人往往夸大信念缺失的决定性作用，而忽略忏悔书中暴露出的廉政建设的体制机制问题。在膨胀的欲望面前，在贪欲的滔天巨浪中，人的自律会显得力不从心，也不能指望公开贪官的忏悔会起到立竿见影的效果。所以，在强调自律的同时，还需要他律，用法律法规来约束，用监督制度来制约。

如果说世上有反腐良药，那药方一定包括人民群众雪亮的眼睛，也就是将权力置于人民群众的监督之下。不但要与腐败做斗争，更要与产生腐败的原因做斗争。反腐是一场长期而严峻的斗争，需要不断强化并一体推进不敢腐、不能腐、不想腐的体制机制，加强社会主义法治和廉政文化建设，教育为官者强化廉洁奉公、遵纪守法意识，以贪官为鉴，自觉抵制拜金主义、享乐主义，自省自律，修养品德，远离贪腐。

二、贪官落马细算人生账

腐败也分合算不合算？这听起来有些荒唐的言论却是一名"落马"贪官在囚室中的深思细量。曲德臣拥有研究生学历，曾出任海南新世界股份有限公司董事长等职。深陷高墙铁窗之中的他，自觉"身败名裂"，人生已"一败涂地"。他在狱中写了一部书稿：《人生核算——一名囚徒的感言》。

"算账教育"，就是在党风廉政教育中运用"算账"方式开展的一种警示教育。"账"，既有大的，即腐败给党和政府的形象所造成的损害，给国家和人民的财产造成的损失，这笔"账"往往无法估量；"账"，又有小的，即领导干部的腐败给自身所造成的损失，这笔"账"里的损失往往十分惨痛。通过"算账"，我们可以更直观地认识到清正廉洁的重要性，从而更加自觉地坚定理想信念，更加坚决地抵御金钱和美色的诱惑，走好人生之路。

入狱九年多来，曲德臣抵触过、哭过、闹过，但痛定思痛后，他有了这样的想法：能否把自己近十年铁窗生涯的感悟和心得表达出来，利用自己的遭遇和其他服刑人员的沉痛教训为国家的反腐败工作做点什么，以使政府官员群体中少一些人误入歧途，少一些牢狱之灾，少一些家庭破碎，少一些前功尽弃，少一些身败名裂？曲德臣用他和众多职务犯罪人员的"人生破产史"和囹圄生活，写成了这本字字句句凝结着职务犯罪人员的心声的《人生核算——一名囚徒的感言》。

入狱后已是追悔莫及。"完了，这下全完了！天塌地陷，前功尽弃，身败名裂，无颜面对亲人、朋友、同学、同事以及一切熟悉的人……"曲德臣在书中这样描述作为阶下囚，尤其是所谓社会精英桎梏加身那一刹那间的反应。

"那感觉就像你正站在一座高耸入云的摩天大楼上看风景时，突然被人抓起来、抛下，而楼下正车水马龙，那一刻，会是什么感觉？"曲德臣用了这样的描述，向高墙之外的人们形容他当时的心境。

在《人生核算——一名囚徒的感言》中，曲德臣还用浓重的笔墨刻画了自己和那些从各种领导职位直接坠入大牢的职务犯罪者的心态——在生与死的界碑之上摇摇晃晃：一边是人间，凄凄惨惨、哭哭啼啼的亲人们朦朦胧胧的面孔时刻都在揪扯着自己的心；一边是阴间，狰狞恐怖的死神正向自己招手！每个人都有活下来的欲望，可以想象，在这种境况下的坚守将何其困难。

曲德臣把这种状态称为"将死"，因为"将死"过，所以心也善了，也醒悟了。

曲德臣还在书稿中披露了一对中年夫妇锒铛入狱后一起写下的《狱中告白》：

男：往日，前程似锦；今天，狱中熬煎。想起来，不值得，真是不值啊！

女：你每月薪水三四千，加上我的，每月六七千；这一年是七八万，十年就是七八十万。我们年富力强，还能工作十年、活上三十年，两百多万的正常收入，完全可以保证我们的家庭生活舒适、平安。想到这，我常常望星空、望苍天，悔恨的泪啊，悄悄地、悄悄地一个人往肚子里咽！

男：钱再多，也带不进棺材；而它，却能把人带进深渊！为了膨胀的欲望，我们破坏了自己原本宁静的家园；为了多余的享受，我们这一对糊涂的人呐，藐视党纪国法，变成了反腐倡廉的绝好教员……

和睦的家庭已是分崩离析

"常回家看看，回家看看，哪怕帮妈妈刷刷筷子洗洗碗，老人不图儿女为家做多大贡献，一辈子不容易就图个团团圆圆……一辈子总操心就奔个平平安安……"在高墙内，即便五音不全的人也能学会这首歌。然而，原本洋溢着幸福温暖的歌词，在服刑人员的演绎下，却充满了心酸、沮丧和忏悔。

曲德臣在书中这样描写自己服刑九年多来的"切肤之痛"：这些年来，

真正不断震撼我心灵、刺痛我的，不是别的，正是这"团团圆圆、平平安安"八个字！当人们打破了这八个字的时候，可以说家庭、人生的悲剧就开始了。

曲德臣的一位监友是东北人，1999年3月因犯职务侵占罪入狱。那一年，他的老母亲69岁。从他被抓的那天起，老母亲每天晚上都要跪在院子中央，祈求上苍保佑儿子早日平安归来。东北的三月，寒风彻骨，夜里零下十几度。他年迈多病的母亲，就那么坚持了三个半月，两个膝盖肿得比腿还粗，可儿子还是没有回来。一天夜里，老人家跪着的时候突发脑溢血，含泪离世。后来，他的父亲以及唯一的弟弟也相继去世。

曲德臣写道，他的这位监友，"常表情凝重地说，如果他不出事，家人一定都还健在！出狱后他要做的第一件事，就是回到老家，跪在父亲、母亲、弟弟的坟前，给他们烧香、焚纸、磕头，向他们道歉、谢罪！"

曲德臣说，他记录下这些令人心碎的事实，只是想告诉身为国家工作人员的党员干部一个简单、浅显而又至关重要的人生道理：一个人因违法犯罪锒铛入狱，不但是对社会的犯罪，也是对自己的犯罪，对家人的犯罪；犯罪的危害不仅指向社会和被害人，同时也指向自己及其家庭。

在位者要学会"人生核算"

在描述了包括自己在内的"人生破产者"的懊悔和自白之后，曲德臣提出了这样一个问题：怎样才能算好自己的人生账？

他给出的第一个答案是"要坚守正确的权力观"。他认为，政府官员之所以以权谋私，首要的原因是一些人要么抱着错误的权力观走上仕途，要么是在履行职务的过程中，权力观渐渐地发生了扭曲或畸变。任何在位者，只有树立正确的权力观，明辨是非，才有可能经受得住各种诱惑。否则，即使守得住一时，也守不住一世。

"千万不要干那致命的第一次"，这是曲德臣给人们的第二点警示。他说，职务犯罪，尤其是几乎所有的敛财型职务犯罪，都不属于激情犯罪，也不属于一时糊涂的犯罪。事实上，无论在犯罪前还是犯罪后，当事人都经历了反复说服自己的过程，直至确信自己"老谋深算"，成竹在胸。从心理活动的角度说，第一次贪，经历了"是"和"否"的选择是决定贪还是不贪的问题，也是"练胆"的尝试；随后便是欲罢不能，有没有机会贪的问题了。为此，曲德臣表示，他"真的想大声疾呼"："第一次，是最致命的一次，是把自己由守法公民转化为违法犯罪分子的一次。只要你不干这可怕的第一次，第二次以及第三次等等就根本无从谈起！"

曲德臣用他自己的所见所闻，用他亲身的经历警醒着"大权在握"的人们，希望他们能从"落马官员"的痛楚中吸取教训，算好人生这笔大账。

女贪官囚室内自算"七笔账"

江苏省徐州市建设局原局长靖大荣，在徐州市开发区和建设局任职期间，在提拔任用干部、给企业借款、返还退税款、返还土地出让金等方面，利用手中的权力，收受贿赂，数额达400余万元。她给自己算的"七笔账"，对那些仍在执迷不悟中的腐败干部们而言，应该是一个警示。

政治账：自毁前程

在看守所的8个月里，我无时无刻不在反思自己为什么会走到这里。我是一个普通铁路工人的女儿，通过个人努力，特别是组织的培养成长起来。我先后担任设计院主任、开发区管委会主任、市政府副秘书长、建设局局长等职务，同时还是市人大代表，是徐州市少有的几个令人羡慕的正处级女干部之一，令人尊敬。但从戴上手铐的那一刻起，就宣判了我政治生涯的终结。我多年的辛勤努力毁于一旦。去年7月1日，我在看守所里迎来了党的生日。那一天，我躲在监舍的角落里，整整哭了一天。不是我最敬爱的党抛弃了我，而是我脱离了党的怀抱。回想这一切，我连活下去的勇气都没有了。

经济账：倾家荡产

仅以"五九"现象为例，到此年龄的为官者，平均下来每月工资也有1500元左右，退休后按15年计算，尚有20余万元收入，而且这还未将医疗保障等福利计算在内。若为捞个几十万元被查处了，这些赃款被没收不说，就连那20余万元的工资收入也打了水漂，更何况还有牢狱之灾伴其度过凄凄余生！至于成克杰、胡长清之流，疯狂敛财，结果把命都丢了，那就更不值了！

在看守所里，我一直在想，人活着到底是为了什么？钱是很多人向往的，但拥有多少钱才算多、才算够呢？钱又能带给我一切吗？我曾经聚敛了那么多钱财，现在却身无分文，恰恰是我曾经向往的"钱"蛀空了我的灵魂，带给了我牢狱之灾。到了这时，我才真正把"钱"看得很淡很淡，等待我的是漫漫刑期和铁窗生涯，再多的财富又有何用？生不带来，死也不可能带走。如果没有对钱的贪欲，靠合法的收入，我住，有宽敞的房屋；行，有专车接送；吃、穿，更是不用操心；工资收入也足以让我过上富有的生活，经营幸福家庭……但这一切，现在对我来说都已经化为乌有。

名誉账：身败名裂

在徐州，我的名字曾经是女强人的代名词，我从未想到"劳改犯"有一天会和自己联系在一起。我曾经拥有过鲜花、掌声，在享有成功的同时，也得到了一定的社会地位。我曾是家里的光荣和骄傲，是父母最大的安慰，是女儿引以为荣的母亲和她人生值得信赖的第一位老师、引路人，也是丈夫愿为之放弃事业的妻子。但今天，这一切荣耀竟成了人所唾弃的耻辱。今后，我的名字将和贪污受贿这个词连在一起，这也给我的女儿和家人的名誉、前程带来无可挽回的打击，这是用生命也无法挽回的，这种代价太大了。我的脸上将永远刻下"女贪官"的烙印，我也无法再面对我的亲朋，更无颜告慰父母的在天之灵。

家庭账：夫离女散

虽说一人做事一人当，但事实上为官者一旦身陷囹圄，其犯罪的恶果必然影响到家庭与亲人。有的家庭丈夫利用职务之便徇私枉法，将妻子卷入，共同成为"阶下囚"，如沈阳市原常务副市长马向东、章亚非夫妇；有的夫妻一方犯罪，导致妻离子散，劳燕分飞；更为悲惨的是一人犯罪，全家及亲友人前人后都抬不起头来……这种对家庭和亲属造成的伤害，是无法用金钱来衡量的！

在看守所里，我无时无刻不在思念孤独的丈夫和女儿，想着他们是如何度过这难熬的每一天的：每次不得不出门时，他们是否有意识躲开熟人？他们谁去买菜，谁在做饭，怎么吃的，还能否吃得下去？他们是不是承受不了这种巨大的打击，身体也如我日渐消瘦？听说丈夫曾几次想跳湖自杀后，我彻夜未眠，几乎哭瞎了眼睛。我已经有8个多月没有和我的家人见面了，但夜里经常做梦，只有那时才能等到和一家人团聚、共享欢声笑语的时刻，醒来后回味这短暂的甜蜜，只能让我更加悔恨。

亲情账：众叛亲离

现在，我的周围都是以往我所不齿的杀人犯、抢劫犯、盗窃犯，听到的只是哐当响的镣铐声。我不敢、也不愿和她们交流，只能躲在囚室的角落里暗暗垂泪。想从前，家人以我为荣，亲友亲近我，群众仰慕我，下属敬畏我。多少人主动上门和我攀亲戚、套近乎、恭维我，围绕着我的是一张张笑脸、一句句溢美之词。而今，我走进了监狱高墙，听说那些平素和我家交往密切的亲朋好友再也没有到我家去过，那些曾和我同窗共读的同学也不再炫耀和我的浓情厚谊。是啊，谁愿意和一个腐败分子有牵连和瓜葛？是我的行为让他们远离了我，我愧对曾经关心我的亲朋好友、同事同乡。

自由账：身陷牢笼

没有自由将失去生命的精彩，失去自由是人生最大的痛苦，渴望自由的感觉也许只有失去自由的人才能真正体味到。现在我和杀人犯、抢劫犯、盗窃犯等20多人合关在一间囚室，在这里，我不敢说自己从前是个当官的，也不敢说自己是因为腐败进来的，我怕她们的嘲笑。我睡在一个死刑犯的身边，她身上的脚镣手铐的哐当声时时让我心惊肉跳，刚开始我整夜整夜地睡不着，即使后来偶尔入睡也是噩梦连连，经常吓醒。在这里，我看不到日出日落，眼前的天是方的，地是方的，周围只有高墙铁网和荷枪实弹的武警以及偶尔从铁窗外飘过的几朵白云，我将在铁窗下高墙内度过余生。我甚至天天盼望检察机关来提审我，因为这样可以暂时脱离囚室带来的恐惧和郁闷，享受一丝新鲜空气和自由。

健康账：身心交瘁

贪官们大权在握时，工作中谋权夺利，大搞权钱交易，回到家里也不轻松，看着存折上的数字直线往上升，名烟名酒、珠宝首饰塞满抽屉，心里怎不担惊受怕？再加上身边"小蜜""二奶"大张血口，争风吃醋，又好不烦心！如此一来，心病难医，华发早生，听到警笛声如芒针刺椎……像这样终日难安，倒不如廉洁为官，坦荡做人！

现在我是深深体会到了什么是"蹲监坐牢"了。在这里要遵守监规，一日三餐很少能见到荤腥。有时我脑海中浮现在职时的情景，那时什么都吃腻了，现在偶尔见到菜汤里一块小肥肉，也要放在嘴里品尝半天。以前我是一头秀发，现在几乎都变成灰白色的野草，成缕成缕地往下掉。以前我打网球、练太极，而现在，天冷了能有一个热水袋就是我最大的满足了。我用贪欲换来了夫离女散，换来了高墙铁窗的禁锢，换来了一年四季都脱不掉的囚服……这就是贪官的下场，腐败迟早是要付出代价的！

三、"算账教育"的方式是靠得住的

"算账教育"是廉政教育的一种具体内容和形式，从效果来看，是靠得住的，符合廉洁教育的基本规律。所谓"算账教育"，简单地说就是通过定量地计算或定性地分析腐败的成本与收益，从而达到教育党政官员保持廉洁、抵制腐败的效果。"算账教育"不应该只是计算腐败的成本、不良后果或危害，也不仅仅是腐败分子在受到惩处之后的个人及家庭损失账。科学的"算账教育"首先应当是计算腐败的全部损失，其次才是计算腐败分子从腐败行为中获得的"好处"以及受到惩处之后的代价账。只有这样，才能产生靠得住的教育效果。

最近，一些地方开始实践"算账教育"，就是一种廉洁教育创新项目，值得大力推广。

本书从廉洁教育规律的角度来分析一下"算账教育"靠得住的原因。廉洁教育规律的基础是腐败行为的规律和人性的特点。因此，要探讨廉洁教育规律，并在此基础上搞好"算账教育"，就先要探讨腐败行为规律和人性的特点。

腐败行为的两个基本规律

为什么有些人会腐败呢？为什么即使在党和国家进行了大力治理的情况下，腐败现象也还是会发生呢？基本的原因就是腐败能够给腐败者带来"好处"，而且通常是经由正当、合法途径根本得不到或得不到如此之大的好处。也就是说，人是理性人，之所以选择腐败行为是其理性算计的结果。

腐败行为能使腐败者得到好处，必然会给其他人带来坏处。腐败行为作为一种犯罪，虽然和其他犯罪行为相比有很多相似的地方，但腐败犯罪又存在着特殊性，这些特殊性就构成了腐败犯罪的规律：第一，是委托——代理关系框架下的犯罪；第二，是一种具有强隐蔽性的犯罪。

按照透明国际组织对于腐败行为的最新定义：腐败，就是代理人滥用委托权力以谋取私利的行为。

委托——代理关系框架下的腐败犯罪就使腐败行为的成本和收益发生了有趣的分离。收益通常由代理人获得，而损失则由委托人承担。问题是，由于很多委托——代理关系十分复杂，存在多重委托——代理关系，或者说存在委托人套委托人的现象，直接的委托人不仅不真正对腐败的损失负责，他们自己还从腐败中得到好处，而最终真正承担腐败损失的主体却处于不知情、无意识或者因为是集体行为而存在"搭便车"的情况。总之，委托——代理关系框架下的腐败使腐败的受益人很明确，而腐败的受损人却具有某种程度的模糊性甚至"无人受损的假象"。当然，也存在受损人比较明确的情况。但总体来看，腐败犯罪委托——代理关系的特点，使客观上必然存在的腐败危害变得不那么清晰了，甚至很模糊了。由此，对于腐败的危害的认识也就跟着不那么清晰了。这是造成腐败"有利说"的深层原因。这些似是而非的观点有：腐败是"润滑剂"，腐败有利于经济发展，等等。尽管从逻辑上，这些观点根本不值得驳斥，但客观上，这些观点一直存在着市场。逻辑上，腐败犯罪不仅必然存在危害，而且其危害还具有广泛性以及倍增性或放大性。腐败危害的广泛性是说腐败的成本不仅表现在经济上，还必然表现在政治上和文化上；倍增性或放大性是说腐败的危害在很多情况下是大于甚至远大于其收益。

腐败犯罪的第二个基本规律是它具有强隐蔽性。腐败行为的直接参与者或知情者不仅没有报告腐败行为的动机，反而会千方百计地掩盖它。强隐蔽性特点就决定了腐败犯罪难以发现，对其打击十分困难。在有些情况下，不仅发现的腐败和真实的腐败（程度）之间必然存在着差异，而且差异的幅度还很大。这就导致一个后果，腐败者抱有侥幸心理。前述差异越大，侥幸心理就越明显。

腐败犯罪的上述两个特点，决定了廉洁教育不是一件简单的事情，而是需要进行深入的研究和思考。

人的有限理性和廉洁教育的规律问题

经济学对人性的基本假设是，人是"理性人"。客观上，追求理性也是人的基本或普遍取向。然而，人要做到完全理性是一件困难的事情。事实上，很多情况下，由于存在各种各样的约束，人们也并不追求完全理性，而是部分理性。这就是西蒙提出的人的"有限理性"说。制约人的完全理性的因素主要是不完全信息，而导致不完全信息的因素则有不确定性与风险、模糊信息以及成本约束等。结果，具有有限理性特点的人在决策时追求的可能就是"满意原则"而非完全理性。

大量的腐败案例说明，人的有限理性在对腐败行为的认知上表现得很突出。人的有限理性既表现在人们对腐败收益的评估或判断上，也表现在对腐败成本的判断上。腐败分子不仅不例外，反而存在着当局者迷的倾向。这些年来，不少腐败分子动辄贪污受贿数千万元。事实上，金钱的边际效用是递减的，超过一定的数量，边际效用会变得很小，甚至是零。可他们依然贪婪无比，局外人对此很难理解。更多的腐败分子对腐败的后果缺乏起码的认知，往往都是东窗事发才追悔莫及。尽管不排除一些腐败分子有"作秀"的成分，但绝大部分的确是追悔莫及。一个叫高勇的贪官的忏悔很具有代表性，他说："我痛恨自己的行为，痛恨自己的一切。现在的我是说不出的忧伤和绝望，忏悔充满了我生活的全部，我不止一次地妄想，哪位诺贝尔奖获得者能潜心研究开发后悔药。我甚至坚信哪位伟大的人能研制出后悔药，一定会获得诺贝尔奖。如果有这种药，我一定会按时按量服用。我真希望发生在自己身上的一切都是一场梦！我真想从头再来……"对比这些腐败分子事发之后和之前的情形，其有限理性就表现得更为突出：之前，他们几乎只看到腐败的好处，之后才较为透彻地、深刻地看到腐败的危害！在有限理性情形下，人们甚至会对一些情况作出错误的判断。

人的有限理性和侥幸心理叠加到一起，就会使得廉洁教育更加复杂化。

不是简单的施行就可以达到教育效果的,而是必须在深入把握腐败和人性规律的基础上,揭示人的认知规律,进而选择可行的内容和适当的方法来进行廉洁教育。

上述规律至少给我们提出以下一些问题,需要我们在开展廉洁教育之前仔细考量。这些问题主要有:腐败行为的收益和成本对不同主体是一样的吗?腐败行为对腐败分子本人的危害在何种情况下才成立?这些收益、危害和时间的关系是什么?人们保持廉洁、拒绝腐败的意识到底在何种情况下才能产生,并能发挥出应有的自律作用?

腐败行为的委托——代理特点导致腐败收益和成本分离的规律说明,腐败行为的收益和成本对不同主体,例如对代理人或委托人,腐败行为人或局外人,腐败分子或广大人民群众而言,是根本不同的。仅就腐败而言,它对腐败分子看似没有什么危害,甚至好像只有好处。从实效上看,对于腐败分子的危害源于有效的反腐败。前文所说的政治账、经济账、家庭账、名誉账、自由账和健康账等都是在有效的反腐败之后才成为事实的。由于腐败行为的强隐蔽性特点,腐败行为的收益和危害都会受到时间变量的影响,短期和长期的效果是不同的。腐败的负面效果,即使对于局外人或社会来说,也必然是一个逐渐暴露的过程。同样由于这个特点,人们的侥幸心理就必然或大或小地存在。要有效地实施廉洁教育,就必须能够矫正为官者的有限理性和侥幸心理,让他们充分地认识到腐败的危害,从而产生自律效应。

总之,基于腐败行为的规律和人性的特点,廉洁教育必须考虑教育的具体内容和方法,同时应意识到缺乏有效的反腐败制度的支撑,教育产生的效果就要大打折扣。

在廉洁教育的内容和方法上,至少有如下的选择:是选择当代廉正模范进行直接说教,还是选择古代官吏进行类比说教?是选择廉洁典型,还是选择腐败典型?是选择正面教育,还是选择反面(危害或警示)教育?是选择笼统地、抽象地说教,还是选择深入地揭示规律,具体地分析,例如算账？显然，选择当代廉政模范比古代廉吏更贴近现实，选择腐败典型比廉洁榜样有更大的警示意义。廉洁意识主要产生于人们对腐败的严重危害以及可怕后果的认知。揭示规律、具体分析要比抽象号召直接有效。这些都是基于腐败规律和人性特点而对于廉洁教育规律性内容的一些启示。

"算账教育"要在廉洁教育规律的指导下科学地施行

"算账教育"不同于传统意义上的正面教育，它是以具体的腐败案例或腐败分子为反面教材开展的警示教育；"算账教育"也不是笼而统之地讲腐败的危害性，而是定量地计算或定性地分析腐败的实际危害，有事实和可靠的数据作支撑，教育效果也会更有力、更有效。

但是，切实把"算账教育"搞好，却不是一件简单的事情。必须基于腐败的基本规律和人性的特点以及廉洁教育的规律施行。

首先，"算账教育"的对象和目的应当是全面的而非单一的。"算账教育"的对象应当包括广大群众、领导干部以及腐败分子。从教育价值来说，"算账教育"的对象首先应当是没有腐败的党政领导干部，其次是广大干部群众，最后才是腐败分子。针对广大的干部群众，"算账教育"的目的就是帮助他们校正有限理性，弱化侥幸心理，让他们充分地看到腐败的后果，对腐败保持应有的警惕性。针对腐败分子，"算账教育"的目的就是让他们看到腐败对他人及公共利益所造成的严重损害，让他们理解法律之所以给予他们严惩的正当性及合理性，他们不应该有不平衡甚至不服心理。

其次，"算账教育"的方法既应当包括定量计算，也应当包括定性分析。理想的"算账教育"自然应当算得清清楚楚、明明白白，都落实在数字上，也即使用完全的定量计算方法。然而，腐败的损失是广泛的，涉及政治、经济、文化等多个方面，即使是经济损失，有时候也因为缺乏数据等原因而难以实施定量计算。至于政治和文化损失，例如使党和政府在人民群众中的威信下降、威望等受损，危害政治和社会稳定，使公共道德、职业道德和社会风气退化，等等，就根本无法定量计算，主要只能做定性分析。

因此，从某种程度上说，在"算账教育"上，定性分析甚至比定量计算更重要。

当然，在"算账教育"中尽量使用定量计算方法还是十分必要和重要的。凡是能够进行定量计算的，应当尽量使用定量计算方法。经济账自然要尽量使用定量方法，其他的非经济账也可以在定性分析的基础上，采用定性和定量相结合的方法，力求定量化。

最后，"算账教育"应当坚持正确的流程。科学的"算账教育"应当按照下面的流程来进行：第一，算腐败行为给他人及公共利益所造成的损失（简称"损失"）；第二，分别算腐败分子从腐败中所获得的好处（简称"好处"），以及在腐败分子被查处后受到的惩处（简称"惩处"）。然后再比较上述三个数字，看腐败的损失以及其带给腐败者的代价到底有多大，腐败是多么的不值得。

在"算账教育"实践中，主张要给腐败分子算的政治账、经济账、家庭账、名誉账、自由账、健康账等，都只有在成功的、有效的反腐败之后才有意义。倘若没有反腐败，或者反腐败不彻底，这些账根本就是难以发现的或者是被人为地大大缩小了的。从这个意义上说，"算账教育"以及各类的廉洁教育，都必须充分依靠反腐败制度的强有力的支撑。

科学的"算账教育"不仅可以达到反腐倡廉教育的目的，还可以检讨反腐败制度的执行力，评估反腐败制度的有效性。上述三组要素在逻辑上应当具有下面的关系：一是"惩处"要与"损失"相当。这是法治的普遍原则：罪罚相当。也只有这样，反腐败才能彻底。考虑到腐败的强隐蔽性特点，能够查出来的只是真实腐败中的一部分，因此，"惩处"应当在统计意义上做到与"损失"相当。二是"好处"通常小于甚至远小于"损失"。即使只从经济维度来计算，也符合这个规律。三是按照上述两个关系，"惩处"自然应当大于"好处"。这不是滥用法律，或者主张"重刑主义"，而是腐败这种特殊犯罪的规律使然。也只有这样，反腐败才能取得应有的控制（或警示）腐败犯罪的效果，反腐败才能是有效的。

四、从腐败心理角度浅议廉政心理建设

廉政心理是以"廉政"为主要内容，包含廉洁从政的要求、愿望、认知、情感、情绪、态度、习惯、风尚等各种现象在内的一种心理体验或心理期许。廉政心理虽属内在心理范畴，但是影响廉政心理的因素却包含了诸如内部主观心理、外部环境、正面积极引导、反面警示教育等诸多因素。实践表明，对成人而言，正面引导说教固然重要，反面警示教育作用也更具实效性。故此，本书仅从与廉政心理相对的腐败心理入手，通过对腐败心理的表现和形成原因进行分析，从中找出廉政心理建设的方式方法，进而为遏制或消除腐败心理，建立强大的廉政心理奠定基础，为公职人员恪尽职守、拒腐防变构筑牢固思想防线。

（一）腐败心理的常见表现形式

腐败心理的具体表现因人而异，因阶段而异，不同人群在不同阶段、不同环境、不同岗位表现出来的外在腐败行为与其内在腐败心理也是不一样的，腐败心理的表现具有广泛性和差异性特点。从众多职务犯罪案件中，我们梳理出以下最常见、最典型的八种腐败心理。

1. 侥幸心理

侥幸心理是指一些公职人员盲目相信自己"不会出事儿"。绝大多数贪官都具有侥幸心理，他们有的认为自己贪污受贿手段高明，组织"查不到自己头上"；有的认为自己是单独作案，谁也不会知晓；更有甚者认为"反腐败是墙外扔砖头"，未必会砸到自己头上。从某种意义上讲，侥幸心理是他们走向贪腐的内驱力。一般来说，贪官落马都有一段时间的隐蔽期，腐败行为往往不能被及时查处，这使得侥幸心理得以强化，甚至贯穿腐败的全过程。如北京某专科医院拆迁办公室原办事员许某，利用处置单位周转房的职务便利，从中谋取售房款差价，用差价购买房屋3套，共计金额511万元，收取现金差价545万元，合计贪污公款1056万余元。

许某如此大胆,最主要的原因就是他抱有侥幸心理,认为只要自己做得足够隐蔽就不会被发现。虽然买了房,却是用亲戚朋友的名义购买的,他自己仍然住在地下室;虽然身怀巨款却从来不敢挥霍。他把自己伪装的和原来一样,但这种自欺欺人的侥幸心理并没有让他逃脱法律的追究,最终法院以贪污罪判处许某无期徒刑。

2. 贪婪心理

贪婪心理是一种不知节制、永不满足的病态心理。一些公职人员意志力薄弱,不能抵御诱惑,欲望之门一旦打开,就会在追求贪欲的道路上变得疯狂、偏执。曾经有一位贪官说过,"我上厕所的时候都想着怎么把别人的钱弄到自己的荷包里"。"贪如水,不遏则滔天",如果不加以遏制,贪婪心理就会随着时间的催化变得越来越强烈,在长期的"自我强化"后甚至会变成本能反应。如某部运输局装备部客车处原处长刘某,在客车零配件的采购过程中,大到列车卫生间、餐车,小到电热器和玻璃等小零配件,只要有利可图,都被他打上了"贿赂"的烙印。国家能源局某司原副司长魏某某,贪污2.11亿余元,清点赃款时,从银行调来16台点钞机,当场烧坏4台。中国石油化工集团公司原总经理、中国石油化工股份有限公司原董事长陈某某,利用职务便利,收受他人钱财1.9亿余元,其中一笔受贿额达到1.6亿元,在当时创下了我国单笔受贿金额之最。

3. 攀比心理

攀比心理是指在人际交往中,一些公职人员以奢侈的物质生活为衡量标准,进行盲目攀比,以满足自身的虚荣心。攀比心理也俗称虚荣心理,在他们的生活中充斥着排场门面与物质享受。正常的工资薪酬满足不了他们对物质的疯狂追求,于是他们便铤而走险,走上贪腐之路。如北京市东城区某街道办事处财政科原出纳孙某,她原本是街道办的工勤人员,经济状况不算优越,但是却存在盲目攀比的思想倾向,平时经常跟身边的同事、朋友比吃、比穿、比财富,为了装点门面,她曾借款购买了一辆价值人民币30万元的越野车。攀比思想的疯狂滋长,让她在欲海中越陷越深,她把主意打到了单位公款上。经查，孙某利用职务便利，挪用公款260万元，其中很大一部分都用于还购车借款和个人消费。最终，孙某被判处有期徒刑3年，缓刑5年。

4. 失衡补偿心理

失衡补偿心理是指公职人员在一些影响下，心态失去平衡，如仕途没有达到自己的期望，得到的待遇不如他人，自认为付出与回报不成正比，等等。在这些情形下，他们没有正确看待，一味认为是组织亏欠了自己，转而在物质方面寻求对自己的"补偿"，也有人称这种行为是"报复性腐败"。北京市大兴区某镇某村村民委员会原委员、六队支部原书记李某，因贪污罪被判处有期徒刑10年6个月。李某在讯问中曾说道："2010年某镇拆迁，我响应镇政府号召，在全镇第一个签署了拆迁协议，获得的拆迁补偿金额却比后拆迁的村民少一些，当时心理不太平衡。"失衡补偿心理在国企领域国家工作人员职务犯罪中也比较突出。如北京某数码科技股份有限公司原董事会秘书、常务副总经理王某某，因受贿罪被判处有期徒刑6年，他在回忆自己犯罪历程时曾说："我认为公司总经理的人选应该是我，但结果却不是我，我认为自己受到了不公平的待遇，于是产生了从公司取得利益的想法。"

5. 交易心理

交易心理指一些公职人员信奉"有权不用，过期作废"的思想，凭借手中权位，滥用公权，搞权力寻租。当私欲膨胀时，他们一心只为"利己"，大搞权钱交易，以权谋私，捞取个人好处。如北京市某开发区出入境检验检疫局原检疫员朱某，原先一直在办公室工作，主要工作是处理公文文件，手中没有实权，在调至动植食科之后，手中握有检验检疫大权，便产生了"有权不用，过期作废"的思想，进行权钱交易。交易心理在离退休公职人员犯罪中尤为常见，临近退休，他们感到升职无望，为了使退休生活能有所保障，就选择"捞一笔"。如成都市卫生局原局长周某某，55岁以前为人正派、为官清廉，甚至在儿子待业三年期间，为了避嫌，也从未帮儿子联系工作。就是这样的一个人，却在临退休前，抱着"有权不用，过期作废"的思想，最终栽在了工程审批上。

6. 法不责众心理

法不责众在心理学上叫做责任扩散型的群体犯罪，犯罪成员觉得大家都是这么办的，法律若要制裁也不能只制裁我一个。把法不责众当做自我心理安慰的借口，实际上是在掩耳盗铃，自欺欺人。法不责众心理在科级以下人员职务犯罪中居多，办案实践中遇到的不少"窝案""串案"，都是法不责众心理最典型的表现。如某海关物流监控处物流监控六科 7 名关员放纵走私案，该案中最典型的特征就是腐败分子"通力合作"，他们对内将"好处费"进行"统一分配"：科长 12%、在转关查验台值班的副科长 17%、不在转关查验台值班的副科长每人 5%、负责查验的关员每人 15%、联系人 8%、留存科室经费 8%。从科长到科员，组成了一个贪腐同盟，每个人都觉得不会被"一锅端"，在法不责众的思想侵蚀下，利益链越来越长。即使科长、副科长、"联系人"发生人事更替，腐败链条也始终未断，继任的物流监控六科的科长和副科长们把腐败规则"继承"了下来。

7. 顺势心理

顺势心理是指一些公职人员认为社会上的腐败行为较为常见，"清白人"太少了，对腐败现象产生了"大家都这样"的错误认识，"我不同流合污，但我随波逐流"的现象较普遍。在这种潜移默化的影响下，底线失守，思想逐渐腐蚀变质。如某部委机关服务管理局人事党委办公室原副主任宣某，利用职务便利，在各类会议、活动中报销个人发票、贪污日常经费 32 次，总计 3.4 万元，最终以贪污罪被判处有期徒刑 1 年 6 个月。宣某腐败的诱因就是其"随波逐流"的心态，他每次贪污的数额并不大，其中贪污数额在 1000 元以下的就有 23 次，一次次的小额贪污让宣某养成了"揩油"的习惯，从此越陷越深，无法自拔，最终倒在了职务犯罪的牢笼里。

8. 避责心理

存在避责心理的贪腐分子往往知道违法行为后果的严重性，虽然害怕被追责,却还是控制不住内心的贪欲,在行为上表现得谨小慎微,钻制度的漏洞,甚至故意模糊规章制度,模糊自身行为,犯罪隐蔽性强。如某部委华北督查中心督查三处原处长李某,其受贿的过程可谓"煞费苦心",他不仅检查行贿者的手机通话记录,还令对方先脱掉衣服泡温泉,之后再收钱。后来甚至伪造"借款书"否认受贿事实。某部地籍管理司监测与统计处原处长沙某某,以收干股的形式收受巨额贿赂。收取好处费时,其将好处费混在合同款中,几经周转,其目的就是掩盖在相关财务凭证中留下的蛛丝马迹,但是"法网恢恢,疏而不漏",最终还是"聪明反被聪明误",用受贿巨款葬送了自己的前程。

(二)产生腐败心理的原因

1. 个人信念淡漠,道德滑坡,修为不足,认识偏差,滋生腐败心理

一是理想信念淡漠。部分公职人员放松了对精神世界的建设,理想信念淡漠,放松了对世界观、人生观、价值观的改造,思想扭曲,忘记了在党旗下的誓言,忘记了为人民服务的宗旨,忘记了其所拥有的一切都来源于人民。思想、意志退化,在关键时刻抵御不住金钱、权力、美色和奢靡生活的诱惑,出现了拜金主义、享乐主义和极端利己主义,进而产生了贪婪、攀比等腐败心理,最终踏上违纪违法的不归之路,陷入腐败的泥淖无法自拔。

二是道德观念滑坡。一些公职人员的道德观发生了堕落与滑坡。这种道德的堕落导致个人价值取向变得实惠化、功利化、本位化,出现了贪婪、失衡补偿、交易等腐败心理。其所做的一切,开始围绕自身的实际利益作取舍,道德失范,心理失衡,随波逐流,滥用职权,最后归于腐败。

三是个人修为不足。"人为财死,鸟为食亡。"在趋利避害的条件下,一些人员挖空心思、绞尽脑汁、探寻一切可乘之机接近公职人员,只为巧取利益。由于一些公职人员自身修为不够,经受不住权、财、色、名、利的诱惑,无法把控自己,在利益面前置党纪国法于不顾,各种顺势、交易、贪婪、腐败心理滋生并不断膨胀。

四是思想认知偏差。部分公职人员在认知上存在严重偏差,有的人奉行及时行乐思想,肆意挥霍公权,这种人极易产生贪婪心理;有的人装疯卖傻,故意模糊公私界线,这种人易产生侥幸心理;有的人不能正视权力是为人民服务的手段,将权力当作满足贪欲、谋取私利的工具,这种人易产生滥用公权的交易心理;有的人狂妄自大,不能正确认识自身"公仆"身份,存在做"官"当"老爷"的封建观念,这极易滋生腐败心理。公职人员有了认知偏差,就不可能将"为官一任,造福一方"作为自我价值的体现,难以找准自身定位。

2.单位权限混乱,关系复杂,监督不力,防范单一,助长腐败心理

一是权力配置不科学。所谓"权力导致腐败,绝对的权力导致绝对的腐败"。当然,拥有权力并不必然导致腐败,只有滥用权力之时,才可能有腐败发生。在权力"寻租"过程中,"租金"的产生很大一部分就是因为公职人员手中存在过大的"自由裁量权",掌权者缺乏正确使用自由裁量权的行为规则意识,权力运行缺乏必要监控,使有侥幸、贪婪、法不责众、顺势等腐败心理的人趁虚而入。所以,权力配置不科学,自由裁量权过大,在一定程度上易导致权力滥用,权力配置有漏洞可钻,腐败心理就有可能从中滋生。

二是关系网络多重影响。亲情文化在官场主要表现为唯领导是从、唯前辈是从,任人唯亲,讲哥们儿义气,在这样的环境氛围中,刚性的党纪国法都变成了"绕指柔"。可怕而强大的关系网让公平、正义望而却步。许多时候,在处理违纪违法者时,总有说情者络绎不绝,部分执纪执法者在一阵糖衣炮弹的轰炸后,往往是以权代法,大事化小,小事化了。久而久之,关系网下的腐败分子的侥幸等腐败心理日益膨胀。

三是监督机制不健全。腐败心理之所以能乘隙而生,一个很重要的原因就是权力监督机制不完善,监督力度不够大。实践证明,必须把权力置于阳光下,失去监督的权力多易腐败,监督是绝好的"防腐剂"。监督机制的不完善、不健全,监督的力度不够,也会致使一些公职人员产生侥幸、

贪婪、避责等腐败心理，以致其肆无忌惮，无所畏惧，视政令为"花瓶"，视党纪国法为"白条"，把中央的三令五申当成耳边风。

四是防范体系显单一。目前对公职人员的腐败行为的惩防、监督主要依靠上级部门领导与专门机构防范。前文所述的"关系网"可能使上下级之间监督与被监督的关系变为利益共享链条。专门机构的防范更有可能因为缺乏与相关部门或单位的直接沟通，不了解情况而形同虚设。实践表明，腐败事实的败露，往往与群众举报紧密相连。但是即使有些群众对一些公职人员的腐败有切身感受，对之深恶痛绝，也可能由于害怕打击报复，或者没有关键证据，不得不忍气吞声，使心存法不责众、侥幸等腐败心理的公职人员有恃无恐。

3. 社会风气嬗变，官风破坏，缺乏考验，惩治不严，加深腐败心理

一是社会风气的嬗变。中国特有的礼尚往来文化在一些别有用心的人的眼中变了味道，一些"有心人"利用这种文化打开了腐败的口子，借各种名义给一些有贪图享乐、拜金主义思想的公职人员进行各种物质轰炸。同时，根深蒂固的特权思想也促使腐败登上官场。在一定程度上、在某些领域中，官本位思想尚存，这种优越的、支配式的权力观，给腐败滋生创造了温床。此外，部分领域社会矛盾的尖锐与复杂，使得少数社会群体的心态悄然嬗变。一方面，他们深知腐败的危害，痛恨腐败；另一方面，他们又"笑廉不笑贪"，对腐败现象表现冷漠。这些不良社会心态助长了不正官风，给贪婪、失衡补偿、交易等各种腐败心理提供了生存空间，给腐败分子权力寻租提供了"避风港"。

二是"官场"生态的破坏。河北省国税局原局长李真的一段话十分精辟地诠释了官商勾结的"妙处"：你在商界为了挣钱，我在官场为了当官；你在商界需要权力支持，我在官场需要经济支持；我支持你经商，你支持我从政；我的官越做越大，你的钱越挣越多。近年来大量腐败窝案、串案表明，一些腐败分子为了更方便以权谋私，官商勾结，形成了有着顽强生命力和反治理能力的一荣俱荣、一损俱损的"利益共同体"，这种共同体

的存在与扩大，不断刺激权钱交易、顺势而为等腐败心理的滋生，不断破坏着"官场"政治生态。

三是缺乏党内考验锻炼。一些公职人员盲目猎奇求新，对所谓"新事物"鉴别力不强，缺乏抵御能力，容易被所谓的"新事物"迷惑。一些公职人员被提拔重用时间相对仓促，甚至有不少人员"带病上岗"，客观上使这些公职人员在党内考验锻炼方面有先天不足的危险。公职人员自身进步过快，容易滋生清高、妄自尊大的官场习气，不能够虚心接受批评与自我批评，思想痼疾长期积累，积少成多直至廉政心理防线被彻底击溃。

四是惩治力度不够。在对贪腐人员的查处、惩罚力度与其"收益"不相当的情况下，有些公职人员会有"低风险、高收益"的错误认知，也会促使他们抱着侥幸、法不责众等腐败心理铤而走险。

（三）廉政心理建设的方式方法

1. 个人"三敬畏"，重塑廉政心理建设

君子有三畏："畏天命，畏大人，畏圣人之言。小人不知天命而不畏也，狎大人，侮圣人之言。"① 对于公职人员来讲，想要构筑廉政心理，也应有三敬畏：敬畏良心，敬畏规矩，敬畏权力。

（1）敬畏良心，以道德自觉重塑廉政底线。

古语云，"修身、齐家、治国、平天下"。一个人之所以能够坚持清正廉洁，一定程度上取决于自身的道德修养程度，而非仅仅是工作年限、阅历、能力乃至官衔阶品所决定的。人之所以区别于动物，正是因为人有最基本的良知与道德自觉。良心是自我净化器，一个人做了恶，或许会侥幸逃过纪法制裁，但却永远逃脱不了良心的谴责与拷问。因此，在成为一个好官之前，先要学会正身律己，作个敬畏良心、有道德自知的人。通过加强理论学习，树立正确的世界观、人生观和价值观，以道德自觉重塑廉

---

① 注：出自《论语·季氏》，文意为：君子应该有三点敬畏，敬畏上天意志也就是自然规律，敬畏德高望重的王公大人，敬畏圣人的言论。小人不知道上天意志，因而他毫不畏惧，他轻慢德高望重的王公大人，蔑视圣人的言论。

政心理防线。

（2）敬畏规矩，以法纪准则重塑廉政边界。

"敬畏规矩"就是要划出做人为官的边界线。"无以规矩，不成方圆……无以六律，不正五音。"① 做人要守规矩，身为国家公仆更需如此。这里所说的规矩，不光是社会上的一般准则，更是身为一名国家公职人员、一名党员干部所应遵守的党纪国法。大量腐败案件表明，领导干部犯罪多数是懂纪违纪、知法犯法。通过对党的领导人系列重要讲话，党的重要会议精神，党的纪律、准则、条例，职业规范，法律法规的学习、交流、理解，使公职人员知其然且知其所以然，了解腐败的严重后果。公职人员光有法纪知识还不够，还必须生出纪法意识来。怀有对纪法准则的敬畏之心，才可以逐步形成"不敢腐、不能腐、不想腐"之意，摒弃侥幸、法不责众、避责等腐败心理，重塑廉政心理底线。

（3）敬畏权力，以自我觉悟重塑廉政心态。

我国目前唯一保存完好的内乡县衙三堂有一副对联："得一官不荣，失一官不辱，勿说一官无用，地方全靠一官。吃百姓之饭，穿百姓之衣，莫道百姓可欺，自己也是百姓。"公职人员必须清醒地认识到手中权力源于人民，权力是高山景行的，手中有权不代表自己有权，对权力要遵循心有所畏、言有所戒、行有所止的约束，战战兢兢、如履薄冰的谨慎。权力是一把"双刃剑"，可以披荆斩棘，也可挥剑自伤；权力可以成就人，也可以毁掉人。故此，要严于用权，做到"权为民所用，情为民所系，利为民所谋"，对自己有清醒的认识，常怀律己之心，常思贪欲之害，以内心的清醒，保持政治上的坚定，以高度的自我觉悟抵御权力带来的诱惑与风险，打造廉政阳光心态。

2.机关"三建立"，深化廉政心理建设

（1）建立机关文化，以品格风气凝心聚力。

文以载道，道以文存。很多的单位都有自己的文化，国家公权力机关

---

① 引自战国孟轲：《孟子·离娄上》。

单位虽"公"字当头,也应该形成自己的文化特色。单位文化包含政治态度、理念、价值取向、精神追求、行为模式、工作作风等多个方面。建立有自己风格、有正确导向、廉洁公正的机关文化,对公权力的行使与约束,对促使公权力为人民服务有重大意义。一个机关单位,有了魂,就有了主心骨和向心力,在廉洁公正的机关文化氛围里,就有了自己的品格与风气。整个机关单位的廉政品格会形成强大的感染力,上行下效,以旧帮新,以老带幼,凝心聚力,逐步形成"春风化雨,润物无声"之势,相信公职人员在廉政的机关文化里更会讲政治、顾大局、守纪律、懂规矩,建立牢固的廉政心理之堤。

(2)建立教育机制,以宣教实效清心净气。

从个体心理结构出发,突出针对性和实效性,各机关单位在日常工作、学习和生活中,按照部门类别、职能、行业特点,开展廉政心理教育,丰富教育形式与内容。机关单位可以将廉政心理教育纳入公职人员干部教育大纲和学习计划,明确教育内容,通过授课、讲座、线上线下自我学习等形式进行归口教育。

授课主题"切口"要小,角度要新,内容要兼具趣味性、教育性、深刻性、惩戒性与感染力。同时,机关单位教育不能隔靴搔痒,要有触及、直达的效果,比如可以采取问卷调查等灵活多样的形式,深度反映公职人员心理压力等共性问题,也可以采取集中心理疏导讲座、警示教育月活动、预防职务犯罪学习班、座谈会等多种形式,开展理想信念和党的宗旨教育,使公职人员克服顺势、避责心理,做到常修为政之德;开展"三观"教育,使公职人员克服攀比心理,做到常养修德之气;开展党纪国法教育,使公职人员克服侥幸心理,做到常怀律己之心;开展岗位廉政教育,使公职人员克服失衡补偿心理,做到常省为官之要;开展先进人物正面示范和反面典型警示教育,使公职人员克服贪婪心理,做到常思贪欲之害。

(3)建立疏导体系,以心理干预平衡心态。

在条件允许的情况下,各机关单位可以建立廉政心理培训咨询中心和廉政心理健康教育网络服务平台,为公职人员提供心理咨询服务。通过建立个人心理咨询档案,及时了解、分析、掌握公职人员心理状态,及时进行心理干预。此外,根据不同公职人员的工作性质、特点,尤其在公职人员岗位变化、职务升降、分工调整、临退"二线"等关键时期,注意研究其廉政心理变化,及时掌握其心理动态,加强人文关怀和心理疏导,引导公职人员正确认识荣辱得失,努力帮助消除潜在的廉政心理障碍,使之平衡心态,逐步提高腐败心理防御能力。

3. 社会"三坚持",优化廉政心理建设

(1) 坚持以文化人,营造防腐拒变社会之风。

"物必自腐,而后虫生",忽视社会大环境、社会风气的精神文明建设,势必给腐败滋生、蔓延提供生存空间。极少数公职人员还残留着浓重的"官本位"封建思想,这给腐败提供了土壤,这类人员要通过对中国传统文化"取其精华,去其糟粕",吸收积极成果,转化固有思想,使优秀的传统文化精神转化为培育社会廉政风气的文化素养。例如,道家自然、淡泊、不争的主张有利于矫正攀比心理,抑制"私欲""权欲"的无限膨胀,形成风清气正的社会大环境。以传统文化中的精华影响人,以优秀文化精神感染人,会给廉政心理建设提供干净、清明的社会环境,形成防腐拒变的社会风气。

(2) 坚持家庭助廉,打造风清气正生活之貌。

"国无廉则不安,家无廉则不宁。"家庭是每个公职人员的"大后方"。抵制腐败,严正家风,严格作风,支持家人廉洁从业是每个家庭"大后方"不可推卸的责任与义务。每个公职人员的家庭成员都要时刻保持警惕,常吹家庭"廉政风",管好家庭"廉政账",约束家庭廉政行为。公职人员也要时常提醒家人自重、自励、自醒、自警,使其在和谐清明的家庭氛围中始终保持廉政心态。同时,公职人员家人也要明确自身角色定位,约束自身行为,做好"贤内助""廉内助",不借家人权势作威作福,多参与家庭助廉教育活动。社会要正面宣传家庭助廉的重要意义,开展普法、腐败预防教育活动，建立家庭成员监管机制。用短信、明信片、征集寄语、观看廉政教育片、开展助廉主题活动等多种形式，不断提升家庭成员道德思想与助廉意识，使公职人员在 8 小时之外仍然沐浴在风清气正的氛围之中。

（3）坚持社会参与，形成反腐倡廉燎原之势。

整个社会参与监督，是公职人员构建廉政心理的动力。所以，坚持社会参与反腐至关重要。上至国家领导，下至平民百姓都应该有参与反腐、强化法治的意识与决心。不单是纪检、监察等专门机构要对反腐败形成高压严打之势，学校、家庭、社会团体、民间组织等也要积极参与其中，组织宣传反腐倡廉。不单是党内发挥主要监督作用，人民监督、媒体监督等综合的社会监督也应充分发挥效用，营造并保护民众同腐败现象做斗争的良好社会法治环境。相信全社会上下联动，互动合作形成反腐一盘棋，势必使贪蠹无所遁形，形成反腐败燎原之势，公职人员置身其中，腐败心理不敢抬头，廉政心理建设也可水到渠成。

第四章

鉴往昭来——一体推进『三不腐』的思考

把"不敢腐"的利剑高悬

党的十九大召开后,有关部门公布了一组数字:党的十八大以来,查处省军级以上干部440人,占省军级干部的10%,其中十八届中央候补委员43人,中纪委委员9人。查处厅局级干部8900余人,查处县处级干部63000余人,查处基层党员干部278000余人,追回外逃人员3453人,其中百名红通人员48人。

"事非经过不知难"。这一串串数字的背后,彰显着我们国家反腐败斗争坚定的决心和非凡的勇气。

党的十八大以来,我们国家的腐败存量明显减少,腐败增量得到有效遏制。2018年12月,中央政治局会议对反腐败斗争形势作出最新判断:反腐败斗争取得压倒性胜利。在此之前,2017年10月,党的十九大报告指出:不敢腐的目标初步实现,不能腐的笼子越扎越紧,不想腐的堤坝正在构筑,反腐败斗争压倒性态势已经形成并巩固发展。

数字见证变化,成效振奋人心。

一路走来,我们初步实现了不敢腐的目标。虽然十九大报告在"实现"

前面加了"初步"两个字,但广大人民群众已经切切实实地感受到了"不敢腐"所带来的强大威慑力量。

党的十八大以来反腐败斗争总体形势变化

从党的十八大到现在,反腐败斗争经历了"脱胎换骨"式的变化,我们从习近平总书记一系列讲话,以及历次中纪委全会公报中,可以窥见一斑。

2013年1月22日,习近平总书记在十八届中央纪委二次全会上指出:"当前一些领域消极腐败现象依然易发多发,一些重大违纪案件影响恶劣,反腐败斗争形势依然严峻,人民群众还有许多不满意的地方。"

2014年1月14日,习近平总书记在十八届中央纪委三次全会上指出:"滋生腐败的土壤依然存在,反腐败形势依然严峻复杂。一些不正之风和腐败问题影响恶劣、亟待解决。"

2015年1月13日,习近平总书记在十八届中央纪委五次全会上指出:"反腐败斗争形势依然严峻复杂,主要是在实现不敢腐、不能腐、不想腐上还没有取得压倒性胜利。腐败活动减少了但并没有绝迹,反腐败体制机制建立了但还不够完善,思想教育加强了但思想防线还没有筑牢,减少腐败存量、遏制腐败增量、重构政治生态的工作艰巨繁重。因此,党风廉政建设和反腐败斗争永远在路上。"

2016年1月12日,习近平总书记在十八届中央纪委六次全会上指出:"三年来,我们着力解决管党治党失之于宽、失之于松、失之于软的问题,使不敢腐的震慑作用充分发挥,不能腐、不想腐的效果初步显现,反腐败斗争压倒性态势正在形成。"

2016年12月,习近平总书记主持中央政治局会议,指出:"反腐败压倒性态势已经形成。"

2017年1月7日，习近平总书记在十八届中央纪委七次全会上指出："经过全党共同努力，党的各级组织管党治党主体责任明显增强，中央八项规定精神得到坚决落实，党的纪律建设全面加强，腐败蔓延势头得到有效遏制，反腐败斗争压倒性态势已经形成，不敢腐的目标初步实现，不能腐的制度日益完善，不想腐的堤坝正在构筑，党内政治生活呈现新的气象。"

2018年1月11日，习近平总书记在十九届中央纪委二次全会上指出："要深化标本兼治，夺取反腐败斗争压倒性胜利。"

2018年12月，中央政治局会议对反腐败斗争形势作出最新判断：反腐败斗争取得压倒性胜利。

2019年1月11日，习近平总书记在中央纪委三次全会上指出："坚决惩治腐败，巩固发展压倒性胜利。"

2020年1月13日，习近平总书记在中央纪委四次全会上指出："要深刻把握党风廉政建设规律，一体推进不敢腐、不能腐、不想腐。一体推进不敢腐、不能腐、不想腐，不仅是反腐败斗争的基本方针，也是新时代全面从严治党的重要方略。"

2021年1月21日，习近平总书记在十九届中央纪委五次全会上指出："党的十八大以来，尽管党风廉政建设和反腐败斗争取得了历史性成就，但形势依然严峻复杂。"

从"反腐败斗争形势依然严峻复杂"到"反腐败斗争压倒性态势正在形成""反腐败斗争取得压倒性胜利"，再到"党风廉政建设和反腐败斗争取得历史性成就"。细细品味这一演化过程，结合广大人民群众的切身感受，可见党和国家反腐败过程之艰辛、决心之巨大、勇气之非凡、成效之显著。

党中央反腐败的决心和勇气

民心是最大的政治，正义是最强的力量。反腐败斗争必须加强顶层设计，必须依靠广大人民群众，顺应民心所向，呼应公道正义。这是我们党在长期反腐败斗争实践中的经验总结。

到底是什么样的决心和勇气形成了"不敢腐"的震慑效果？这一点，我们可以从习近平总书记的一系列重要讲话中找到答案。

习近平总书记指出："一个政党，一个政权，其前途命运取决于人心向背。"

习近平总书记指出："法治之下，任何人都不能心存侥幸，都不能指望法外施恩，没有免罪的'丹书铁券'，也没有'铁帽子王'。"

他还说："我们大力查处腐败案件，坚持'老虎''苍蝇'一起打，就是要顺应人民要求。这其中没有什么权力斗争，没有什么'纸牌屋'。"

在党的十八大上，习近平总书记明确指出："始终保持惩治腐败高压态势，坚决查处大案要案，着力解决发生在群众身边的腐败问题。不管涉及什么人，不论权力大小、职位高低，只要触犯党纪国法，都要严惩不贷。"

在十八届中央政治局第一次集体学习时，习近平总书记指出："对一切违反党纪国法的行为，都要严惩不贷，决不能手软。"

在十八届中央纪委二次全会上，习近平总书记指出："反腐倡廉必须常抓不懈，拒腐防变必须警钟长鸣。关键就在'长、常'二字，一个是经常抓，一个是长期抓。""要以'踏石留印、抓铁有痕'的劲头抓下去，善始善终、善做善成，防止虎头蛇尾，让全党全体人民来监督，让人民群众不断看到实实在在的成效和变化。"

在十八届中央纪委三次全会上，习近平总书记指出："反腐败高压态势必须保持，坚持以零容忍态度惩治腐败。对腐败分子，发现一个要坚决查处一个。要抓早抓小，有病马上治，发现问题就及时处理，不能养痈遗患。要让每一个干部牢记'手莫伸，伸手必被捉'的道理。"

在十八届四中全会第二次全体会议上，习近平总书记指出："深入推进反腐败斗争，持续保持高压态势，做到零容忍的态度不变、猛药去疴的决心不减、刮骨疗毒的勇气不泄、严厉惩处的尺度不松，发现一起查处一起,发现多少查处多少,不定指标、上不封顶,凡腐必反,除恶务尽。"

在十八届中央纪委六次全会上,习近平总书记指出:党中央坚定不移反对腐败的决心没有变,坚决遏制腐败现象蔓延势头的目标没有变。全党同志对党中央在反腐败斗争上的决心要有足够自信,对反腐败斗争取得的成绩要有足够自信,对反腐败斗争带来的正能量要有足够自信,对反腐败斗争的光明前景要有足够自信。

在十九届中央纪委二次全会上,习近平总书记指出:"要坚持无禁区、全覆盖、零容忍,坚持重遏制、强高压、长震慑,坚持受贿行贿一起查,坚决减存量、重点遏增量。'老虎'要露头就打,'苍蝇'乱飞也要拍。"

在十九届中央纪委四次全会上,习近平总书记指出:"要继续坚持'老虎''苍蝇'一起打,重点查处不收敛不收手的违纪违法问题。"

在十九届中央纪委五次全会上,习近平总书记指出:"要坚定不移推进反腐败斗争,不断实现不敢腐、不能腐、不想腐一体推进战略目标。要将正风肃纪反腐与深化改革、完善制度、促进治理贯通起来,用好'四种形态',综合发挥惩治震慑、惩戒挽救、教育警醒的功效。"

从习近平总书记的历次讲话中,我们可以充分地感受到党中央反腐败的决心和勇气。在这一过程中,类似于"刑不上大夫""选择性反腐""运动式反腐"的质疑曲解、恶意歪曲,都被现实击破。一路走来,反腐败工作严字当头,敢于碰硬,敢于查处,并且一以贯之。

官员:"真的不敢了"

一个村级干部被查处了,有人说:他太招人恨了,活该被查!

一个科级干部被查处了,有人说:算他倒霉,他撞枪口上了!

一个处级干部被查处了,有人说:他上边没人,倒霉事让他赶上了!

一个局级干部被查处了,有人说:他站错队了,活该出事!

一个部级干部被查处了,有人说:选择性反腐,他被盯上了!

直到正国级的领导干部被查处了,苏荣、徐才厚、周永康、令计划等一个个"大老虎"被查处,所有人都信了,反腐败是动"真格"的了。反腐面前无特权、反腐面前无特例、反腐面前无特区,无论贪腐者多么"位高权重",只要违反了党纪国法,都要一查到底、依法惩处。

这时候,有人怕了,而且是真怕了。

古人云:"畏则不敢肆而德以成。"

一位领导干部讲出了他的心声:"开始以为反腐败就是'刮风''搞运动','现在打枪,暂且低头,一段时间就会过去'。后来发现,动静越来越大,几乎每周都有领导干部,甚至是高级领导干部被查处,我就开始把日常学习的中央领导'不定指标、上不封顶'等讲话内容放心里去了,感觉这次反腐不是一阵风。"

"其实,这中间也有很多不同的声音,说啥的都有。一开始,查处的副职多,基层干部多,那时候,我也认为,反腐都是拣小官拿、拣容易的反,甚至身边有人被查处,我都觉得是他倒霉。后来,查处的贪官越来越多,正职干部渐渐多了起来,再后来,部级、副国级、正国级的人都有了。我才意识到,这些贪官被查处,不是偶然,而是必然了。"

2019年,在"不忘初心、牢记使命"主题教育活动中,习近平总书记总结了全面从严治党取得阶段性成果的做法,即"六个从严":抓思想从严、管党从严、执纪从严、治吏从严、作风从严、反腐从严。通过"六个从严",做到了反腐无禁区、全覆盖、零容忍,形成了重遏制、强高压、长震慑的态势。这种高压态势有效打击了违法乱纪分子的嚣张气焰,这种威慑力量有效遏制了一些人蠢蠢欲动的心思。

一路走来,反腐败斗争取得了良好的政治效果和社会效果,实现了党风、社风好转,赢得了民心,党的执政基础进一步得到加强。

反腐没有休止符

总结反腐败斗争的胜利经验,确保反腐败永远在路上,我们还要坚持一些行之有效的做法。

持续释放执纪越来越严的信号。继续坚持"老虎""苍蝇"一起打，深化"猎狐行动"，充分运用"监督执纪四种形态"，进一步抓早抓小，严格纠正"四风"，进一步贯彻落实中央八项规定精神。通过严格执纪，使其有所"怕"。明朝大儒方孝孺曾说过一句话："凡善怕者，必身有所正，言有所规，行有所止。偶有逾矩，亦不出大格。"通过"怕"使其不敢，进而立规定矩。

继续坚持制度性反腐。坚持依法治国、依宪治国。全面落实新写进党章的"全面从严治党永远在路上"，严格执行各项新修订的党纪条规，进一步发挥人民群众的监督作用。完善纪律监督、监察监督、巡视监督和派驻监督四个监督衔接机制，运用法治思维、法治方式深度推进反腐倡廉。

抓住关键少数。"风成于上，俗化于下。"官风乃民风之源，官吏言行为百姓表率。古人有云："变民风易，变士风难；变士风易，变仕风难。仕风变，天下治矣。"所以，需要抓住领导干部这个"关键少数"。毛主席说过："只要我们党的做法完全正派了，全国人民就会跟我们学。"邓小平也说过："党是整个社会的表率。"

习近平总书记引用了古人的一句话："人不率则不从，身不先则不信"，"关键少数"的作用不容小觑。习近平总书记明确提出要求，领导干部，尤其是党的高级干部，凡是要求党员干部做到的，自己首先做到，凡是要求党员干部不做的，自己首先不做。

在今后的道路上，我们会不松劲、不停步、再出发。

反腐败永远在路上。

把"不能腐"的笼子扎紧

《人民日报》刊载过一则故事：一位客人看到主人家厨灶上砌的是直烟囱，旁边还有柴堆，便劝其"更为曲突，远徙其薪"，以避免火患。主人"嘿然不应"，结果失了火，幸得邻里相助才把火扑灭。主人"杀牛置酒，谢其邻人"，却未请之前的那位客人。有人替客人抱不平：明明可以消除火患却不见诸行动，如今救火论功请客，"曲突徙薪亡恩泽，焦头烂额为上客"，实在不应该。

《汉书·霍光传》记载，汉宣帝即位时，霍氏家族因拥戴有功，骄横愈盛。茂陵徐生三次上书建议抑制霍家，否则霍氏可能逐步威胁到皇权。但汉宣帝终究没有采纳其建议。后来霍氏果然叛乱，告发霍家的人受到封赏，徐生却未被汉宣帝记起。有人以"曲突徙薪"的故事劝谏，汉宣帝才意识到自己的疏失。后世有人赋诗感叹："曲突徙薪不谓贤，焦头烂额飨盘筵。时人多是轻先见，不独田家国亦然。"

从这两则故事可以看出来，很多人重视"焦头烂额"，轻视"曲突徙薪"。用现在的话说就是重救灾，轻预警；重应急，轻防控。细品这两则故事，还有一些其他的启示。"曲突徙薪"绝对是上策,但当时的情况,取决于建议人和决策者的见识和能力。建议人出于个人远见卓识,向决策者提了建议,提这个建议不是他分内之事,而是出于友善(客人)或是家国情怀(徐生),最终是否被采纳,取决于决策者。

"曲突徙薪"也好,"焦头烂额"也罢,依托于个人的见识与能力终究不是长远之计,如果从制度层面把"曲突徙薪""焦头烂额"有机结合起来,而且突出一些"曲突徙薪",岂不更好?

党的十九大报告提出:"强化不敢腐的震慑,扎牢不能腐的笼子,增强不想腐的自觉,通过不懈努力换来海晏河清、朗朗乾坤。"2021年1月21日,在十九届五次全会上,习近平总书记强调,要坚定不移推进反腐败斗争,不断实现不敢腐、不能腐、不想腐一体推进战略目标。

历史的经验与教训

在一体推进不敢腐、不能腐、不想腐"三不腐"机制体制中,不能腐是关键。

在中国历史上,有无数的制度反腐的经验与教训。明朝朱元璋反腐力度最大,甚至有剥皮揎草的酷刑,但依然没能阻止腐败行为的发生,以至于晚年,这位皇帝对眼前屡禁不止的腐败无可奈何。

1980年,邓小平同志在总结"文化大革命"的教训时指出:"领导制度、组织制度问题更带有根本性、全局性、稳定性和长期性。""制度好可以使坏人无法任意横行,制度不好可以使好人无法充分做好事,甚至会走向反面。"1992年,邓小平同志在南方谈话中说:"恐怕再有三十年的时间,我们才会在各方面形成一整套更加成熟、更加定型的制度。"

党的十四大提出:"在九十年代,我们要初步建立起新的经济体制,实现达到小康水平的第二步发展目标。再经过二十年的努力,到建党一百周年的时候,我们将在各方面形成一整套更加成熟、更加定型的制度。"

党的十五大、十六大、十七大都对制度建设提出了明确要求。

党的十八大以来，我们党把制度建设摆在更加突出的位置，强调"全面建成小康社会，必须以更大的政治勇气和智慧，不失时机深化重要领域改革，坚决破除一切妨碍科学发展的思想观念和体制机制弊端，构建系统完备、科学规范、运行有效的制度体系，使各方面制度更加成熟、更加定型"。党的十八届三中全会首次提出"推进国家治理体系和治理能力现代化"这个重大命题，并把"完善和发展中国特色社会主义制度、推进国家治理体系和治理能力现代化"确定为全面深化改革的总目标。党的十八届五中全会进一步强调，"十三五"时期要实现"各方面制度更加成熟、更加定型，国家治理体系和治理能力现代化取得重大进展，各领域基础性制度体系基本形成"。

党的十九大作出到本世纪中叶把我国"建成富强民主文明和谐美丽的社会主义现代化强国"的战略安排，其中制度建设和治理能力建设的目标是：到 2035 年，"各方面制度更加完善，国家治理体系和治理能力现代化基本实现"；到本世纪中叶，"实现国家治理体系和治理能力现代化"。党的十九届二中、三中全会分别就修改《宪法》和深化党和国家机构改革作出部署，在制度建设和治理能力建设上迈出了新的重大步伐。党的十九届三中全会指出："我们党要更好领导人民进行伟大斗争、建设伟大工程、推进伟大事业、实现伟大梦想，必须加快推进国家治理体系和治理能力现代化，努力形成更加成熟、更加定型的中国特色社会主义制度，这是摆在我们党面前的一项重大任务。"

与时俱进的制度反腐

党的十九届四中全会在今后的"十三个坚持和完善"工作要求中，提出"坚持和完善党和国家监督体系，强化对权力运行的制约和监督"。2013 年 1 月 22 日，十八届中纪委二次全会上，重申了"坚持标本兼治、综合治理、惩防并举、注意预防的方针。"习近平总书记在此次会议上提出："要善于用法治思维和法治方式反对腐败，加强反腐败国家立法，加强反腐倡廉党内法规制度建设，让法律制度刚性运行。"

扎牢不能腐的笼子。党的十九大以来，党中央进一步加强对权力运行的制约和监督，坚持把权力关进制度的笼子。党中央修订《中国共产党纪律处分条例》等一系列党纪条规，将党章和新形势下党内政治生活若干准则等党内法规要求具体化，针对近年来发现的管党治党突出问题和新型违纪行为，划出纪律红线。通过改革和制度创新切断利益输送链条，压缩腐败现象生存空间和滋生土壤，形成靠制度管权、管事、管人的长效机制。强化以案促改，坚持一案一总结，推动各地区、各部门加大改革力度，促进权力公开透明运行，补齐制度短板，夯实法治基础。做好巡视"后半篇文章"，强化整改落实和成果运用，推动改革、促进发展，发挥标本兼治的战略作用。深化纪检监察体制改革，完善党内法规制度体系，制定同监察法配套的法律法规，研究制定监察机关监督执法工作规定，强化对公权力的制约，完善权责清单制度，加快推进机构、职能、权限、程序、责任法定化。

深化监察体制改革。推进纪律监督、监察监督、派驻监督、巡视监督协调衔接，推动党内监督同党外监督有效贯通，形成监督合力，做到无禁区、全覆盖、零容忍，并与重遏制、强高压、长震慑，及知敬畏、存戒惧、守底线形成一个有机整体。强化政治担当，督促各级党组织、党员干部认真落实监督责任，主动、严肃、具体地履行日常监督职责，切实形成监督与接受监督的浓厚氛围和良好习惯。加强日常监督，抓早抓小、防微杜渐，努力让咬耳扯袖、红脸出汗成为常态，贯通运用"监督执纪四种形态"，切实做到监督常在、形成常态。

坚持问题导向。有什么问题就解决什么问题、什么问题突出就集中整治什么问题，以解决问题的实际成效取信于民。坚持靶向治疗、精准惩治，坚决查处政治问题和经济问题交织的腐败案件，重中之重是党的十九大之后仍然不知敬畏、胆大妄为的腐败分子，发现一起查处一起，对典型案件予以通报曝光，持续强化不敢腐的震慑。不断完善问题收集与反馈机制，确保反腐败有的放矢。

补齐短板弱项。加强对权力集中、资金密集、资源富集部门和行业的监督，推动审批监管、执法司法、工程建设、资源开发、金融信贷、公共资源交易、公共财政支出等重点领域监督机制改革和制度建设，推进反腐败国家立法，完善防逃追逃制度机制，不断健全权力运行制约和监督体系，压缩权力设租寻租空间，切实扎牢不能腐的笼子。

强化制度执行。"法善而不循，法亦虚器而已。"制度只有有效落实才能发挥效用，有制度不执行比没有制度危害更大，它会让人淡漠制度的严肃性。

抓住"关键少数"。聚焦"关键少数"，加强对党员领导干部特别是"一把手"的监督。

一条条举措，一步步推进，初步形成了"管好关键人、管到关键处、管住关键事、管在关键时"的良好格局。

反腐败需要新思维

《人民日报》有一篇文章：《我们都是风气"一分子"》（作者习骅）称，求人者求人，被求者也求人，求人者也是被求者。那么，谁是第一推手呢？压垮骆驼的绝不仅仅是最后那根稻草，雪崩的时候没有一片雪花是无辜的。给一脸严肃的门卫上支烟，大门立即打开。停车费30元，司机递上10元说不要票了，收费员便开心放行。对办事员意思意思，户口两天办妥，"死脑筋"的人也许要等上一年半载。

列宁说："把希望寄托于人的优秀品质上，这在政治上是不严肃的。"用制度约束监督权力，才能"把权力关在笼子里"，使权力只能为民所用。如果抱有迷信高官的心理，制度设置就不会完善，执行就不会严格，民主监督就会对下不对上，从而破坏监督制度的完整性、全面性、普适性和严肃性。

《人民检察》刊载了葛利娜《法治反腐的思维框架与事件方式》一文，

文章提到，法治文化从广义上包括四个层面的要素：基本精神或理念、社会化的组织制度、严格的行为规范和日常生活习惯。从价值层面来说，反腐败符合法治基本精神。从制度层面来说，反腐败体现了法治防止公权力滥用的本质要求。从实践层面来说，打造廉政文化是打造法治文化的重要方面和途径。作者认为，反腐败的法治思维框架，首先是依法治权，其次是依法行政，最后是依法治腐。同时，作者也提出了法治反腐的三种实践方式：一是加大打击腐败力度，二是强化监管制度，三是推动廉政文化建设法治化。

实现依法治国、依法执政、依法行政，对于每一位领导干部来说，只是沿袭既往解决问题的各种"非法治思维"和"非法治方式"的老路根本行不通，必须要运用"法治思维"和"法治方式"才能有效地"深化改革、推动发展、化解矛盾、维护稳定"。领导干部运用"法治思维"和"法治方式"来解决上述重大问题时，也不可能一蹴而就，还必须要注重两个方面的循序渐进：一是要通过不断学习，逐渐养成"法治思维"；二是要在形成"法治思维"的过程中，提高自身在"深化改革、推动发展、化解矛盾、维护稳定"方面的能力。

当下，还有些人对法治思维存在一些认识上的误区：一是人治思维"根深蒂固"，认为法治思维不适应中国国情。中国有着几千年的封建"人治"传统，至今仍有巨大惯性。二是认为法治思维呆板滞缓。比如，有的人认为，政策文件"文山会海"令人难以招架，法治思维要求严格按照繁琐的法定程序办事，缺乏灵活和变通，工作实效会大打折扣。三是迷信社会维稳"土方偏方"，认为法治思维解困乏力。有的人认为，在维护稳定的刚性高压下，由于社会公众法治意识不强，法治思维和法治方法无用武之地，只能依靠各种游离于法律边缘的有效方法和措施。无论是经济的、政治的、思想的、道德的，甚至明知可能涉及违法的措施，只要"管用"，就可一试。只要能"摆平事"，就是好东西。

党的十八届四中全会提出："法律的权威源自于人民的内心拥护和真

诚信仰。"我们应树立讲法治就是讲政治的理念,养成依靠法治思维和法治方式的习惯。坚持法治型反腐,在法治思维下,法治方式该怎么样,就怎么样。有了违法犯罪行为,司法自然就有所反映,让法的制度刚性运行,扬汤止沸不如釜底抽薪。

同时,要在公众中树立反腐倡廉"与我有关"的理念。让权力服从于法治,要花大气力帮助一部分人走出认知误区,纠正一部分人"恨贪官但却不愿改变制度"的错误思维,在民众中营造"人人自清人人清"的氛围。

制度反腐的最高境界——"治未病"

扁鹊对魏文王说:我家三兄弟中,我大哥医术最高,二哥次之,我最差。文王问:那为什么你最出名呢?扁鹊说:我大哥治病于病情未发之时,所以病人往往以为自己本无病;二哥治病于病情初起之时,所以大家都觉得他只会治小病;而我是治病于病情严重之时,有穿针放血上麻药动手术之类的动作,大家就以为我医术最高明,因此我的名气反倒比我两个哥哥大了。

《黄帝内经》在《素问·四气调神大论》中提出:是故圣人不治已病治未病,不治已乱治未乱,此之谓也。夫病已成而后药之,乱已成后治之,譬犹渴而穿井,斗而铸锥,不亦晚乎。唐代医学家孙思邈提出了"上医医未病之病,中医医欲病之病,下医医已病之病"的论断。并将疾病分为"未病""欲病""已病"三个层次。

具体引申到反腐工作中,只有在理念上坚定"治未病",并在制度建设过程中具体落实,并形成生动实践,制度反腐才有可能收到实效。

"治未病"需要顶层设计,更需要有效地贯彻执行。

未来,"不能腐"的笼子还有很多的环节需要继续扎紧。

把"不想腐"的堤坝筑牢

东汉许慎在《说文解字》中对"廉"的解释是:"廉,仄也。堂之侧边曰廉,故从广。"在古代,房屋的建筑格局通常是中前部分为堂,后为室,堂、室之间有墙相隔,堂的南面无墙而敞开,有左右两根明柱叫楹,堂前的边角由立面、平面两个面相交而形成,故从兼。清代知名学者段玉裁在其所著《说文解字注》中认为:"堂边有隅有棱,故曰廉";"棱角的特点是方、直,故廉有直意"。因为"廉"字的特点,后人便将其引申到了对官员的评价和形容上,把品德高尚、清正严明的官员称为"廉吏",后又逐渐称之为"清官"。

贪廉历来水火不容,博弈至今:清官缘何清正廉洁、秉公执法、刚正不阿、不徇私情,历来受百姓爱戴;贪官缘何见利忘义、徇私舞弊、腐败堕落、败坏纲纪,历来为百姓所不齿。个中缘由值得深思。党的十八大以来,我党提出"干部清正、政府清廉、政治清明"的"三清"目标,积极构建"一体推进不敢腐、不能腐、不想腐"的"三不腐"体制机制,不断营造全面从严治党、风清气正的政治生态。"三清""三不腐"二者相互呼应,是一个有机的整体，也是辩证统一的关系。

不想腐，是"三不腐"机制中的基础因素，"一体推进不敢腐、不能腐、不想腐"的"三不腐"体制机制，在严厉惩治贪腐形成震慑的同时，也在扎紧制度笼子、规范权力运行。它着眼于问题产生的深层次原因，加强思想道德教育、党性教育，引导党员干部正心修身，提升文化涵养，提高思想觉悟，不断筑牢思想防线，让人从思想上消除贪腐之念。

党员领导干部、国家公职人员只有发自肺腑地不想腐败，并始终坚守信念，才能够为反腐败斗争奠定坚实基础。

党员领导干部、国家公职人员是否能够做到清廉自守、不想腐败，个人品德起决定性作用

春秋时期的上卿正考父，是孔子的七世祖。史书记载，正考父博学多才，文武兼备，虽是几朝元老，德高望重，为人处世却是恭谨低调，平和有加。他在家庙的鼎上铸下铭训："一命而偻，再命而伛，三命而俯。循墙而走，亦莫余敢侮。饘于是，鬻于是，以糊余口。"意思是说，每逢任命提拔时都越来越谨慎，第一次提拔要低着头，再次提拔要曲背，三次提拔要弯腰，连走路都要靠墙走。生活中只要有这只鼎能煮粥糊口就可以了。

2013年6月28日，习近平在全国组织工作会议上的讲话中，提到了这个故事。他说"我看了这个故事之后，很有感触。我们的干部都是党的干部，权力都是党和人民赋予的，更应该在工作中敢作敢为、锐意进取，在做人上谦虚谨慎、戒骄戒躁。"

《检察日报》曾经刊载过一篇文章：《忏悔还是推脱：贪官的N个怨》，里面列举了很多贪官的案例，贪官们在反思自己"为什么走上违法犯罪道路"时，能列出很多个理由。海南省东方市原市委书记戚火贵被称为"海南第一贪"。在执行死刑前他忏悔说："如果我有一个好老婆的话，如果她及时提醒我，我不会落到这个地步。我的很多观念受她影响，我和她讲我的想法，她不听。"被称为"三玩市长"（玩权、玩钱、玩女人）的湖南省郴州市原副市长雷渊利，因贪污受贿被判刑20年。在一次警示教育大会上，雷渊利忏悔称，自己先后有过好几位情人，被她们弄得头昏脑涨，为了满足她们的金钱欲望才大肆受贿。福建省郑和县原县委书记丁仰宁居然对办案人员说："中国是礼仪之邦，春节收红包属于礼尚往来。送者是出于情意，收者岂能驳他们的面子？这就像小孩子们过年收压岁钱一样，正常得很，不违法！"

从贪官为自己的腐败寻找的理由中，我们可以看出他们的个人品德有多么不堪。

唐朝的王安石有诗曰："自古驱民在信诚，一言为重百金轻。"东汉的张衡曾说："不患无位，而患德之不修也；不患位之不尊，而患德之不崇。"可见，个人品德对"不想腐"的影响有多大。一个品德高尚的人，讲究君子修为，对于腐败便会有天然的抵御意识。而一个品德败坏、没有羞耻感的人，自然就会见利忘义。人无廉耻，百事可为，便是对此类人的真实写照。

党员领导干部、国家公职人员是否能够做到清廉自守、不想腐败，环境的影响是重要因素

2012年，《人民论坛》进行了一项问卷调查，结果显示，很多调查对象明知特权不合理，但是并不拒绝使用特权。有人举例说，有时在大街上看到一些特权车违法行驶的情况，大部分人都会表示厌恶甚至愤慨，但是内心却希望自己也能享受类似的待遇。于是，有些人就想方设法地追寻这种特权，譬如冒用军警车牌、非法安装警灯警报器和警用喇叭、违规办理各种通行证等。

李晓明在《控制腐败法律机制研究》一书中讲了这样一个现象。某市曾做过一个调查：假如你发现有人在搞腐败，而他的行为又不会损害你的利益，你会怎么做？超八成的人选择了沉默。还有在某市做的另一项调查，市民对政府最不满意的十件事情中，腐败排在第一位，而与此截然相反的是，在不能容忍朋友的十大缺点中，腐败却排在了最后一位。作者认为，两个调查显示出人们在对待腐败问题上持有精明而暧昧的实用主义：对妨害自己利益的腐败持的是反对意见，对事不关己的腐败倾向于保持沉默，对自己可从中得利的腐败则希望有机会加以利用。这种个别人的不良意识或从众心理使腐败成为臭豆腐，谴责事实层面的腐败分子容易，谴责意识层面的腐败认同感很难。有人认为，腐败认同是与腐败的同流合污，是腐败的心理场，此心理场在外界环境和个体心理两个层面发挥感染和支持强化作用，将很多人推向腐败并使之越陷越深。

现在，还有一个现象值得注意，那就是"圈子文化"。中央三令五申不得建立自己的小圈子。《关于新形势下党内政治生活的若干准则》提到了"三小"："小山头、小圈子、小团体。"在极端情况下，法律道德往往让位于圈子的利益，公共权力成为各种圈子的私家领地。有的高级领导干部，建立所谓的"同乡会""同学会"，以谋求资源共享，互通信息，相互帮扶，互相提拔，逐渐发展成为拉帮结派、占山头，以至后续出现了塌方式腐败。

清华大学教授罗家德在《辨析"圈子"现象》中指出：差序格局的文化心理助长了圈子文化。人是社会动物，天然会结盟。关系与圈子和法律一样，都是工具。可以用来为恶，也可以用来为善，且都是一个社会治理机制中不可或缺的部分。圈子是由关系连接而成的，事实上，是我们的社会错误地使用关系，才造成了很多关系社会、人情社会的负面结果——问题不在关系本身，而在于治理手段，如若治理不当，关系也罢，法律也罢，都会被滥用。关系社会、人情社会有它的优势，也有它的缺点，我们应该客观地分析研究，找到发挥其优势、减少其缺点的治理之道。

罗家德教授认为，出现问题不是圈子的错，也不是法治的错，而是贪婪纵欲、好大喜功又短视近利的错。社会也罢，组织也罢，要实现良性治理，需要做的不是消灭圈子，也不是简单照搬别的国家的治理体系，而是要顺应中国的社会现实，充分了解这种圈子文化，通过制度的改良和优化最终实现良性治理。

《人民日报》刊载过魏建明的一篇文章：《让"交往圈"清清爽爽》，

文章称："同德则同心，同心则同志"，在交往过程中，保持清清爽爽的同志关系，规规矩矩的上下级关系，不但是党组织规范和纯洁党内同志交往的风向标，也是党员驾驭交往关系的护身符。

除了"圈子文化"，扭曲的官场哲学对"不想腐"同样带来了负面影响。湖南省株洲市房产管理局房地产权属和市场管理处原处长尹春燕被称为"悔过书文采最好的副处级女贪官"。她在悔过书中写道："我是学法律的，知道受贿是触犯法律并会被定罪判刑的，但是当时我太不把它当回事，开始随波逐流。一种'大家都这样'的想法，泯灭了我心中对法律应有的敬畏。"江苏省睢宁县水利局原局长张新昌对于收受多位下属钱物的辩解颇有"创意"，他在法庭上说："行贿的人都是含着眼泪让我把钱收下的，我觉得不收就对不起他们。"广州市天河区组织部原部长郑希云在法庭上说："他们总认为是我帮了他们，都拿着钱到家里来感谢。我推都推不掉，双方有时甚至推上半个小时，全都红了脸。这官不好当，坐这位子有时没办法呀！"

在错位的人生观、价值观，扭曲的官场哲学和自以为是的人生感悟的引导下，在不良思潮的影响下，在身边人贪腐的"示范"下，很多人在不知不觉中从优秀走向了平庸，在潜移默化中，慢慢丧失了警惕，进而堕落倒下。

党员领导干部、国家公职人员是否能够做到清廉自守、不想腐败，官德是重要保障

中华民族历来重视官德，"内圣外王"是儒家思想的重要主张，是指修身以成圣贤之德，实现治国平天下的理想。"内圣外王"不仅是君王安身立命之道，也是历代官员的为官之道。它强调德行是治国的前提，"治人"必先"修己"。

《周礼·天官》有"六廉"之说：一曰廉善，二曰廉能，三曰廉敬，四曰廉正，五曰廉洁，六曰廉辨，这六个方面基本涵盖了为官者所应具备的德行素养。

《论语》有五美之说：惠而不费，劳而不怨，欲而不贪，泰而不骄，威而不猛。

《尚书·立政》有"九德官人"之说：宽而柔，柔而立，愿而恭，乱而敬，扰而毅，直而温，简而廉，刚而塞，强而义。强调选拔任用官员要考察以上九种品德。

秦朝《云梦秦简·为吏之道》有五善之说：中（忠）信敬上，精（清）廉毋谤，举事审当，喜为善行，龚（恭）敬多让。

汉朝有"四科取士"和"光禄四行"之说。四科取士是指：一曰德行高妙，志节清白；二曰学通行修，经中博士；三曰明达法令；四曰刚毅多略。光禄四行是指：质朴、敦厚、逊让、节俭。汉朝选拔官员是按照德、才、能的顺序进行考察的。

晋朝有"中正六条"之说：中恪匪躬，孝敬尽礼，友于兄弟，洁身劳谦，信义可复，学以为己。

唐朝有四善之说，即：德义有闻，清慎明著，公平可称，恪勤匪懈。

南宋吕本中，字居仁，他在《官箴》一书中开宗明义——当官三法，惟有三事：曰清，曰慎，曰勤。

明朝有"居官七要"之说：正以处心，廉以律己，忠以事君，恭以事长，信以接物，宽以待下，敬以处事。

清朝有"居官八约"之说：事君笃而不显，与人共而不骄，势避其所争，功藏于无名，事止于能去，言删其无用，以守独避人，以清费廉取。

清朝牛运震，曾任甘肃秦安知县，虽为七品小吏，但他在与友人书信往来中也曾谈到为官三字诀：俭、简、检。

在当代，提及何为官德，著名作家梁衡认为，官德是官员所应恪守的职业道德，是官员工作生活、思想行为的规范与准则，是从政之道、用权之德，是权力这个大背景下的行为规范。身为党员领导干部、国家公职人员，应从为公、为民、诚实、敬业、廉洁、独立、坚定、谦虚、坦荡、淡泊等十个方面加强修为。

党的十九大明确提出：东西南北中，党是领导一切的。作为一名党员领导干部，一名国家公职人员，增强党性观念，强化党性锻炼，加强党性修养是必然之责、应尽之务，每一名党员领导干部和国家公职人员都应该旗帜鲜明地讲政治。常修从政之德，常怀律己之心，常戒非分之想，常思贪欲之害。

筑牢思想防线，实现永远不想腐

我国《监察法》第十一条规定："对公职人员开展廉政教育，对其依法履职、秉公用权、廉洁从政从业以及道德操守进行监督检查。"这是第一次用法律的形式强调了廉政教育。

如何做到不想腐，并和不敢腐、不能腐有机融合、一体推进，结合当前实际，可以从三个方面开展工作：加强教育促其不想腐；发挥各种影响作用促其不想腐；不断强化自身修为使其自觉不想腐。

加强教育促其不想腐

一是加强警示教育。对于成人而言，警示教育对于预防违法犯罪是最有效的手段之一。心理学上讲，一个人35岁以后，人生观、价值观基本定性，一名党员领导干部、国家公职人员，参加工作多年，如若受到受各种不良思潮、现象影响，不想腐的意志很有可能被削弱，因此，若要让其不想腐，最直接、最有效的方法之一就是警示教育。通过以案释法、案例警示，参观警示展览，参加座谈讲座等方式，使其不敢腐。

二是开展算账式教育。古人讲：人从欲中生，孰能无欲？但始则浓厚，次则淡薄。次则念头虽起，过而不留；次则虽有念，如嚼蜡无味。又次则无念，斯为工夫耳。古箴曰："不怕念起，只怕觉迟。"新时代下，开展算账式教育，需要创新方式方法，针对人性特点，引进心理学理论，坚持"与我有关"的思路，把自己摆进去，通过案例分析、犯罪嫌疑人现身说法、座谈交流等多种方式，详细算一算违纪违法犯罪给自身带来的危害，算一算和违纪违法犯罪有关的亲情账、荣誉账、金钱账、健康账。通过算账，促其早日认清一旦越界，必定满盘皆输的结局，进而强化远离贪腐的思想意识。

三是强化官德教育，帮助其树立正确的人生观、价值观。古人云："为政以德，譬如北辰，居其所而众星拱之。"列宁说过：政治上有教养的人是不会贪污受贿的。我们应"以理论上的清醒，保持政治上的坚定"。理论上清醒，应该做到中央提出的"权为民所用、利为民所谋、情为民所系"；政治上坚定，应该做到"常修为政之德、常怀律己之心、常思贪欲之害"。

四是坚持常态化教育。现实中，常态化教育的方式方法值得深入思考，反腐倡廉要常抓不懈，拒腐防变要警钟长鸣。一条宣传标语对人的影响力有多大？一场廉政法治课究竟起多大作用？多长时间组织一次参观警示展更有效？现有宣教形式和内容存在何种不足，改进的方式和方法是什么？宣教决策的方式方法有无问题？这些内容有无客观评估标准？等等，对此，有必要进行深入的思考和探索，进而更有针对性地、常态化地开展教育工作。

发挥各种影响作用促其不想腐

一是保持反腐败的高压态势，让严的主基调长期坚持下去，使其由怕而不想腐。也即打击是最好的预防。

二是发挥制度约束作用让其感到不可能，切断想腐的念头。法国启蒙思想家孟德斯鸠说："一切有权力的人都容易滥用权力；有权力的人使用权力一直遇有界限的地方才停止；要防止滥用权力，就必须以权力约束权力。"因此，通过加强制度建设，把权力关进制度的笼子，自然就切断了腐败的念头。

三是加强各类监督，要让各种监督有法可依、有章可循，使党内监督和人大监督、司法监督、行政监督、群众监督等有机结合起来，使监督无处不在，让干部习惯于在被监督的环境中工作和生活，进而促使其不想腐。

四是建立健全良好的职业保障机制,使其不想腐。完善的职业保障,可以让廉洁奉公的官员心无旁骛,安心尽职。

五是充分发挥身边人的示范带头作用、榜样的表率作用使其不想腐。古人云:"大吏廉洁,小吏则自然效法。""其身正,不令而行;其身不正,虽令不从。""政者,正也。子帅以政,孰敢不崇。""唯无瑕者可以戮人,唯自净者可以净人。"这些话都印证了身边人的示范带头和榜样表率作用。

强化自身修为使其自觉不想腐

一是强化学习,加强思想武装。毛主席说过:"学习的敌人是满足,要认真学习一点东西,首先从不自满开始。"习近平总书记说:"领导干部应该把学习作为一种追求,一种爱好,一种健康的生活方式,做到好学乐学。"我们要学理论,要"以理论上的清醒,保持政治上的坚定"。

二是强化规矩意识,做一个政治上的明白人。习近平总书记指出:"党的规矩总的包括什么呢?其一,党章是全党必须遵循的总章程,也是总规矩。其二,党的纪律是刚性约束,政治纪律更是全党在政治方向、政治立场、政治言论、政治行动方面必须遵守的刚性约束。其三,国家法律是党员、干部必须遵守的规矩,法律是党领导人民制定的,全党必须模范执行。其四,党在长期实践中形成的优良传统和工作惯例。"

三是强化品德修养。传统预防犯罪理论认为,犯罪主要因人的贪欲而起,有贪欲者意味着在道德上丧失了自律能力。从预防犯罪的角度来理解,品德修养能让人养成羞耻之心,进而达到预防违法犯罪的目的。正如古人云:"君子慎始,差之毫厘,谬之千里。""不矜细行,终累大德。""千丈之堤,以蝼蚁之穴溃;百尺之室,以突隙之烟焚。""不虑于微,始成大患;不防于小,终亏大德。""一念之欲不能制,而祸流于滔天。"

四是强化法律意识,树立敬畏法律、信仰法律的心理。法律权威源自于人民的内心拥护和真诚信仰。知敬畏,首先要敬畏法律法规、党纪条规,"法律只有被信仰才能被认同"。党员干部和国家公职人员要知敬畏、存戒惧、守底线。古人讲："君子当有所怕，畏大人、畏君命、畏天子之言，小人不知天命而无所谓也。"

五是强化权力认知，正确认识手中权力。我国目前惟一保存完好的县衙——内乡县衙的三堂有一副对联："得一官不荣，失一官不辱，勿说一官无用，地方全靠一官；吃百姓之饭，穿百姓之衣，莫道百姓可欺，自己也是百姓。"对权力应该这么理解："官儿"只是个岗位，大家岗位不同，责任不同，尽好自己的责任最重要。

贪念一瞬间，荣辱两世界。

新时代背景下，作为党员领导干部、国家公职人员，只有在不断的学习中，对自身高标准、严要求，通过自我净化，提升自我觉悟，才能筑牢不想腐的堤坝，才能做一名合格的共产党员，做一名合格的人民公仆。

后 记

本书从最初确定立意到付梓出版，历时两年有余。在这个过程中，我们对书稿反复打磨、修改，只为呈现一部具有深刻警示、启发意义的作品。

在案例选择上，我们充分考虑行业、地域、职务、年龄等多种因素，在收集资料方面尽量做到相对完整，包括当事人基本情况、判决结果和本人的忏悔录。在资料来源方面，本书所选案例信息主要来源于中央纪委国家监委网站、正义网、中央台电视台、《人民日报》等权威媒体。

在书稿架构上，本书案例部分统一体例，每个案例由三部分组成：基本案情、忏悔录和案件警示。基本案情包括三部分内容，即当事人基本信息、诉讼过程、判决结果；忏悔录部分尽量原文记录，从第一视角揭露贪腐成因，披露悔恨之意；案件警示部分突出特点，重点强调案件的警示、教育意义。

此外，考虑到本书读者对反腐倡廉具有一定的思考力和认知度，在写作过程中，我们把法律制度和贪腐心理作为重点内容，以体现出书稿的法律性、规范性和专业性。在此基础上，写作团队力争提出的犯罪预防对策既有理论依据，又基于深刻的现实分析，并具有客观性和可操作性，在保证一定的思想深度的前提下，以期与读者产生共鸣。

由于水平有限，本书定有不妥之处，欢迎广大读者批评指正。

编者

2022 年 5 月